バーナード・リーチ再考

スタジオ・ポタリーと陶芸の現代

Rethinking Bernard Leach:
Studio Pottery and Contemporary Ceramics
by
Edmund de Waal & Kenji Kaneko

エドモンド・ドゥ・ヴァール 著
金子賢治 監訳・解説
鈴木禎宏 解説
北村仁美・外館和子 訳

思文閣出版

For Leo Ephrussi and Jiro Sugiyama with love and gratitude

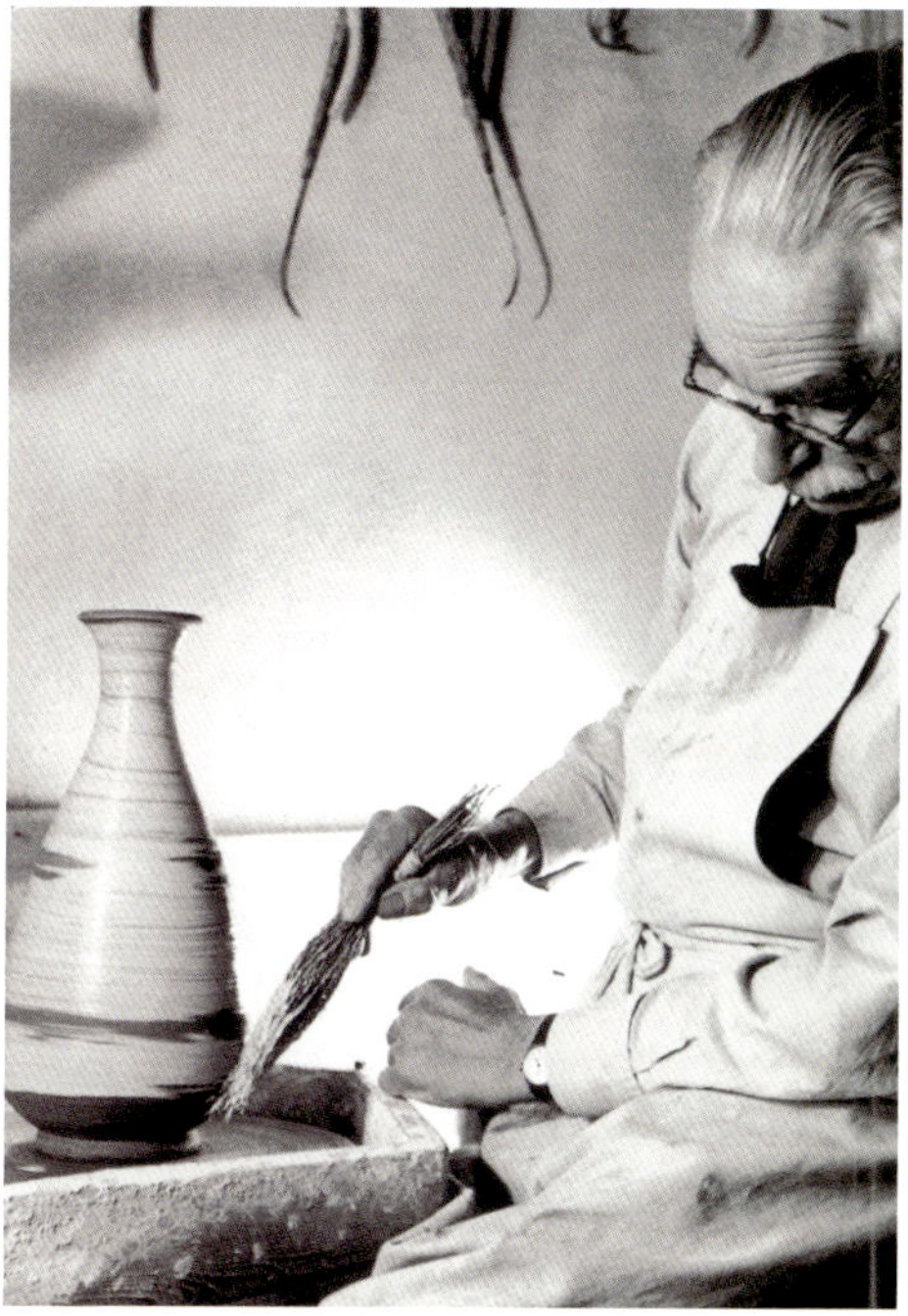

制作中のバーナード・リーチ　1965
クラフツ・スタディー・センター

セント・アイヴズ　Photo : Bob Croxford

陶板《生命の樹》1928
京都国立近代美術館

《ブリタニーの玉葱売り文皿》1934
東京国立近代美術館

《スリップ釉柳水禽文皿》1924
京都国立近代美術館

《柳文皿》瀬戸
A Potter's Book より

《井戸と山文タイル》1929
ヨーク・ミュージアム・トラスト
（ヨーク・アート・ギャラリー）
York Museum Trust (York Art Gallery)

右：イギリス中世の水差
A Potter's Book より

左：《灰釉水差し》1960s.
クラフツ・スタディ・センター

《鎬文青磁碗》c.1920
クラフツ・スタディ・センター

《鎬文青磁碗》朝鮮高麗期
A Potter's Book より

《巡礼者文皿》1960s.　市野茂良氏蔵

『陶芸家の本』再版第５刷のジャケット
A Potter's Book, Faber and Faber, 1949
(筆者蔵、以下写真の出典としての *A Potter's Book* は本書を示す)

序文

エドモンド・ドゥ・ヴァール

私は子供の頃に『陶芸家の本』*A Potter's Book*〔訳註1〕を与えられた。当初からこの本が好きだった。暖かみのあるテラコッタ風のジャケットには、中国語が四文字魅力的に描かれた宋代の器の写真が掲載されていた。文章にスパイスを効かせるリーチの素描が気に入っていたし、写真もまた好きだった。よくそこに掲載された鎬文の茶碗（のページを）を目の前に置いて眺めたことを思い出す。釉薬について読んでいたつもりが、いつのまにかまったく異なるものに行き着くようなその手法を愛していた。施釉や乾燥のために注意深く配置された彼の完璧な工房プランに熱中した。ついに私を摑んで離さなかったその日記はドラマと熱中と喜びを露呈するものだった。それは、どのように生きどのように作るのかを示す秘密、つまり奥義だった。リーチは私の人生の一部となった。十二歳ぐらいになって考えるということを始めた頃、私は自分自身について彼のようなやり方で陶芸家になることを想像した。スタジオにストーブを置き、その側でお茶を飲みながら悩ましげに美しい陶器を眺めたいと思った。

バーナード・リーチ《工房プラン》
A Potter's Book より

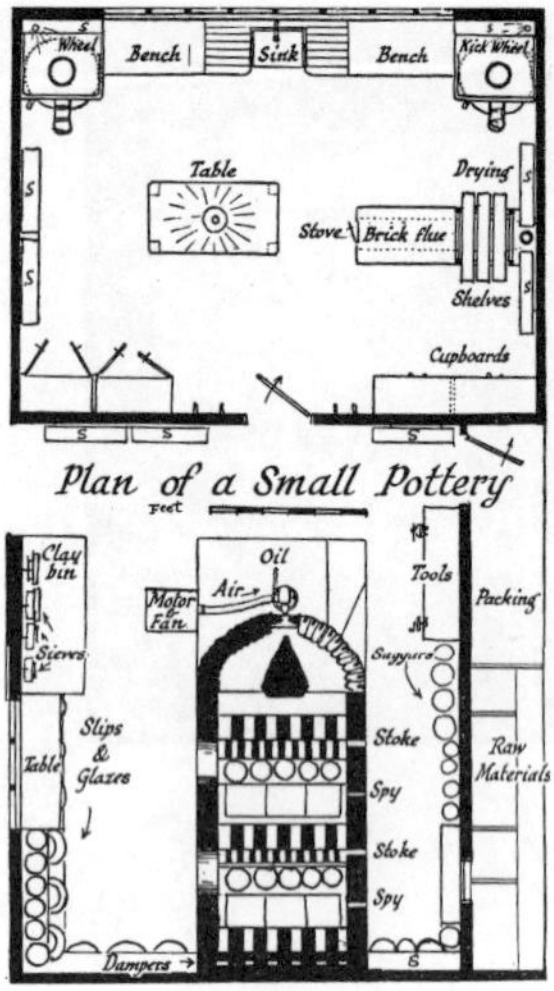

その頃、私は、ジェフリー・ワイティング〔訳註2〕という陶芸家の工房で、リーチ・スタイルの蹴轆轤で成形することを学びながら、午後を作陶に費やすようになった。最初はインドで陶芸に出会ったワイティングは傑出した陶芸家で、第二次世界大戦後に評判の高い陶芸家となった人である。私が彼を知ったとき、彼は六十代で、リーチと同様の影響を受けた多岐にわたる炻器や磁器の器を作る穏やかで質素な人物だった。彼は詩を深く読みこなし、また書いた。コーヒーや紅茶を飲みながら、私たちはリーチや濱田や柳について語り、リーチの陶器や茶碗の写真を眺めた。スタジオに入ると轆轤の上に俳句が置いてあることもあった。また、彼はブリティッシュ・ミュージアムに特別すばらしい陶器を見に私を連れて行ってくれることもあった。私は十七歳で彼に師事し、スープ碗やマグカップや蜂蜜入れやキャセロールといった有名なセント・アイヴズ・ポタリーの定番商品《スタンダード・ウエア》〔訳註3〕を模したような日用使いの器を成形し、施釉しながら二年を過ごした。ワイティングは強靭で独立心旺盛な陶芸家であったが、その工房の手法や作品のイメージ、色、形、作風そして色調などはリーチのそれを彷彿させるものだった。わたしはリーチの世界にどっぷり浸る陶芸家になっていったのである。それは一九七〇年代後半から一九八〇年代前半のパンク・ロックの時代であったが、私にとってそれは五十年は早いと思えるものだった。

田舎で最初の工房をスタートさせ、リーチやワイティングが使用したものと同じ青磁や天目の釉薬を用いて実用的な器を作り始めたころ、奇妙にも私は失望を覚えた。これは私が望んできたことであったにもかかわらず道を見失ったのである。私は誰か他人の言葉で話しているような感覚を覚えた。私にとって私自身の陶器を作ること、そして自身の言葉を見つけることは、リーチによって完全に変わることはなく、私はこの男についてもっと学ぶ必要があると感じた。基本的な研究が必要だった。ところが当時リーチについて書かれた文脈の整った研究がないということに気づいたのである。リーチは自らの世界を築き上げ、日本や韓国、中国の陶器に基づいた審美的聖典を築き上げ、自身の哲学を築き上げたが、誰一人としてそれを跡づける者はいなかった。リーチがどのような方法でこれらの陶器を構成し、何を残し、どのように物を書き、また、彼の考えの展開や批評家たちにどう受け取られてきたのかなどの歴史について、誰一人として解説していなかった。本も陶器も彼の作品は、退けられるか過度に賞賛されていた。西洋における陶芸家の二世代にわたって、彼は傍流であるかまた積極的に嫌われる誰かであった。彼は歴史となった。彼を積極的に嫌う人にとっては「堅苦しい」stuffy 存在であった。英語の「stuffy」という言葉はある特別の使われ方をするが、息の長い、高度な技術をもつ、やや尊大な人物に使用された。リーチの陶器もまた、土っぽく、重く、泥っぽいと批評された。それらは実用的な器として知られ、また、とても日本的であるとしても知られていた。彼が（その作品に）反響する手ほどきを受けた者にとって、リーチは疑いもなく聖者であり、どのような説明も必要とはしなかったのだ。さて、なぜ、我々はバーナード・リーチを気にする必要があるのか？

私にとってバーナード・リーチについて書くということは、私がそこで育ちオリエンタリズムの修辞法を体現した陶器の世界を発見する方法であった。この種の「推理的研究」は私に作陶の自由を発見させた。それは私に日本との関係を持たせたが、真正ということについてのリーチの修辞法の拘束からは逃れていた。私にとって学究的な生活と作陶との関係はとても密接になってきた。たとえば、私は建物の中の特別な場所のために作陶したいと思うようになり、もしこの種の試みの前例となる歴史があるなら見たいと思った。このような歴史研究において、私は十八世紀の「磁器の間」〔訳註4〕に鮮明な事例を見出し、また、二十世紀初頭のウィーンにおいて革新的な方法で陶器を用いた建築家のすばらしい事例に〔訳註5〕出会った。これらの事例はともに私自身のインスタレーションを創造し、どのように個別の空間に展示するかというヒントとなった。

つまり、私にとって書くことと作ることとは極めて密接に絡みついている。事実、本書に収録された「バーナード・リーチ」も他のエッセイも、二十世紀において書かれたものと陶磁器がともに成長してきたその道を検討している。リーチの陶磁器の構成法は、ヨーロッパに陶磁器がどれほど君臨してきたかを彼に負っているように、本書のなかで、綿密に検討されている。私はまた、修養としてより深い理解とより広い観衆とをともに獲得するであろう陶磁器があるかもしれないという信念のもとに、陶磁器についての新しい執筆と新しい歴史を論じている。本書には私の十年近くにわたる執筆を含んでいるので、そのうちのいくつかの視点は明らかに変わってきている。特に、陶器にとって最も重要な場所は家庭的なところにあるという信念や、陶器を論じることは特別な意味を持つという信念は、いくらか変わった。その質が重要であるという信念は変わっていないが、陶磁器はより多様な役割を持ちうるということを今考えている。それはある程度私のなかで増大してくるインスタレーションへの関心を反映し、また、あるところでは現代アートにおける陶磁器による行為となった。

私は二つの理由において我々がリーチを気にする必要があると信じている。ひとつは、彼の言葉ゆえである。リーチの言語は、イギリスにおいて陶芸がそう考えられる方法の多くを形成し、陶芸が生き方であるという考えを生み出した。このことは、陶芸が価値観やライフスタイルについての対話の一部となることを促した点で意味がある。しかし一方で、他の芸術に関する論説から陶芸を切り離す形式論者の言語で語られた陶芸について語る必要性を覆い隠した点で非常に危険でもあった。陶芸が家庭的なものであるとき、それは芸術の世界とは対極のものであった。もし、彼の言う「宋の標準」というものがあるなら、それは陶磁器が評価され得る審美的価値とは相対する覆すことのできない聖典的な標準なのだが、そうなると批評は無益なものとなる。

リーチと真剣に取り組むべき二つ目の批判的な理由は、彼が長期にわたり深く関わった日本に対する西洋の様々な態度を形成したことにある。かれの「東と西」という極めて詩的な両極性をもつ概念は、ラフカディオ・ハーン〔訳註6〕やアーネスト・フェノロサ、〔訳註7〕ローレンス・ビニヨン〔訳註8〕などの延長線上にある。リーチは東洋に関する解説者以上の存在であり、認識の形成者である。リーチの修辞法においては、東洋は真正なるものが君臨するところであり、伝統の継承者である。そのため、多くの西洋の陶芸家は多かれ少なかれ、現代的であると同時に日本的でもあり得るという日本のラディカリズムに関わることがなかった。

リーチは陶芸と日本に関する考えの偉大なる仲介者として立っていた。彼の考えは反対するため真剣に取り組むに価する問題を孕んでおり、彼の陶器は十分見直すに価する。これら二つの課題が大いに重要な人にとって、本書が参考となり有益であれば幸いである。

訳註

〔1〕 Bernard Leach, *A Potter's Book*, Faber & Faber, 1940. フランス語、ドイツ語、スウェーデン語、日本語訳（石川欣一訳『陶工の本』中央公論社、一九五五年）がある。英語版は版を重ね、現在も入手可能である。

〔2〕 ジェフリー・ワイティング Whiting, Geoffrey (1919-1988) バーミンガム建築学校で建築学を学んだ後、一九三九-四八年、インドで従軍、この時、村の陶工に出会う。一九四九年、ハーバート・リードの助言を得ながら陶芸家をめざし、ウースターシャーのエイヴォンクロフト、後にハンプトン・ロヴェットに工房を築く。一九七二年、カンタベリーのキングス校やメドウェイ・カレッジ・オヴ・アート・アンド・デザインで教える。著者のエドモンド・ドゥ・ヴァールはこのころに師事している。

〔3〕 standard ware 「ブレッド・アンド・バター」とも俗称される日用食器や器。リーチがデザインし、長男デイヴィッド、後には妻のジャネットをリーダーに工房のスタッフが制作した規格品。

〔4〕 磁器の間 porcelain room 十八世紀から十九世紀にかけて、シノワズリやジャポニスムの流行とともにヨーロッパの王侯貴族の間で流行した。現存するものとしては、ドイツのシャルロッテンブルグ宮、カッセル城、ドレスデン城、イギリスのバーリー・ハウスなどが有名である。

〔5〕 著者は *20th Century Ceramics*, Thames & Hudson, 2003, p.55 において、ウィーンの建築家ヨーゼフ・ホフマンが、一九〇七年キャバレー・フレーダーマウスの内装のためにデザインした幾何学的なモザイク・タイルなどに触れている。

〔6〕 ラフカディオ・ハーン 「バーナード・リーチ」訳註8参照。

〔7〕 アーネスト・フェノロサ 「バーナード・リーチ」訳註26参照。

〔8〕 ローレンス・ビニヨン Binyon, Laurence (1869-1943) 美術史家、詩人。オックスフォード大学トリニティ・カレッジ出身。ブリティシュ・ミュージアムの版画・素描部において東洋部門の設置に尽力する。ロンドン日本協会の会誌（一九一六年）に、"The Art of Asia" という論考を寄せている。

目次

2

3

凡　例

1)　原著者による註は、(原註１)(原註２)…とした。本文中の［　　］も原著者による。
2)　翻訳者による註は、〔訳註１〕〔訳註２〕…とした。本文中の〔　　〕も翻訳者による。
3)　作品の名称は《　　》で括った。
4)　人名、学校名等は、訳註にて原文表記を示した。ただし、情報のないものは註をつけていない。
5)　本文中の引用文については、邦訳があるものは参照の上、そのまま掲載したものは該当頁数を明記し、必要であればその都度訳した。また、引用文の旧漢字は新漢字に改めた。
6)　本書のキーターム、リーチによる一部の著作物の名称については以下に一覧とし、本書における基本的な訳語を併記した（名詞は意味に変化がない場合は単数形に統一)。本文中には、初出時および概念規定に注意を要する箇所にのみ、原語を併記している。一覧に含まれないリーチの著作物やリーチ以外の著者による書物の名称は、文中にイタリック体で原題を記した。あわせて、美学、美術史の観点から重要と思われる概念についても本文中に原語を付した。

art-form：芸術作品　　artisan：職人　　artist：芸術家
artist-craftsman：工芸家、個人作家　　artist-craftsmanship：工芸家の技
artist-in-clay：土の美術家　　art-pot：陶芸、美術陶器　　art potter：陶芸家
art-pottery：陶芸　　artist-potter：陶芸家
ceramics：陶磁器、陶磁、(広義の）陶器、陶芸　　ceramicist：陶芸家
ceramic sculptor：陶芸家　　craft：手仕事、工芸　　craft potter：陶芸家
craft pottery：陶芸　　craftsman：工芸家、工芸作家、職人　　craftsman potter：陶芸家
domestic pots：家庭用陶器　　folk-art：民衆芸術　　folk craftsman：昔ながらの手工業者
folk pottery：農民陶器、手工芸　　functional ware：機能的な器
individual pot：陶芸作品　　individual potter：陶芸家
industrial ceramic manufacture：産業的陶器生産　　Leach Pottery：リーチ・ポタリー
machine：器械　　maker：工芸家、手工業者、作家
maker of (ceramic) pots：陶器制作者、陶芸家
necessary pot：日用陶器　　peasant craftman：農民手工業者　　pot：陶器
potter：陶器制作者、陶芸家、陶工　　A Potter's Book：『陶芸家の本』
A Potter's Challenge：『陶芸家の挑戦』　　A Potter's Outlook：『陶芸家概観』
A Potter's Portfolio：『陶芸家作品選集』　　porcelain artist：陶芸家　　potter：陶芸家
pottery：陶磁器、陶磁、陶芸、(広義の）陶器、制陶、陶器制作、制陶所
pottery-making：制陶、陶器制作　　standard ware：リーチ・ポタリー定番商品
The St Ives Pottery：セント・アイヴズ・ポタリー（＝リーチ・ポタリー)
studio：スタジオ　　studio potter：陶芸家　　traditional craftsman：昔ながらの手工業者
The Unknown Craftsman：『無名の工人』　　ware：陶器、器　　workshop：工房

I

バーナード・リーチ

Edmund de Waal, *Bernard Leach* (St Ives Artists), Tate Gallery Publishing, 1998

本書は、戦前・戦後を通じてセント・アイヴズで活躍した芸術家たちを新たな視点で捉え直したブックレット・シリーズの一冊。他に彫刻家バーバラ・ヘップワース、画家ピーター・レニヨン、アルフレッド・ウォリス、パトリック・ヘロンなどがある。

著者がこの本を執筆したのは、日本留学から帰国後のことで日本での資料調査なども反映されている。序文や対談にもあるように、リーチととり組み、彼の呪縛から逃れ自らの作風を確立しつつあった頃に書かれたものである。

序

エドモンド・ドゥ・ヴァール

バーナード・リーチは、二十世紀における卓越した陶芸家 artist-potter であった。西洋と日本双方のスタジオ・ポタリー運動の創成と発展に、リーチが与えた影響は絶大である。リーチは実際に陶器 pot を制作するだけでなく、陶器 pottery 制作とその意味について精力的に執筆し、講演活動を行い、注目に値する陶芸家たちを擁護した。このように、リーチは陶器がいかに価値づけられ、批判的に鑑賞されるかという問題の中心にいた。すなわち、現在の陶器の多くがいまだ頼りとしている、歴史的な陶器の基準の形成に深く関わっていたのである。リーチは、自身の陶器と著作の両面で、東洋の陶磁器や美学についての知識を発揮し、そうすることで東西の出会いという鍵となる考えとイメージをスタジオ・

ポタリー運動の中心に据えた。そしてとりわけ最も重要な著作『陶芸家の本』*A Potter's Book* のなかで「適切さ」という考えを情熱的に擁護した。「適切さ」とは陶器を成立させる素材の選択や、陶芸家 potter 自身の行為に見られる、ある種の礼儀正しさについての認識である。それはまさに「素材に対する誠実さ truth to materials」という精神であり、東洋陶磁についてのリーチの経験ばかりでなく、セント・アイヴズでの重要な時期に、周囲で制作していた画家や彫刻家が抱いていた同時代の関心にも通底していた。リーチは、日常生活の一部をなしているような陶器を擁護したが、それは彼の陶器に対する主たる認識となっていった。リーチの陶器がいかに、そして誰のために作られたかという問いは、工房 workshop という組織内での様々な役割についてのリーチの見解だけでなく、社会におけるリーチの価値を明らかにする。

リーチの作った陶器と同様、リーチの唱える概念も、それが形成された時代の文脈のなかで促えられなければならない。社会のなかの陶芸家の地位を精査する際にリーチは、大雑把な議論をし、そこで価値をともなった言葉を使用するのが常だった。つまり、リーチは東西の関係という漠然とした言葉で話した。こうした議論の由来と言葉の価値は、まったく独特である。リーチ特有の日本像および英国像の成り立ちを考えるならば、リーチの創造と思考の核心にある矛盾はさらに明確になり、リーチの独自の業績はよりふさわしい評価を受けることだろう。

第一章　素朴な力　Naive Power　一八八七-一九二〇

バーナード・リーチは極東で生まれ育った。父方の家族も母方の家族もそこで暮らしを立てていた。父は香港で植民地の法廷弁護士をしており、母の両親は日本で最初のキリスト教系の大学で宣教師をしていた。リーチが生まれてすぐ母親は死に、三歳まで日本の祖父母のもとで育てられ、その後父親に引き取られた。ごくふつうの植民地社会で育ち、若者としての将来も凡庸なものだった。十歳のとき英国に帰され、学校に入り、香港上海銀行に入るための就職準備をした。将来の見通しに激しく失望したリーチは、絵を描くことに情熱を傾け、父を説得し、一九〇三年にロンドンのスレード美術学校〔訳註1〕で学ぶことを許された。「私にとっては、天にも昇る心持であった。人生が意味をもち始めた」〔原註1〕。

一九〇三年のスレード美術学校の「賞賛すべき特性」を読み解く鍵は、「学生たちは……入学試験が課されず……伝統的に教授たちは、職業美術家でなければならない」〔原註2〕という点にある。スレード美術学校は、ヘンリー・トンクス〔訳註2〕が統括していた。トンクスは優れた素描家で、その教えは「天性の懐疑論者の声」として知られていた。当時のそうした評判は、確かな素描術を学生に教え込むのにふさわしいものだった。リーチは貪欲に教えを吸収していった。

一九〇四年、父親が危篤となり、もっと月並みな職業に就かざるをえないとリーチは感

バーナード・リーチ
《アールズ・コート通りの石炭運び》1905-1910
ウェールズ国立美術館

じた。一九〇六年に香港上海銀行に就職するものの、銀行業が「まったく性に合わない」〔原註3〕とわかると、残された家族の当惑をよそに一年後、美術学校へ戻っていった。ロンドン美術学校〔訳註3〕でリーチはオーガスタス・ジョン〔訳註4〕と出会い、熱心に見習おうと努めた。ヘンリー・ラム〔訳註5〕とは格別親しくなり、リーチの霊感源で、二番目の師となるフランク・ブラングウィン〔訳註6〕ともここで出会った。ブラングウィンはエッチング作家として名声の絶頂にあり、当時そのジャンルでは活動範囲と志において並ぶ者がなかった。ブラングウィンの作品はその「男らしさ」と、それが近代の都市生活とに結びつく鮮やかな様が賞賛された。リーチの初期エッチング作品、なかでも《アールズ・コート通りの石炭運び》は、ブラングウィンの影響下で制作された。これらの初期エッチング作品は、明らかに型にはまった亜流でしかないが、独自の感性の動きが示されている。さらに、リーチが五学期も美術学校に通っていると聞くと、学校を出るようにと断固として助言したのも、ブラングウィンだった。

リーチにはほとんど縁者がいなかった――いまや両親も兄弟もなかった。彼は日本に戻ることにした。この決断は、リーチ自身が関係づけているのだが、チェルシーに住むというロマンティックな体験に密接に結びついていた。チェルシーは、ジェイムズ・マックニール・ホイッスラー〔訳註7〕の絵画の影響で、ロンドンと日本が「日本にまつわる夢」〔原註4〕のなかで出会った場所だった。しかしそう決断したのは、リーチがラフカディオ・ハーン〔訳註8〕の著作に熱中していたからでもあった。ハーンは、日本人の生活と民俗を感傷的に書き表した作家としてよく知られていた。ハーンの描く日本は、異国情緒豊かな細部、超自然的な出来事、宗教的体験からなる世界であった。日本は神秘的で、まさに後期ヴィクトリア女王時代でいう「高度に洗練された趣味」と同義だった。しかし、大志を抱いた青年にとって、日本は無限の可能性をも意味していた。リーチと同じ階級の同じ環境にいる他の青年たちにとってもそうであったように「東洋は生涯を賭けるべき仕事」だった。(原註5)

バーナード・リーチは一九〇九年に日本に戻ってきた。二十二歳、理想にあふれ、自信に満ちていた。エッチングのプレス機をいっしょに持ち帰り、画家として独立し、エッチングを教えて生計を立てようと考えていた。一年あたり百ポンドほどのわずかな個人所得があり、重要な紹介状をいくつか携えていた。ロンドン美術学校以来の親友、高村光太郎は、(訳註9)帝室技芸員の彫刻家であった父への紹介状をリーチに渡していた。東京美術学校で教えていた岩村透男爵へ(訳註10)の紹介状も重要であった。祖父母の友人たちも、いまだ東京の社交界において良好な地位にあった。

リーチは東京の北に家とスタジオ studio をかまえ、情熱を持って新生活を開始する。近くには美術館や美術学校があった。日本の座生活に不慣れな西欧人の足を収めるため、家の床は掘り下げられた。リーチは日本語を習い始め、到着から一ヶ月とたたないうちに、「日本の美術界におけるエッチング序章」と題した文章を書き、その翻訳が日本の雑誌に掲載された。そのなかでリーチは日本美術の特徴について「ダイナミズムではない。その絶妙な装飾概念の発展にある」という自身の見解を公にした。この特徴が最もよく表れるのが光と線の用い方においてであり、「それゆえ、エッチングの技術に——エッチングとは基本的に様々な線を鑑賞する芸術である——必ずや若く才能ある芸術家たちが大いに関心を寄せ習得しようとするに違いない」と述べている。(原註6)そしてこうも言う。「線描は私の専門である」[原註7]。リーチは野望を、あるいは自信をそれ以上には明確にしえなかった。

リーチは絶好のタイミングで来日した。雑誌や論文、時折開かれる展覧会を通してのみ伝えられる西洋の美術界とつながりがあるという理由で、非常に高い社会的地位を得たのだった。当時のある広告から、リーチが西洋人であるという身分を品質の保証として利用し、「ケンブリッジ社」油絵具と美術用品を自宅で販売していたことがわかる[原註8]。その年の秋、リーチは「若く才能ある芸術家たち」にエッチングの講義をした。その聴衆のなかに若き美術批評家、柳宗悦[訳註11]がいた。柳は「英国から運んできた大きなプレス機で」エッチングの工程を実演するリーチをこう回想している。「私はオーガスタス・ジョンという名前が何度も繰り返されるのを聞く聴衆の一人でした。リーチは、ジョンが鉛筆で描いたジプシー少女の素晴らしい素描を私たちに見せてくれました。そのときのことを今でも憶えています。後にその素描を私たちに贈ってくれました」[原註9]。

インタヴューや記事のなかで、ブラングウィン、トンクス、ジョンの名前は何度も繰り返された。リーチが自分の居場所を見いだした日本の美術界は小さくそして十分に成熟していなかったので、同時代の美術に対するリーチの知識が、ひどく偏っていて限られていたことなど問題にならなかった。ある記事のなかでリーチは、次のように述べている。「私はロンドンのスレード美術学校に学んだ。その学校は現代の英国に、力ある芸術家たちを送り出してきた唯一の養成所である」[原註10]。その次には柳がこう言う。「ジョンは今日における英国の誇りである」[原註11]。こうしてリーチの評判は連鎖して高まっていくのである。

リーチには二つの世界があった。一つは祖父母が属していた富裕な外国人社会である。日本到着後間もなく、いとこのミュリエルと結婚した時点では、この社会とは二人の共通の家族を指していた。その中で、一九一一年にデイヴィッドが、一九一三年にマイケルが生まれ、育っていく。週に一度の「団欒《だんらん》」、夏には軽井沢で保養し、箱根で岩登りをする（原註12）。このころのリーチは、日本の風景をほとんど描いていない。事実、リーチは自分がよく知っている土地を遠く離れて旅することは稀だった。このありきたりな世界について、自伝ではほとんど触れられていない。

　第二の世界はリーチが日本に関わっていく際、厳しい試練となり、また知見の仲立ちとなり、この国についての知識を制限し、そしてリーチの人生において鍵となる交友関係をもたらした、白樺派〔訳註12〕の世界である。それは小さなグループで、学習院や帝大で共に机を並べた裕福な芸術家や知識人、詩人がいた。彼らは良家の若者で、リーチと同じタイプの人間だった。情熱的で、次々に話題が展開し、しばしば熱狂のあまり頭が混乱する。白樺派は次のように説明されてきた。「時代遅れの自由主義、自己中心的な観念論、そして文化について基本的には保守主義、これらが一体となったものである」（原註13）。これは白樺派の人々が、自らを「新しい世代」として、すなわち西洋の芸術的な生活の最良の部分と、急速に脅かされつつあった日本文化の最良の部分を結びつける「新しい日本」として定義したことを意味した。白樺派は自らを、明治（一八六八－一九一二）後期の日本を覆った病的な工業化を相殺するものとして捉えていた〔訳註13〕。

　リーチは急速に白樺派に同化していった。彼は一九一四年、白樺派の自己イメージを啓蒙的にこう記している。「五十年にわたり日本はヨーロッパの物質主義を取り込んできた。現在、最も進歩した思想家が立ち向かっているのは、近年西洋で氾濫した、ダイナミックかつ総合的な思想という新しい波なのである」（原註14）。

バーナード・リーチ
『白樺』第4年3月号表紙　1913

この「進歩的な思想家たち」、とりわけ小説家の志賀直哉[訳註14]と画家の岸田劉生[訳註15]は、「芸術的な生活を追究して『彷徨時代』*Wanderjahre*[原註15]」の渦中にあったと柳は書いている。柳が編集していた白樺派の機関誌『白樺』[訳註16]を見ると、当時のほとんど熱狂的とも言える興奮ぶりが窺え、ロダンやゴッホ[訳註17]、中世神秘主義、ウォルト・ホイットマン[訳註18]についての記事が載っている。この雑誌の特徴として、日本の芸術についての文章がほとんどないことがあげられる。

ブレイク[訳註19]はとくに刺激的な発見であった。ブレイクは予言者や神秘的な人物として、そしてなによりも反知性主義者のイメージで捉えられた。白樺の特集号で、柳は好意的にブレイクをミケランジェロ[訳註20]やデューラー[訳註21]と比較した。表紙はリーチのブレイク風の絵で、「Tiger, Tiger〔虎、虎〕」というレタリングの下に、『無心の歌、経験の歌』*Songs of Innocence and Experience* のイメージがある。この特集号も、そしてその後に続いて出版された柳のブレイクについての本も、イメージと考えを融合する白樺派を表している。その本は、「ブレイクの書を熱心に読み、味わう作業[原註16]」を触発したリーチに捧げられた。リーチの直接の影響の一例として、リーチの指導下で岸田劉生が制作した《創造》と題するエッチングに、聖書に出てくるような拷問にかけられた裸の人物像があったことがあげられる[原註17]。リーチが言うには、ブレイクはポスト印象派やホイットマンと「深く調和」していた。実際、ブレイクはリーチのあらゆる関心の中心にあった。「私はブレイクについて批判的な論調であったり、分析的だったり、あるいは限定するようなやり方で書きたくない」[原註18]。息のつまるようなこの言葉は、柳とリーチとのあいだに育ちつつあった友情に特徴的なものである。「私たちは作家や芸術家を、トランプで遊ぶように扱った。

ボッティチェリに宗達を、雪舟にレンブラントを、といったように」。[原註19] 柳の日記には、購入して貪り読んだ本の長いリストが書かれている。彼ら二人の共同蔵書印がアーネスト・フェノロサの日本美術に関する本の表紙にある。[原註20] リーチは急速に白樺派に同化していった。[訳註22][訳註23][訳註24][訳註25][訳註26]

「ある夜、［柳の］家での会合で、セザンヌとゴッホの油絵の、大きくて出来がいいカラー版複製の包みを開いていた時のことを憶えている。それはドイツ製で、日本に初めて届いたものだった。皆の驚きはやがて興奮したやりとりに変わっていった。あの部屋から、そして『白樺』のページから熱狂が、日本中に広がっていったのだ」。[原註21]

強い熱狂が、大いなる知識に取って代わったことは、同じく明らかである。都市のサロン生活というこの世界では、意志疎通がしばしば理知的というよりもむしろ大げさでアフォリズムのような印象を受ける語り口でなされるのが通例となっていた。ブレイク風のアフォリズムはリーチと──「芸術は生命から湧出する。一切の原始芸術は象徴的である」[原註22]──柳と──「東洋人は生まれながらの神秘である。新しい日本は人間的な宗教を必要としている」[原註23]──のあいだで交わされた。

当時の西洋の美術批評家は、この時期のリーチの自画像にはリーチが同時代人に寄せた熱意が表れているという。「ニーチェ風の自画像が描かれた一九一四年という重要な年から、何かが彼の作品の中に入り込んでいる。やつれた顔には深い憂慮がたちこめ、うつろで内省的なまなざしは世界の広大な眺望に向けられている。彼はその光景を、目に見える形で、外部に出したくてたまらなかった」。[原註24] リーチが積極的に属したこの「第二の世界」は、全くもって「深い憂慮」を助長したのである。[訳註27]

柳がリーチの哲学面における向上心を助長したとすれば、もう一人の日本の友人で、白樺派の外からやって来た富本憲吉は、〔訳註28〕リーチが芸術家として成長するきっかけとなった。富本は東京美術学校で建築と室内装飾を学んだ。一九〇八年に英国へ赴き、ステンドグラスを学び、ヴィクトリア・アンド・アルバート美術館で金工やガラス、陶器 ceramics をスケッチして日々を過ごした。柳と同様、富本も裕福な家庭の出で、上手に英語を話した。柳と違うのは、彼は芸術家として活動しており、彼の描くなめらかな線描と模様にリーチは反応した。富本は交友関係を通じて、リーチに装飾美術の可能性についての深い関心をもたらした。それはロンドンの美術館で培われ、ウィリアム・モリスと〔訳註29〕ジョン・ラスキン〔訳註30〕を研究して得た知見だった。富本が定期的に書いていた東京の小規模な前衛雑誌の文章や当時の図案帖を見れば、そのさまが窺える。西洋の中世神秘主義の伝統を学んだのが柳からだったとすれば、中世美術を学んだのは富本からだった。

　共同で開催する展覧会について打ち合わせるため、東京の画廊を二人で訪れた後、富本とリーチはある茶会に招かれた。そこでは「三十人ほどの若い芸術家、文筆家、俳優が余興で……陶器に絵付をしていた」。続く出来事は、リーチの生涯を象徴する瞬間となった。「筆と顔料の入った小皿が雑然と置かれていた。そして無釉の陶器がいくつか運ばれてきて、我々はそこへ書いたり描いたりするように勧められた。それらの陶器は小一時間もしないうちに釉薬をかけられ、その後、小さな携帯用の窯で焼かれるとのことだった……私は慣れない顔料や奇妙な長い筆と格闘した。そして二つの陶器が私から取り上げられると、それらはクリーム状の白い鉛釉が入った桶に浸され、窯のてっぺんのあたりに置かれると、二、三分温められ、乾かされた。その後注意深く長い火箸で内側の箱、言い換えれば覆いのなかに置かれた……およそ三十分のうちに覆いは徐々に明るい赤色になっていき、のぞ

六代乾山《鉄絵火入》c.1910
クラフツ・スタディー・センター

き穴からは陶器にかけられた釉薬が溶け光沢を増す様子がわかった。蓋が取り外され、真っ赤になった陶器が一つずつ取り出されタイルの上に置かれた。燃えるような色がゆっくりと消えていくにつれ、本来の色が現れてきた。さらに五分もたつとほんの一時間前に描いたばかりの陶器をおそるおそる手にとってみることができた」[原註25]。リーチは「魅了され……即座にこの工芸を始めてみたいという願望に襲われた」[原註26]。

リーチは楽焼に取り組んだ[訳註31]。楽焼は低火度焼成の陶器の製造技法である。それは茶の湯の実践から生まれた芸術で、目利きやアマチュア美術家の生活と強く結びつき続けてきた[訳註32]。それは嗜みであり、多くの詩人や美術家が楽焼をやった。ちょうど、エドワード王時代の英国で教養のある人々の間では、音楽を奏でたり水彩画を描けたりするのが当然とされていたのと同様である。リーチの友人たちがしたように、楽焼は陶器を作るというよりも、色で表面を装飾することだった。そのようなものとして楽焼がリーチに訴えた点は、装飾美術としての直接性であった。楽焼の筆遣いは、リーチがエッチングをとおして理解した線にさらなる特徴をもたらした。

教えてくれる人を探していたとき、リーチは初老の陶芸家、称号では六代乾山として知られている浦野繁吉（一八五一－一九二三）[原註27][訳註33]を紹介された。乾山が受け継いだ陶芸の偉大な伝統はすでに廃れてしまっていた。六代乾山は貧しくほとんど評価されていなかった。十七世紀の初代乾山[訳註34]の陶器には、引喩に富む形態に詩と画を意識的に同化させた、特異性と生気があった。しかし、二世紀に渡り継承されるにつれ、作品は無粋でいいかげんなものとなった。かつて画のなかでひそやかに見立てられていた詩は、いまや常套手段となっていた。六代乾山の工房でリ

バーナード・リーチ
《染付紋章文注瓶》1914
大原美術館

ーチは、轆轤を挽き、装飾するという作陶の初歩を学んだ。富本ははじめ通訳として来ていたが、そのうち自らも陶器を作り始めた。こうした初期の陶器でリーチは乾山の伝統を踏襲しなかったと、のちに断固として主張したが、それは誠実な意見とはいえない。リーチは初期の作品に、一連の膨大なイメージ、レタリング、書、詩の連を組み入れており、形態と色彩の両方で、乾山の伝統様式を大いに参照していた。陶器のなかには直接解釈したものもあり、青いコバルトで装飾された磁器の菓子壺には「ＢＨＬ、中国の作品に倣って日本で描いた、一九一二」と記されている。また別の陶器の注瓶には、後脚で立ち上がったライオンと家紋のついた盾形の模様といった、ヨーロッパの紋章に由来するモチーフが描かれているが、これは明らかにドイツの陶器からの引用である。

こうした初期の陶器から、若きリーチが何を見ていたのかが窺える。同時期の著作と同じように、それらの作品には、低火度で得られる脈動する色や幅広い模様制作と結びついて、諸影響のとりとめもない混乱が現れている。それらは装飾的であるがゆえに一つに結びついている。つまり、機能を持たない芸術品の領域にしっかりと属しているのである。なかには名前さえつけられている。ここに初期作品の端緒となり、またそれらが受容された文脈が映し出されている。すなわち、都市の鑑賞眼のあるインテリにとってこの種の陶磁器 ceramics は普段使用される品ではなく、芸術作品 art-form として鑑賞されていたのである。これが作陶人生をとおしてリーチが持ち続けた財産となった。

この財産が目に見えてはっきりとしたのは、六代乾山が小さな窯をリーチのために作り、続いてリーチと富本へ乾山の名を継ぐ証文を与えたときである。それ以来リーチは七代乾山を名乗ることができ、以来頻繁にそうするようになった。リーチが西洋の芸術家であり、乾山が雇われた教師であったという立場を考え合わせると、この称号がたった一年後に、日本語がほとんど話せず、まして十分に理解したり、あるいは伝統に内在する暗示を文字通り読み取ることなどなおさら不可能な人物に対して与えられたことの意味に、興味がかき立てられる。しかしながら、日本の陶芸 ceramics におけるリーチの神話的な「下地」を解き明かす際に、この事実はこれまで見過ごされてきている。

以後、リーチは生涯陶芸を続けた。たとえば一九一二年の白樺展のカタログを見ると、リーチは五十点のエッチング、素描、油彩画に加えて、約百二十点の陶磁器も出品している。そのなかには皿、カップ、ティーセット、水差、壺、花瓶、そして玩具が含まれていた。これらの陶磁器は、安価というにはほど遠かったことが価格表から分かる。一九一四年のリーチの東京展と同時に出版された「文学的追補」には、楽焼の蓋付き壺の絵が表紙に使われている。この小冊子には回想、アフォリズム、詩、エッチング、素描、陶器の写真が収められている。柳は「バーナード・リーチの芸術」The Art of Bernard Leach という論文を発表している。「リーチ氏の持ち味は……装飾の質の豊かさにある。氏の関心を喚起し、氏の様式に刺激を与えてきたのは、中国、朝鮮、そして日本の古い陶磁器との接触であった。素朴な民衆芸術への愛情は新たに呼び覚まされた様式と結びつき、長い時間をかけて氏は陶芸家となった。作家となる途上、一定してエッチングと絵画の制作も続けられた。……氏のデザインの多くには素朴な力とおおらかな色使いによる温かさがある」。(原註28)

リーチの陶芸は高く評価された。その時期の彼のエッチングのように、自意識が強く型にはまった技術が透けて見えることがなく、そのような技術力がまさに欠けていたからだった。リーチは自分の専門技術に大きな限界があるのを知っていたが、自身の美学は別の秩序に則っているということを強調し、軽蔑してこう書いている。「日本ではどこでも手先の器用さが応用美術のよしあしの判断基準となっている」（原註29）。この文脈で、リーチの「素朴な力」〔訳註35〕についての柳の評言は賞賛を意味し、実際、リーチはブレイクやホイットマン、ゴーガンらと同じ文脈上に位置づけられた。当のリーチは陶芸をエッチングや絵画と並べて展示していた。彼の経歴は上り調子であった。このようなときにリーチが日本を去ることにしたのはいかにも彼らしい。

リーチは中国を専門とするプロイセン出身のユダヤ人著述家とかかわりをもつようになった。その人はウェストハープ博士〔訳註36〕といい、「ここ東洋における一つの生きた感化力」（原註30）であった。東京の雑誌でリーチはウェストハープの見解を読んでいた。「生活と芸術に対する私の姿勢は、すべて二元論という呪いに毒されている。それを北京のウェストハープ博士という人が確信させてくれた。思想と行動、意志と実際の行為との乖離は、私たち西洋人の生活の卑しさに根元があると思う」。ウェストハープの考えは、著作『自由による教育』*Education Through Freedom* や『教育による再建』*Regeneration Through Education* に表れている。それはイタリアの教育学者マリア・モンテッソリ〔訳註37〕の見解をごちゃまぜにしたもので、優生学と汎ナショナリズムの諸理論からなる。リーチはより大きな抽象概念に魅力を感じ、急速にウェストハープの熱烈な支持者となっていった。リーチはウェストハープに、すぐにでも柳に会ってほしいと思った。「親愛なる柳へ。先日ウェストハープから返事を受け取ったのだが、そこには『柳氏には著作で私を参照する前に、私の考えを真にそして十分に知っていただきたい』とある」。続けてリーチは、ウェストハープは喜ん

で白樺派の人々に会うだろう、そしてそれには音楽の流れる夕刻時の庭園が望ましい、と述べている。(原註31)

柳もウェストハープと同様に慎重だった。「今後、氏が著作の中で日本人のものの考え方について云々する前に、まず日本の若い世代の考えを真にそして十分に理解してほしい」。(原註32)二人の哲学者の会合は実現しなかった。かわりにリーチは、「指導者の必要」を感じ、修行場を北京に移した。リーチには、ウェストハープが、模索しつつある「西洋と東洋についての諸思想の包括化」に焦点を当てることができる人物だと思われたのだった。

一九一四年から一九一六年の間に、リーチは三度北京を訪れている。日本を去るにあたって、彼は哲学者としての新しい生活をはっきりと見据えていた。このリーチの大志について、柳は次のような手紙を送っている。「貴兄の将来はどちらの様相を呈するでしょうか――芸術家としてか、それとも道徳の求道者としてか。私にはわかりません。しかし貴兄はどちらの世界のために選ばれたのでしょうか。個人的に、かつ愛情をこめて、芸術家としての貴兄を愛します……私にはウェストハープ氏の哲学観念よりも、貴兄の芸術作品の方がはるかに重要なのです」。(原註33)

北京での日々は深い幻滅に終わる経験となった。リーチは一切の雑用を任された。最初の仕事はウェストハープの新著『中国　反キリスト』*China Anti-Christ* のタイピングであり、リーチの意見は求められなかった。リーチは倫理学者というこの新しい役割が性に合わないことに気づく。まさに日本を去ろうとし、「仕事で日本に戻ってくることはもうないだろう、中国とインドへ行こうと思っているから……東洋と西洋の出会いと合一を、より広く深く理解するために」(原註34)と記したころの期待とは裏腹に、ウェストハープとの北京

バーナード・リーチと我孫子の窯
1919
写真：クラフツ・スタディー・センター

での生活は空しかった。結果的には日本へ帰るよう柳がリーチを説得したことになっているが、そうするのを阻むものはほとんどなかった。柳はリーチに、展覧会はできないか、東京郊外の我孫子にある新興の芸術家コミュニティで、ともに生活し制作してみないかと申し出た。「友人が待っているのです。……貴兄が我孫子で住む部屋は用意ができています」(原註35)。一九一七年、リーチは日本へ戻り、ほかよりも心地よいこの環境の中で、芸術家として、そして倫理学者として生きようと決心した。

リーチのペン画に、我孫子の書斎にいる柳を描いたものがある。柳が着物姿で座っているのが、西洋のロッキングチェア。机にはガス灯が置かれ、本の上の棚には蓋付きの香炉、中国の陶器、そしてロダンの小さな人物像《ある小さき影》がある。その彫像は、ロダンが白樺派に贈ったものだ(原註36)。ここを訪れた西洋のある作家は、柳をとりまくものから受けた印象を鮮やかに描写している。「私が自分の予言者を見つけたのは、田圃と貯水池を見渡す、とある田舎屋だった。戸外の日本の風景から中へ入ると、そこは新しい日本の光景だった。セザンヌ(訳註38)、ピュヴィ・ド・シャヴァンヌ(訳註39)、ビアズリー(訳註40)、ゴッホ、ヘンリー・ラム、オーガスタス・ジョン、マティス(訳註41)、そしてブレイクが……グランドピアノとヨーロッパ音楽の素晴らしいコレクションの近くに掛かっていた。西洋絵画が掛かっていないところは、中国、朝鮮、そして日本の陶磁器と絵画で満たされていた」(原註37)。

日本でリーチをとりまいていた環境について知るには、これよりよい実例はそうないだろう。そこは当時のボヘミアンの関心がうまく全面に出た世界だった。我孫子の住人には、小説家の志賀直哉や、武者小路実篤(訳註42)がいた。武者小路の農業と教育の改革計画「新しき

バーナード・リーチ
《湯呑茶碗》1919
クラフツ・スタディー・センター

村」は実現しつつあった。リーチは柳とリート歌手であった柳の妻とともに暮らした。また、我孫子はとくに美しく、小さな貯水池の堤防に立地する部落だったが、東京からは電車でわずか一時間十五分であった。生活共同体とは言えないまでも、それは一九二〇年代のエリック・ギル〔訳註43〕のディッチリング村のように、地理的にも知的にも都市文化の近くに留まりながら、都市文化に対して自らを定義した、同じ考えを持つ芸術家や作家のコミュニティであった。このコミュニティにおけるリーチの一風変わった立場について、彼を訪ねた美術批評家のE・E・スペート〔訳註44〕は次のように描写している。「日本の生活の息づくこのような喜ばしい地域との幸福な調和……その素晴らしい実例。当然ながら、かつて芸術家以外の誰がこのような親密さという特権を持つことを望んだだろうか」(原註38)。驚くことではないが、リーチの主たる関心の一つは「民芸」へと向かい始めた。周囲の地方の手仕事のもつ特質と生気へと。これが我孫子におけるリーチの作品の重要な部分を占めることになった。

リーチは過剰に瓦が敷き詰められた屋根と、円い戸口のある中国建築様式のスタジオをかまえた。六代乾山の小さな窯を買い取り、それをスタジオの隣に移築した。一九一九年に制作された小さな陶器の湯呑茶碗には、このスタジオと窯の両方が描かれている。この時期のリーチの陶磁器の形や装飾内容は、中国へ旅立つ前と同様に広範囲に及んでいる。素材の点からいえば、この時代の陶芸作品には、磁器、陶器、そして日本の磁器から創意を得て、いくらか上絵付をした楽焼がある。しかし、リーチの陶器のなかには古い中国の作品、すなわち宋代（九六〇-一二七九）の陶器 ware の影響を示し始めたものもあった。宋の陶器は当時、東京で展

絵付をするバーナード・リーチ
1919
写真：クラフツ・スタディー・センター

示され、賞賛されつつあった。その外観上簡素な陶器は、一九一八年に柳と朝鮮へ短い収集旅行へ出かけた際に見た朝鮮の陶器同様、中国後期のいっそう装飾的な陶器よりも「本物である」と思われた。こうした作品に触発されて、リーチは青磁釉や濃い黒色の鉄釉の陶器を手がけ始めた。

　しかし我孫子での楽焼には新しい重要な影響が認められる。皿の縁は、細かな編み目模様で覆われ、文字がさらに大きく、模様と一体化するようになった。英国のスリップウェア〔訳註45〕の発見だった。もちろんリーチ自身が直接に発見したわけではない。この時点まで、東京の博物館で見た古いデルフトやドイツの作品数点を除けば、リーチは完全に東洋陶磁の虜となっていた。富本が東京の書店で購入したローマックス〔訳註46〕著『風変わりな英国古陶』*Quaint Old English Pottery* によって、今や英国農民陶器 folk pottery の伝統の偉大なる複雑さが明らかになった。スリップウェアの皿や水差には多種多様の魅力があった。中央のイメージに特権を与え、その結果周囲の模様はそれほど必要とされなくなるという装飾の伝統があった。それは端的に言って用なのか、それとも装飾なのか、という境界を横断する陶器にとって望ましい歴史的な土台となるように思われた。重要なことに、スリップウェアの存在は、リーチが複雑な乾山の書の伝統の中で理解しようと苦闘してきた、陶器に文字を書くことに価値を与えたのである。陶器に題名をつけても、目立つように署名してもよかった。そして何よりも、完全に東洋で成長した装飾美術家であるリーチが、西洋の名の知れた陶工たち potter についていくらか理解することになったのである。柳（「それを一生、愛蔵するだろう」）〔原註39〕に贈った野兎文皿にリーチは、トーマス・トフト〔訳註47〕の様式化されたやり方で署名している。トフトは十七世紀の陶工で、そ

上：バーナード・リーチ
《野兎文皿》1918
下：トーマス・トフトによる
スリップウェア　18世紀

共に *A Potter's Book* より

の陶器はローマックスの本のかなりの部分で主題となっていた。リーチは次のように述べている。「これは、異国の地で陶器を作り始めて以来、英国の伝統という大地に足をつけてみようとする、初めての試みだ」（原註40）。

このことで初めてリーチは、どうすれば東洋と西洋双方の伝統を踏まえて描けるのか、ということについてもっぱら考えた。一九一九年のある対談で、リーチは自分の立場を初代乾山の義兄・光悦（訳註48）の立場と対比させてこう述べている。光悦は「独立して自由に思考する」人間ではなかった。光悦のなすべきことは、ある伝統を誠実にやり遂げ、家やギルド、工芸を信頼することだった。私たちにはやり遂げるべき伝統がない。工場や都市生活、科学、教育、（そして）旅行がこの古い隠れ家を私たちから奪っていた。……家制度、ギルド、労働組合に私たちはうんざりしている。習俗、すなわち、あらゆる装飾品の形、大きさ、文様を規定していた地方の伝統は、すべて消えようとしている」。東京の英字新聞に掲載されたこの文の中で、リーチはこう問いかけている。「現代の工芸家は何をよりどころとすればいいのか」（原註41）。リーチと、リーチの展覧会を取材に来た記者との対談のなかで、その答えは自明になっているようだ。

近年、［リーチが］描いた絵画やエッチング、それに工芸品に至るまで多くの将来性ある実験作が我孫子の窯から生まれている。今年は陶器

バーナード・リーチがデザインした机
1919
写真：クラフツ・スタディー・センター

ばかりでなく家具も製作した。昨日、神田の流逸荘で開いた展覧会で、リーチ氏は日本の生活条件に適し、かつ東洋の装飾概念はもちろん、ヨーロッパのそれをも具現する家庭用家具をデザインし制作するという初めての試みを発表した。家具類……テーブル、椅子、机、本棚、ランプ、ストーブ、ソファー、そして染織と陶器も。「このような努力が必要だと私は思う」とリーチ氏が言うと、和式の「異国の」部屋に入ったことのある人は皆、彼に賛同することだろう。「運命が私にこの仕事をやらせたのだと思う」(原註42)。

リーチがこれぞと思い、自分にしかできないとしてきたその「努力」とは、瀕死の古い時代の伝統と、その古い伝統を現代生活のあらゆる面に応用することの両立と調和であった。このことをリーチと富本は長い間話し合ってきた。富本は自分のスタジオで革工芸や織物、家具のデザインを実験的に試みていた。そのひたむきな研究の手本として、目前にはいつもモリスがいた。富本はこう書いている。「人の手を借りずに誰にも教わらずに、細部にわたって詳細に分析し、様々な試みをやってのけ、[昔のカーペットを]自分ひとりで織れるようになるまでモリスが費やした時間と努力を考えると、この人間に対する私の尊敬の念は一層の光をはなつ」(原註43)。

しかし、リーチにとってこの「努力」は異なる体験となった。彼自身、もの作りは副次的な関心事に過ぎなかった。「現代の装飾美術家」とは、職人たちがその監督下で制作できるように導く人であった。この時期のリーチの作品の例は、神田の展覧会で発表した三本脚の椅子である。くり貫かれた穴、巻き上がった上部、背もたれにそってつけられた深

バーナード・リーチがデザインした椅子
1919
『工藝』29号（リーチ号、1933年4月）より

い斜め格子模様があるこれらの椅子は、地域固有の土着の表現や「伝統」に少しも負うところがない。当時の日本は椅子のない文化だったが、どの作品でもリーチのデザインした線と地方の大工の扱ったヒマラヤスギとが調和していた。彼が起用した地方の大工は、都会の大工たちよりも優れていた、とリーチは記者に語っている。なぜならその大工は「ハイカラな考え方を持っていなかった」からだった。(原註44)「ハイカラ」とは、洋服を身につけ西洋化された都会の若いサラリーマンを指した。――当時、その言葉は都市、上品さ、洗練、流行を端的に表していた。リーチと大工とのやりとりは、生涯に渡ってリーチを支え、彼のために轆轤を引いた熟練陶工が皆そうであったように、「芸術家 artist と職人 artisan との正常な関係」を行動によって示した。(原註45)

同じ一九一九年のインタビューでリーチは、こうした日用品を作ることを「芸術の民主主義 democracy in art」と呼んだ。この「民主主義」はとても特殊な種類のものだった。手作りの装飾品は高価で、貴族階級の人々が収集し賞賛するものだ、とリーチが考えていたことは、製品や広告からも明らかである。それはまさに、西洋化された日本人美術愛好者、もしくは東京に住む西洋人の小人数の集団のみが鑑賞できる作品だった。それは単に非常に限定されたやり方においてのみの「日用」だった。例えば、その展覧会を訪れた、若く熱心な窯業科の学生だった濱田庄司は、(訳註49)「楽焼や磁器で作られた女性用帽子ピンの頭部、こうしたものはすべて生活、暮らしに身近で、とても異国情緒に溢れ、大変珍しいものだ」(原註46)と記している。しかしリーチの「民主主義」は、たとえこの種の美術品の創作や販売にまで広がらなかったとしても、別の方法で成し遂げられることになる。リーチはこう

書いている。「将来それらは、器械 machine による製品か、工芸家の技 artist-craftsmanship による製品のいずれかに取って代わられるだろう。工芸家 craftsman は創造的な芸術家 creative artist になり、そして器械は、広範囲に安価に流通するデザインを再生産することで、真の民主主義の目的を達成するだろう」(原註47)。

工芸家 artist-craftsman は文化的変化の触媒となった。彼らには決断力があり、東洋と西洋の一番素晴しいものを結び合わせるのに必要なバランス感覚があった。さもなくば、工芸は「近代のこととなるとやりそこなう」(原註48)人々の手の中に残されてしまったであろう。すなわち見捨てられ消えつつある伝統にとらわれた昔ながらの手工業者 folk craftsman たちにである。リーチはこの点において断定的である。彼らには技術はある。しかし自意識に欠けているため、面白いものを制作できない。このように産業社会における芸術家 artist と職人 craftsman の状況を細かく分析するなかで、リーチは、当時の彼の仲間たちが感じていた熱狂をラスキンとモリスの考え方を使って映し出した。当時、日本ではラスキン、モリスの考え方に数多くの解釈があった。リーチの一番古くからの日本の友人であった高村光太郎は、敬意を表してラスキンの胸像彫刻を制作し、また別の友人たちや武者小路実篤といった近隣の人々は、木城に「新しき村」を設立しようというラスキン風の試みに夢中になっていた(原註49)。リーチは自分がこうした状況の最前線にいることを感じていた。西洋の諸概念は、まさに日本で諸芸術を甦らせようとしていた(訳註50)。リーチがある記事のなかでこう記しているように。「若い日本がトルストイやセザンヌの手から受け取った生という鍵は、東洋の古代の宝庫を開きさえするかもしれない」(原註50)。

この世界のなかでリーチは、不動の地位を占めていた。文句をつけるものは誰もいなかった。それは一九二〇年、とても簡単な日本語で、ラスキンの後継者としてリーチが行った講演（柳によって活字にされ出版された）でもそうであった。「ジョン・ラスキンを私は父と考えます……彼は完璧だったと思いますし、またいまだに私は彼をとても愛しています……彼はとても真面目な人でした」。(原註51)

日本におけるこの人気と成功の絶頂にあって、リーチは英国に戻る計画を立て始めた。この計画は、すぐに濱田庄司を巻き込むまでに広がった。濱田庄司は東京で開かれる展覧会をたどってリーチと富本憲吉の作品を追いかけていた。その一方で、京都の陶磁器試験所で釉薬の厳格な化学研究に携わっていた。徐々に濱田は日本で陶器制作者 potter として送ることになるであろう生活にますます不満を募らせるようになり、それにひきかえ、リーチの生活というモデルが、刺激的で現在の状況を打破してくれるように思われた。我孫子での友好的なはじめての出会いの後、長い手紙のやりとりが続いた。リーチの釉薬についての知識の欠落に答えるなかで、濱田はその素晴しい技術的な専門知識を発揮した。リーチの言葉でいうと「日本人のすばらしい助手」(原註52)として、濱田の渡英が決まった。

我孫子からの旅立ちは余儀なくされた。最後の展覧会の準備中、窯から出た火の粉はスタジオの屋根に火をつけ、スタジオとそのなかに置いていたものを燃やしてしまった。窯のなかの陶器を除けば、すべてが失われた——家具から、釉薬の調合をメモした手帳、版画にいたるまで作品すべて。(訳註51)窮地は、貴族出身のパトロンで、パリで修業した画家、黒田子爵の寛大な行為に救われた。黒田は、リーチを補助する助手をつけて東京で窯を提供してくれた。こうして、日本における最後の年、リーチは「私の新しい工房と窯をたいへん見事に管理してくれた熟練した陶工たち」とともに過ごし、大成功を収めた。(原註53)

この最後の陶器は、技術的な品質という点で、リーチがこれまでなし得たどんなものよりも著しく高品質なものだった。それは徐々に向上しているリーチの技術的な能力と同じくらい、助手の技量によるところが大きかった。当時のリーチが記していた技術ノートには、週ごとに助手へ与えた仕事の指示が羅列してある。あわせてそこには装飾をするリーチのために、真の職人精神で轆轤を挽くべきことまで含めて、助手たちの義務も記載されている。この日本における最後の展覧会についてのある展評では、「最後の展覧会が開催されてから、麻布のリーチ氏の窯から集められた二千点もの［陶芸］作品」に言及がなされている。「後期の作品にははっきりとした進歩の跡があり、たゆまぬ実践から得た経験により作家の技術が向上したのが分かる」。(原註54)「非常に多くの人々」がこの展覧会を訪れた結果、「記録的な数の売り上げ」となった。差し迫った帰国に注意を向けるべく、リーチの友人が『An English Artist in Japan リーチ』という小冊子を出版した。内容は柳、岸田劉生、富本による献辞と、リーチの詩、洞察、エッチング、素描であった。陶器の写真も含まれていた。告別の晩餐が催され、柳はこう書いている。「日本における彼の立場並びに彼の祖国での使命は、最も深い意義を宿すものになると考える」。(原註55)

一九二〇年の夏、東洋に来て十二年、リーチとその家族、そして濱田庄司は英国に向けて出航した。日本の友人たちは大いに期待していた。というのも、リーチの「使命」とは「自分の芸術を発展させるまたとない好機を提供してくれる環境下で作陶すること」(原註56)であったからだ。リーチ自身は大業をなすことを予期していた。

セント・アイヴズ
リーチ・ポタリーは写真の外右上方にある
撮影：Bob Croxford
提供：Atmosphere Picture Library

第二章　日用陶器　Necessary Pots　一九二〇-一九四〇

セント・アイヴズはコーンウォール州の小さな漁港で、ロンドンから遠く西の果てに位置している。その透き通った強い光と、絵画のように美しい地元の人々の暮らしぶりにヨーロッパ中の芸術家が魅きつけられ、一八八〇年代には流行の芸術村となり、風景画家や風俗画家によく知られる場所となった。一九二〇年までにセント・アイヴズのイメージは両義性を増し、ある種の少々時代遅れな海景画の舞台として、そして人気の海浜リゾート地として等しく知られるようになった。展覧会団体と美術クラブからなるセント・アイヴズの芸術界では、しばしば裏側で政治的な駆け引きが迷宮のように渦巻いており、そのなかでのリーチの立場には初めから問題があった。親密で大切な友情が同地の他の芸術家との間で生まれ育まれても、早々に変人扱いされてしまい、そしてこうみなされたのである。「セント・アイヴズの芸術家ぶった陶工Art Potter」。この言葉は、英国における美術のヒエラルキーに陶芸の占める地位が一般に不明瞭だったことを確かに反映している。

ウィリアム・モリスに触発された前世代の芸術家たちの様式で陶器を装飾すること、別の言葉でいえば、陶器の表面に描くことは、一九二〇年代までにはすでに大いに価値のある行為とされていた。一方で、陶器を作ることはそこまで評価されていなかった。〔訳註52〕作陶を教える数少ない美術学校の一つ、カンバーウェル・スクール・オヴ・アートでは、地元の

ウィリアム・ステート＝マリー
《鉢》
A Potter's Book より

轆轤師が学生のデザインした陶器を製作するために雇われていた。この轆轤師のような専門家の教えがなくては、陶芸 pottery のいかなる技術的な側面についても学ぶことは困難であった。陶芸をテーマとした書物はほとんどなく、また独立した陶芸家が使用できる市販の窯もなかった。これは、陶器制作を装飾と等しく重要とみなした、数少ない先駆者たちのほとんどが独学であり、そして彼らがしばしば技術的な探求を平行して行っていたことを意味している。先駆者たちについて議論する際、陶芸家の技の「神秘」だとか「秘密」といった言葉が使われるが、それは単なる決まり文句なのではない。先駆者たちが直面していた体当たりの試行錯誤と書き手側の知識の欠落を反映しているのである。しかし、これらの言葉は当時発掘された宋代初期の中国陶器への興味をも反映していた。その大規模な展覧会は一九一〇年にロンドンで開かれた。色と形の厳格さは日本と同様、英国にも広く影響を及ぼした。それらは博物館で見慣れた中国陶器とはかなり異なった類のもののように見えた。官窯というよりは「気取らない」民窯の陶器であった。装飾は簡潔で非対称をなし、色彩と質感は抑制されている。こうした中国の釉薬の「神秘」は、初期の先駆的な陶器のほとんどに決定的な影響を及ぼした。ドラ・ラン〔訳註53〕とアルフレッド・ホプキンス〔訳註54〕はかなりの名人技をなすに至ったが、アルフレッド・パウェル〔訳註55〕の作品ではそれほどまでに達成されなかった（リーチの見解では「不潔な」ものとされた）〔原註57〕。レジナルド・ウェルズ〔訳註56〕さえも陶器に「Soon」の押印をつけた。それは宋をもじっていたようだ。しかし、自身もこうした中国陶器に深く影響された陶芸家の一人であり、陶歴の評価と感化という両面でリーチの陶歴と絡んでいるウィリアム・ステート＝マリー〔訳註57〕を別にすれば、これらの陶芸家たちは、源泉を自分なりに理解したというよりも「洗練された模倣品」じみた作品を作った〔原註58〕。

リーチ・ポタリーの最初の登り窯　1920
写真：クラフツ・スタディー・センター

それ自身で機能を持たず難解で、東洋にかぶれたこうした陶芸を評価する者は少なかった。いてもアーツ・アンド・クラフツ運動〔訳註58〕の高い理想主義から堕落しかかっているようなコレクターや制作者たちであった。リーチの最初の弟子であるマイケル・カーデュー〔訳註59〕はこの世界を「古くて息が詰まる、装飾過剰で、衰微しつつあり、蜘蛛の巣だらけで、ねばねばして、汚染されている」〔原註59〕と述べている。英国で陶芸 art-pottery をはじめるには不都合な時代であった。

セント・アイヴズ・ポタリーは「セント・アイヴズ・ハンディクラフト・ギルド〔訳註60〕の独立部門として、私〔リーチ〕自身はそのギルドを所有するホーン夫人と合資して」出発した。〔原註60〕その共同出資金で、リーチはセント・アイヴズ郊外の丘の上の、流れの速い小川に面する細長い土地を購入した。スタジオと小さな家が建てられ、濱田とリーチは地元の労働者たちとともに、薪を燃料とする登り窯を築いた。セント・アイヴズの地勢が原因で、技術に関して深刻な問題が起こり、それはリーチの初期制作活動を通して絶えず続くことになった。コーンウォールには窯に適した木材が十分になかったばかりか、近隣で採れる土はお粗末であった。こうした原料の品質の貧弱さがリーチの仕事の方向性を決めたと言える。それゆえ、技術の向上をめざして行った調査では、熟練した技と成功した美との関係に対し注釈が付けられた。初期の制作のなかで、経済的に重要な部分を占めた楽焼についてリーチは、このように書いている。「楽焼が多孔性であるとわかると、大騒ぎになる」〔原註61〕。しかし技術上の性質から見ると、「不器用さでさえ、上品にまとまっているよりは好ましい」〔原註62〕。初期のスリップウェアの皿も同様で、表面についた傷からその焼成方法は明らかで

リーチ・ポタリー広告チラシ
1930s-40s
クラフツ・スタディー・センター

ある。このことは、焼成経験のなさとも、あるいは感受性の示唆とも読める。目に見える技術的な「欠陥」の効果を美学としてはっきりと受け入れたことでリーチは、陶器制作と同様にその理解についての日本的な背景を明らかにした。他の陶芸家たちは東洋の釉薬を技術で完全に支配するために研究していたが、リーチは日本の芸術家の友人達との会話の中心となった技術的欠陥における「素朴な力」の考えに魅かれていた。

「間に合わせ、何とかやっていく」必要は、この美学が実際の資金面での趨勢に直面したことを意味している。一九二三年にリーチは次のように言っている。「私はもっと地元で採れる材料に頼りたいと考えている。完成した陶器に地方の基本的な特色を反映させたいから」[原註63]。ある面では、これは率直な売り込み口上であった。リーチは経済的な生き残りをかけて、夏にセント・アイヴズへ押し寄せる行楽客を大いに頼っていた。同じ年の『イブニング・スタンダード』紙の記事の中で、リーチ・ポタリーは「土産物に飢えた大型観光バスのご一行のために小さくてそれほど高価でない品々を平気で作る……客たちは、それを聞いて喜ぶ。というのも休暇の行楽地で正真正銘その土地の記念品となるものがないからである」[原註64]と評された。訪れた人々は、楽焼の陶器に絵付をして家に持ち帰るように強く勧められたのだった。

また別の次元でリーチは、地方のスリップウェアとガレナ釉（地方に特有な釉薬のいくつかに共通する構成要素である、細かくすり砕かれた鉛鉱石）の歴史にますます関心を持つようになる。濱田と連れだって出かけた陶片集めの旅で明らかになっているのだが、この関心は、「適切さ」についての考えを部分的に発展させるものとなった。リーチ・ポタリーの

バーナード・リーチ
《ガレナ釉タンカード》1920s
クラフツ・スタディー・センター

初期に目立つ、コーンウォールのことわざが書かれたガレナ釉のタンカード、煙草壺や水差は、その土地に適切に反応しようとする一つの試みだった。装飾された大皿とともに、それらはまさしく英国の造形言語の一部をなしていた。これらの皿に使用されたイメージは、東洋のもの（井戸端、柳、パゴダ）もあったが、その起源が英国の地方に由来するものも多かった。《ゼノアのマーメイド》や、紋章風にデザインされた獣たちはこの種類に属する。一九二三年ロンドンで開かれた濱田の最初の展覧会で、当時のある記者の心を打ったのもこの点だ。「そこここに、英国の伝統的な形を解釈したと思われる作品、すなわち東洋のより上品な慣用法におけるコーンウォールの『クローン・バッサー〔コーンウォール水差〕[訳註61]』が見いだされる」[原註65]。

この時期、リーチと濱田が展覧会に出品した作品は、デザインにおいても大きさにおいても野心的であった。カーデューが書いているように、それらは大型観光バスでやってくる行楽客のためのものではなかった。まさにそのサイズのおかげで——いくつかは直径が二十インチほどにもなったが——大皿はどんな場所でも独特で人目をひく装飾となった。それらのうちの一つや二つもあればかなり大きな部屋で、ほかに家具などほとんどなくても、それ以外の方法ではなかなか生み出すことができないような豊かで温かな装飾となる。それらにふさわしい背景は、おそらく古き英国の特質を備えた小さなカントリー・ハウスで、白壁や、それとオーク材との組み合わせによく映える。事実、ロムニー・グリーン[訳註62]の

エドウィン・ベア・フィシュリー
《ハーベスト・ジャグ》
マイケル・カーデュー旧蔵
現セス・カーデュー蔵

家具やメーレ〔訳註63〕の染織と同様、このような家の室内装飾には必要なものなのである。(原註66)

これらの大皿には状況がはっきりと説明されている。これらは、ロムニー・グリーンやエセル・メーレといった、他の著名なコッツウォルドの工芸家たちが触れたようなやり方で、地方の慣用句を現代風に再解釈したものである。リーチが言うように、それらは「のろ、樫、鉄、革、ピューターといった『古き英国』と」調和した。(原註67)

陶器におけるとりわけ英国的な感情を再創造しようと努力していたのは、ひとりリーチのみではなかった。早くも一九〇〇年にはレジナルド・ウェルズが地方で採れる材料を原料にしてスリップウェアを試みていたし、また他の人々は、陶器における「正統な」アイデンティティという概念に興味を抱いていた。こうした考えに取り組む一番の助けとなったのは、一九二三年濱田が日本に帰国したばかりの頃、マイケル・カーデューがリーチ・ポタリーに来たことだった。若く、オックスフォードで古典を学んだカーデューは、子ども頃、英国に残っていた最後の農民陶器の伝統の一つであるノースデヴォンのスリップウェアと出会っていた。カーデューはこの陶器がいかにすばらしいか情熱的に語り、堅固で雄大な装飾技法とともにリーチに印象づけた。それは、リーチにとって単に展覧会用の作品以上のものを制作する誠実な手本となったようだった。これは当時の新奇な目標だったのではなく、内在的な問題であった。ギルド・オヴ・ポッターズ・エキジビションの評には、次のように書かれている。

もし芸術家たちが自分の作品と工場の製品を区別するとしたら、残念なことである。なぜなら芸術家の作品は、その生産過程において人工的になり、それゆえ英国陶器の伝統から分離されるべきであるから。リーチの生徒の一人である陶芸家の作品は気取っておらず、それゆえ恐らく農民の作としては通用するだろう。しかし彼女の陶器は素晴しい形をしており、また大胆に絵付が施してある。それらが実用的でないのは残念である。というのも一つにはそれらは日常使用するにはあまりにも高価であるからだ。農民たちは仮に制作を手伝うことができるにしても、無用な陶器は作らない。そして確かに気取らない陶器は単に装飾的でのみあるべきではない。(原註68)

作品は「貴くそして折衷的」であるというのが、古い農民陶器に影響されたこの新しい陶芸に対する共通した当時の批評であったようだ。その時代の主要な陶芸家たちとともにリーチが出品した、ライプツィヒでの大規模な展覧会で、ある記者は「ドイツ人たちは率直に英国人の陶器がつまらないと考えている」と記した。またある英国の批評家は次のように述べた。「英国人は似たようなやや農民風のデザインをするが、最上の作品を展示していない……ドイツの芸術家や記者たちはみなこう口を揃える……英国人たちはあまりにも盲従的に伝統に縛られている。ヨーロッパを吹き抜けていったモダン・ムーブメントは英国をまさに見落としていった……政治においてと同様、芸術におけるボリシェヴィキの思想も、英国でその足場を得るのは難しいということがわかった」。(原註69)ある友人がそっけなくリーチにもらした。「農民風の作品は、現代の台所にはまったく場違いだ……実用からいえば、私の持っているスリップウェアはほどなくしてみな釉薬が剝げはじめる。そのほ

バーナード・リーチ
《ティーセット》1920-25
東京国立近代美術館

とんどが多孔性のものだ」(原註70)。しかしリーチはこのことでいたずらに悩むことはなかった。リーチをそれほどまでに引きつけたのは、直観的で理解しやすい伝統の魅力だった。この農民風のスリップウェアは、英国の製造業の「域内」(訳註64)ではトーテム像のような位置を占めた。一九二四年、ハーバート・リードとバーナード・ラッカムという(訳註65)、ヴィクトリア・アンド・アルバート美術館陶磁器部門の二人の学芸員は、『英国陶器』という著作の中で「英国の伝統」としてのスリップウェアを、鉛釉の陶器や「外国の特徴」に対置させ、この点を主張した(原註71)。

リーチは、柳の企画した日本における展覧会で作品を発表し続けた。セント・アイヴズで観光客相手の商売に応じる努力にもかかわらず、日本での個展開催は、経済的に重要な生命線となった。柳は、現代世界のなかに位置する伝統的な民衆芸術の本質について常に敏感であったが、「英国性 Englishness」は一九二三年に東京で開かれた展覧会でガレナ釉の陶器がよく売れた一つの要因であったとリーチに示唆した。「ガレナ器は殆んど完売しました。理由は、我々がそれらのなかに自由で、しかし西洋的な伝統の精粋を見出したからです……もう一つの理由は、恐らく、釉薬も色も私たちの目には新鮮で、若い人々が西洋の最良のものを熱心に求めているからでしょう」。また柳は茶碗を減らし、もっと多くの「紅茶ないし珈琲セットを送ってください、すぐに買い手がつきます――これが現代の日本なのです――やむをえません」(原註72)と要求した。続く展覧会で、柳はこの要望を幾分力強く繰り返した。

純英国的な黄色ガレナ釉をもっと数多く送ってくれなかったのが残念でなりません。

それがいかに好まれているかわかってください。今回入っていたものは一つ残らず全部売れました。理由は二つあります。まず、黄色ガレナには純粋に西洋的特質が備わっており、西洋風の建物、作法と生活様式に慣れた現代日本人の心理に合います……第二に、芸術的美的にも質が高いのです。僕自身、宋窯風の作品より、よく消化された貴兄のイギリスガレナの方を好みます。なぜならガレナは、作られた陶器ではなく、生まれ出た陶器だからです[原註73]」。

バーナード・リーチ
《面取茶碗》1925-6
A Potter's Book より

この時期のリーチの陶器には、母国の伝統への興奮と宋代の陶器への深い愛着を統合しようとする試みは見られない。展覧会では、この二種類の作品を隣同士に並べて展示した。英国のスリップウェアの皿の隣に、東洋のやり方で陶土の生地が見えるまでスリップを掻き落として文様を装飾したピルグリム・フラスコと注瓶があった。これら東洋風の陶器は足元を覆う木製の台の上に置いて展示した。こうすることで、そのもののもつ特異性と希少性が際立った。宋代の陶器に範を求め、それを写した陶器もあり、それらは当時中国陶器の最大のコレクターであったジョージ・ユーモルフォプロス[訳註66]に購入されさえした。面取りの陶器の茶碗（写真参照）にはリーチが厳格さという理想に夢中になったことが示されている。その高台は陶土の質感を見せるため釉がかけられていない。「高台は象徴である。ここで私はまさに土に触れ、ここを私の目標とする」とリーチは書くことになった[原註74]。これは明らかに、西洋のスタジオ・ポタリーへリーチが貢献した最も重要なものの一つである。すなわち、簡素に焼成された土の触覚の重要性を明確に説明したのである。釉薬のかけられていない表面を用いることで、リーチは手作りの陶器のもつ「地方的な」特色を強調した。つまり、工業的に釉薬をかけられた陶器と違って、それらには多様で、複雑で、また不規則な質感があった。これは宋代の陶器を、真面目さや明快さ、目的に適ったもののしるしとして用いたものだった。宋代の陶器は、近代主義の批評家たちによってこのように活用されたのである。とくに顕著なのはハーバート・リードで、著書『インダストリアル・デザイン』***Art and Industry***のなかで彼は同時代の機能主義者のデザインと併置してそれを図解した。中国宋代の陶器は、興隆しつつあった「素材に対する誠実さ」への当時の関心を最もはっきりと証明したようにみえる。しかしながらリーチの他の陶器では、一九二七年から制作された花器のように、中国の装飾的モデルが高度に様式化され、装飾は散漫で未完成なものとなっている。

生涯におけるこの時点でリーチは、自分が持つ非の打ち所のない権威――東洋陶磁の真の源泉にじかに身を置いたこと――を大いに強調した。彼の物語は、新聞で述べられているように「それ自身でロマンス」だった。彼は「セント・アイヴズの陶芸家、日本に売り出している英国人」(『デイリー・グラフィック』一九二二年十月九日)だった。このことは、限られた収集家たちに売る陶芸家が増えてくるのにともない、自分の本質を明らかにするうえで役立った。しかし手紙では資金を絶えず心配する様子を漏らしている――「私たちにはたった五十ポンドしか残っていない……〔訳註67〕万事につけ支払いが遅れている」〔原註75〕――そして資金の見通しについては――「ヴァイスという この分野における新参者がわたしのすぐ前に展覧会を開き、千百ポンド分の陶器を売った。それらには真に生命が宿ってはいなかったが、技術は素晴らしいものだった」〔原註76〕。その場しのぎのような方法で製品を生み出そうともがく際に長年つきまとってきた技術的な問題のせいで、リーチの陶器は数が少ない。リ

ボザール・ギャラリーにおけるリーチ展
1931
写真：クラフツ・スタディー・センター

ーチの教え子の一人、キャサリン・プレイデル＝ブーヴェリーは〔訳註68〕、ある悲惨な状況に直面していたとき、焼成を完全にするために十分な量の薪を忘れずに確保しておくように言ったためリーチをいらだたせた。「まったく、どうして薪を蓄えておかなかったのでしょう。ねぇ先生、それをしさえすればよいのです。私は浪費家で、実に愚か者ですが、それでも二年先までの薪は常備していますよ」(原註77)。リーチの作った僅かな数の成功した陶器と、陶器に入ったひびを日本の金繕いのやり方に似せて修復したものは高価だった。一九二八年、ボザール・ギャラリーで開催された個展で最高値をつけたものは「三つの小さな把手のついた瓶」で、三十ギニーした。他の壺は二十ギニー。こういった価格は「陶芸家の作品という希少な宝石の収集家たちのあいだ」(原註78)でのみ通用するものだった。リーチが一人の陶芸家art potterとして望むような形では生き残れない、ということは明らかになりつつあった。

　それゆえ陶器の領域を拡げるリーチの活動は、方便の問題として始まった。「英国中産階級の忌々しい売上優先意識と営利本位に、なにもかもが過度に支配されている。だから、私の作品が最良のものであると認められているにもかかわらず、収集家と少数の人を除けば販売するのは難しい。これからもやっていくには、私は特定の物に限定し、より安価に生産できるようにしなくてはならないだろう」(原註79)。

　この苦悩に満ちた感情によって、一九二〇年代には多くの表現の転換が起きた。しかしその背後にある力は変わらずに残った。機能的な器を作るという必要性をリーチは受け入れたが、それは選んだ道ではなかった。より多くの種類の陶器を作り始めたが、彼が考えた市場はこれまでにないものだった。『サンデー・ワーカー』紙

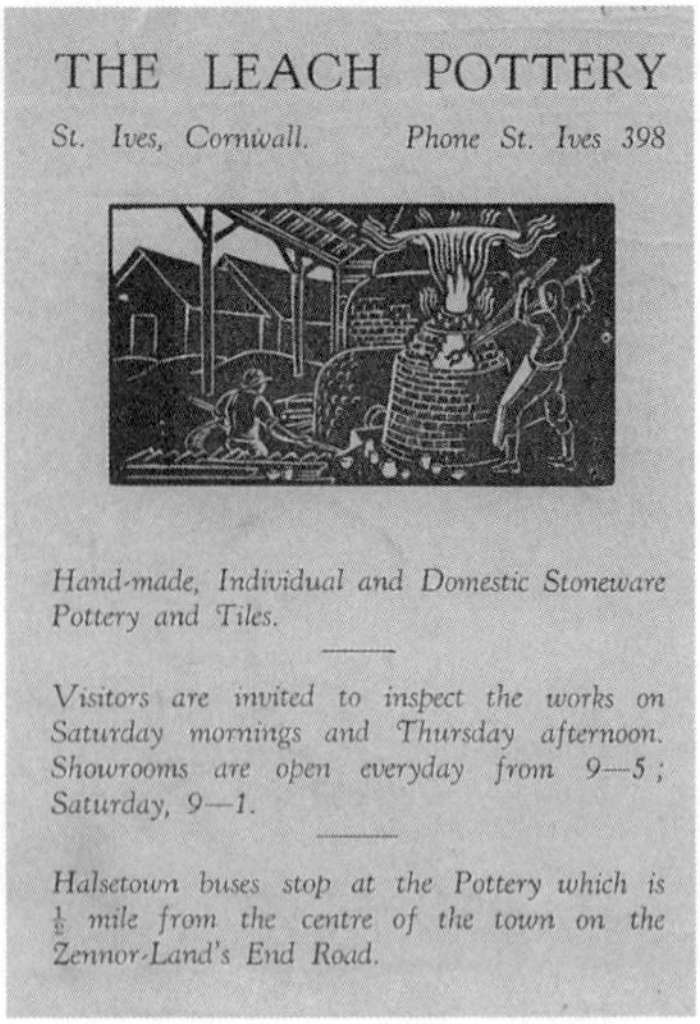
THE LEACH POTTERY
St. Ives, Cornwall.
Phone St. Ives 398
Hand-made, Individual and Domestic Stoneware Pottery and Tiles.
Visitors are invited to inspect the works on Saturday mornings and Thursday afternoon. Showrooms are open everyday from 9—5; Saturday, 9—1.
Halsetown buses stop at the Pottery which is ½ mile from the centre of the town on the Zennor-Land's End Road.

リーチ・ポタリー広告チラシ
c.1927
クラフツ・スタディー・センター

は、そのパラドックスについてこのように書いている。「『これは労働者がビールを注ぎたくなるようなジョッキである』と、簡素でモダンな陶器による立派な作例を指差しながらリーチ氏は語った。確かにそうである。しかし不幸なことに、労働者と同じく、リーチ氏も犠牲になっている経済事情のせいで、そのジョッキにつけられた価格は、資産のある収集家の食器棚に飾られて終わるであろう類の価格となっている。労働者階級の人々はこの展覧会に並ぶ美しいものをどれ一つとして購入できないだろう」[原註80]。

　可能性を拡げるためにリーチが次に試みたのは単純なことだった。収集家のための作品と家庭用食器とを、あるいは、収集家と「普段使いの家庭用品を欲しがっている資産の少ない人」[原註81]とを一つの展覧会でいっしょにできないのなら、リーチは二つの別々の場所で同時に作品を見せたであろう。一九二七年、スリー・シルズ・ギャラリー[訳註69]とパターソンズ・ギャラリー[訳註70]の展覧会でリーチはまさにこれを行った。こうした試みはリーチの芸術の転位を最も明瞭に表し、賛否両論の反応を引き起こした。『オブザーバー』紙は、この試みを純粋に便宜上のこととして考えた。リーチは「陳腐な製品を追放するのにうってつけで、そうした製品に魅了される購買者たちとの接触を保つ場所を見つけて……幸せだ」[原註82]。『タイムズ』紙の記者、チャールズ・マリオット[訳註71]は、もっと哀れみをもって取り上げ、新しい家庭向けの作品でリーチの直面している経済の現実がわかると述べた。「彼は、経済的な条件から工場と見合うぎりぎりのところまで個人経営の窯の可能性を押し下げた……しかしリーチ氏は、工場では三シリングで製造できるカップと受け皿を五シリング以下で作ることができない」。

これら「ジョッキ、ティーポット、粥碗、その他諸々」はまずまず美しかった。「形は気が利いていて親しみやすく、色は感じがよい」。〔原註83〕一九二七年のティーポットのような、こうした家庭用食器はしばしばみすぼらしい出来で装飾がでたらめになされていた。これには恐らく、リーチが実際そうしたものに対して持っていた関心の度合いが反映されている。

二箇所のギャラリーで展示するという決定もまた、陶芸家の作品発表の機会が増えつつあったことの表れだった。リーチは、ウィリアム・ステート＝マリーのように、ボンド・ストリートでの展覧会に出品でき、美術雑誌と新聞の両方に評が載せられた。ウィリアム・ステート＝マリーは、一九二八年、クリストファー・ウッド〔訳註72〕やベン・ニコルソン〔訳註73〕の絵画と並べて自分の陶器を展示した。当時の批評のなかには彼の作品を彫刻として扱ったものもあった。それは形態における抽象への関心を具現したかのようだった。ハーバート・リードが呼んだ、「この新しい媒体」〔原註84〕について議論するための批評言語が創造されつつあったのである。しかし、もっぱら手作りの工芸品を扱い、収集家よりも飾るために作品を買う一般客を考慮した小さなギャラリーの数も増えつつあった。たとえばリトル・ギャラリー〔訳註74〕は壺といっしょにインドの民族調の小物とエドワード・ボーデン〔訳註75〕の壁紙を並べて展示していた。こういった展示には批評を得るために展示するという目的はなかった。それは「工芸の世界」がはっきりとした形で生まれたことを表しており、リーチが徐々に臨戦態勢を整え、待ち望んでいた世界であった。

リーチはまた別の新たな営業手段を摸索していた。暖炉用の飾りタイルである。飾りタ

バーナード・リーチ
上：小タイルのパネル
下：《井戸と山文タイル》のパネル
1929
ヨーク・ミュージアム・トラスト
（ヨーク・アート・ギャラリー）
York Museum Trust (York Art Gallery)

イルには家庭用食器にくらべ二つの大きな利点があった。第一に、タイルを作り焼成する際に技術的な問題がほとんどなかったこと。そして第二にタイルが、絵画におけるリーチの比類なき能力を発揮するのに絶好の手段だったことである。リーチは一時間に何十枚ものタイルを絵付できたのだ。古いデルフト焼、英国の中世趣味や東洋の絵画の影響が融合したこれらのタイルから、自由な空気のなかにいるリーチを窺い知ることができる。絵は伸び伸びと大らかだ。イメージが次々に飛び立つ——一つのイメージが別のイメージに関連づけられる必要もなかった。それにタイルは、器のように複雑に反復する文様を創造するという必然に患わされることもない。リーチの描くイメージは実に折衷的であった。英国の紋章、東洋の草、セント・アイヴズの登り窯さえ現れた。タイルの販売促進のために出版した小冊子のなかで、リーチは「タイルにはある程度の不規則性があり、なぜ不規則なのかといった弁明は求められない。まさにこの不揃い、『ばらばらな』色、変化のある質感こそが魅力であると確信している」（原註85）と書いた。カタログに掲載された写真には、「工芸家の暖炉」が見え、オーク材の額縁をつけた一揃いのタイルにも要求があれば応じた。それらは実際「子ども部屋の暖炉に申し分ない」（原註86）ものであっただろう。この平面的な技術との結びつきにリーチが頭をいっぱいにして

マール社製暖炉背壁
c.1929
リーチ・ポタリータイルのパンフレットより
クラフツ・スタディー・センター

いたことは明らかだろう。

タイル制作を経験したことによって、リーチは陶芸家と器械との関係について更に明確に考えるようにもなった。リーチが展覧会を開いた、ロンドンにある共同経営の小さな画廊、ニュー・ハンドワーカーズ・ギャラリー〔訳註76〕から一九二八年に『陶芸家概観』*A Potter's Outlook* と題された小冊子が出版された。そのなかでリーチは自分の考えをさらに増補し、公然と述べた。小冊子はこのボヘミア風の世界における手仕事のもつ社会的倫理的な意味に注意を喚起するために、出版という形態が選ばれた。「どんな類いの人間が我々の時代の工芸家なのだろうか〔原註87〕」という疑問に、リーチは幾度も公然と挑んだが、『陶芸家概観』はその最初のものとなった。リーチはそのテーマを力強く鮮やかな言葉で表現したが、毒舌じみたときもあった。工場が英国の民衆芸術 folk-art を弱め、そして今や「商店で売られる陶磁器類は、安く、規格化され、薄く、白く、固く、そして耐水性である——数々の素晴しい品質、ああ——しかし形はひどく、色はどぎつくがさつである。装飾は陳腐で、特質は皆無である」。この瀕死の状態で、「陶芸家たちはこの間ずっと何をやっていたのか？　まず芸術家として自分自身を楽しませるために、手で仕事をする。したがって数が限られた高価なものしか生み出せない。それゆえ私たちは普通の人によってよりもむしろ、収集家、愛好家、変わった人々、あるいは『芸術家気取りの』人々に

よって支持されてきた……その結果私たちの陶器のほとんどは失敗に終わっている。そこには現実の息づかいがまったくない。それはお遊戯である」。

この衰弱した世界から脱するために、工芸家は量をこなさなくてはならない。これは、器械の知識が必須である、ということを意味した。リーチはモリスに触発された言葉でこう考えるに至った。「器械は道具の延長であり、手の道具〔である〕……批難すべきはただ、器械を誠実に使用しないことだけである」。リーチは自身の未来像について、「半磁土で陶器」を作ることで、「宋や唐代の陶器のような性質をいくらか備えた家庭用の陶器を作れると思う。こうした陶器はさらに上質の趣味を満足させるだろうし、今日の実用性に対する要求にも応える」と述べている。この目的へ向けて、リーチはこう結論するに至った。「薪による焼成から石油による焼成に、手による粉砕から器械粉砕に変えつつある。静かで効率的な電動轆轤を見つけしだい設置しよう。これまではタイルを半器械的に作るに留まっているが、多種の生産を続ける限り、費用を半減し、節約できた時間を使って手作りの水差や花瓶、碗などが陶器で作れる」。

『陶芸家概観』からは、哲学面でも物質面でも自分の立場に欠点があることにリーチが鋭く気づいていて、答えに窮していたことが窺える。四十歳、五人の子どもがいる大家族で、経済的な保証はなかった。都市で活動する陶芸家たちがいかにうまくやっているかは十分にわかっていた。しかしリーチが作りたかったのは、彼がはっきりと名づけた「日用陶器」[原註88]であり、その熱意は内面からのものであった。

この計画は急進的で、計画の実行はさらに混乱した。手本となった日本のように熟練した働き手がいなかったため、学生あがり、労働者（その一員としてまもなく長男デイヴィッドが加わることになった）〔訳註77〕そしてリーチが「地元の若者」と呼んだ人々からなる奇妙な集団を使った。それぞれの果たす個々の役割には確固とした考えをリーチは持っていた。「まともに教育を受けていない地元の若者たちは、労働後の喜びを期待するのが当然である。それゆえに彼らは真に工芸家の生活を送ることができなくなる傾向にある」。（原註89）この職業の厳格さは、エセル・メーレのところの染織の学生のように、「生活費を稼ぐという現実の圧力を受けていなかった」（原註90）中産階級の若者たちに受け入れられやすかった。こうした学生たちはやってきては去り、その技術は不完全であった。「ロイヤル・カレッジ、セントラル・スクールやカンバーウェルから毎年、私のところに学生たちがやってくる。ある者は長期間、そしてまたある者は短期間、だいたい短期間が多いが、見習いとしての期間を過ごす。そして十分な知識を受け取ると、あるいは彼らが十分だと判断すると自分たちでスタジオ規模での陶器づくりを始めるために、去っていく」。（原註91）セント・アイヴズ・ポタリーで働くためにやってきた人々のなかには、工房体制という特別な性質にいらだつものもいた。若くとりわけ才能のある陶芸家であったハリー・デイヴィスは、〔訳註78〕工房には「人が多すぎ」、誰もがうんざりしている、そして製品の質は「最低」になりつつあると、（原註92）不在のリーチに宛てた手紙で嘆いた。この時期のセント・アイヴズ・ポタリーで、誰が何を作ったのか見分けるのは難しい。しかし次の一点すなわち、リーチはこのセント・アイヴズ・ポタリーで、機能的な器 functional ware のデザイナーでありまた装飾家であるという自分の役割を認識していた、ということは明らかである。展覧会用の大きな作品を他の人に作らせ、それを装飾するという日本滞在以来のリーチの習慣は、可能であればいつでも続けられた。「日用陶器」はその後の生涯を通してリーチのまわりで制作されることに

現在のダーティントン・ホール

なった。それを作ることは実践的な関与というよりも理論上のものであり続けた。しかし、それはリーチに自己の哲学と実践の関係を再構築する次なる契機の土台を用意した。

ダーティントン・ホールは、サウス・デヴォンにある十四世紀に建てられた邸宅で、幾何学式庭園、そのまわりを取り巻く緑地、そして広大な地所に囲まれている。ここは一九二五年、アメリカの夫婦、ドロシーとレナード・エルムハースト〔訳註79〕によって購入された。エルムハースト夫妻はこの新しい地所に様々な大望を抱いていた。レナード・エルムハーストは、コーネル大学で農業を学んでおり、不振にあえぎ荒れ果てたこの地所で、新しく実際的かつ科学的な取り組みを実行してみたいと考えていた。ホイットニー家の遺産相続人である妻の財産によって、二人はその考えを実行する資金を得た。それは、進歩的な学校に明らかとなっている教育の理想主義を、ひどく悪化していた地方経済と統合させる実験となった。地所は、道楽としてではなく、ビジネスとして運営されることとなった。集約型の飼鳥用の小屋があり、垣根は取り払われ、材木用として植林がなされた。地所の便箋には、林業部から始まり、製材部、果樹園部、サイダー製造所と続き、染織部それから経済部、試験所、設計部に至るまで、各部署名の一覧が長く連なっている。このなかに工芸部門もあったのだが、エルムハーストの考えは明確だった。工芸は、地所で働く人々と学童たち双方にとって教育的な活動となると同時に、この地域に雇用をもたらすであろう真剣な経済活動として運営された。エルムハースト夫妻は、こういった活動でさまざまな思いつきを気まぐれに探求したのではなく、地所がより大きな社会的理想に貢献することを期待していたのであろう。一九三一年、レナード・エルムハーストがリーチに宛ててこう書いたように。「形やデザインに向かう感覚の導入としてそれ（陶芸）が教育要綱のなか

ドロシー&レナード・エルムハースト夫妻
c.1925
Dartington Hall: A Guide, The Dartington Hall Trust より

に含まれているのと同じように、私たちはそれが、一つの芸術、一つの科学、また有益なものとして自然に存在できる場所を見つけたいと熱望しております」。(原註93) エルムハースト夫妻は東洋の美学と神秘主義への情熱をリーチと分かち合っていた。一九二〇年代後半から、夫妻とリーチは互いに魅力を感じていた。だが、ダーティントンで制陶所を建て、陶芸を教えに来ないかという誘いにリーチが応じたのは、セント・アイヴズ・ポタリーが倒産寸前になってからだった。ダーティントンでのリーチの経歴は、彼の役割と将来についての果てのない計画、報告書、そして議論といった複雑なものだった。ダーティントンの地所のなかのシンナーズ・ブリッジにリーチのために設けられた小さな工房と共に、セント・アイヴズの窯も運営していけるかどうかという疑問があった。しかし、尊敬すべき芸術家としてのリーチをエルムハースト夫妻が無条件で支援したこと、また商業陶器の運営についての夫妻の恐ろしいまでに明瞭な経済学が、この時代全体を下支えしていた。リーチはいわば「顕微鏡の下」に置かれた。(原註94) リーチは自分の考えと計画について、徹底的な質問を受けたのだった。

ダーティントンでリーチは、生涯で最も重要な友情関係の一つを築いた。ヨーロッパから「移民してきた」芸術家、舞踊家、彫刻家からなる流動的なコミュニティのなかに、若いアメリカ人芸術家、マーク・トビー(訳註80)がいた。トビーはリーチにバハイ教(訳註81)を紹介した。また東と西の精神的伝統を統合しようとするリーチのたゆまざる試みにおいて中心的な人物となった。ダーティントンは、リーチが『陶芸家概観』で初めて論じた、地方の陶器工場にとって理想的な中心地となったようだ。しかし彼は、「ダーティントンで生産できる商品の一単位で」[原註95]、家庭用食器にふさわしい製品のプロトタイプを見い出すため、実験が必要だと強調した。一九三三年十二月、ダーティントン研究助成金審議会への申し込みにあたって、リーチは以上のことをきちんと調査するため、日本へ戻らないわけにはいかないだろうと述べた。この言及の裏には、破局にいたった結婚生活から逃れたいという欲望もあった。自ら課した孤立を告白した説明で、英国では技術的な問題について他の陶芸家たちとノートを比較する機会がなかったとリーチは書いている。日本では、濱田の技術的な専門知識を聞くこともできるであろうし、「セント・アイヴズでの純粋に手作業による状況下でなしえた以上に大量で、高品質の陶器を作るという方針でダーティントンでの真摯な仕事を始めるための」非常に貴重な「準備」[原註96]もできるであろう。また柳の民衆的工芸運動、すなわち「民芸」とも接触することができるだろう。レナード・エルムハーストも賛成した。「あなたが日本でこの運動の主導者とみなされているという事実が、あなたが日本へ行くなによりも強い推薦状です」[原註97]。

しかし、リーチの向上心に対する温かさにもかかわらず、根底ではレナードは実利本位であった。リーチが調査し、制作しようとしていた機能的な陶器は、のちの手紙の中で「乳白色と明るい青磁色の宋代の陶器……固く、上品で、優美なもの」[原註98]として記述されているが、真に有用なものとなるべきであった。そしてリーチは冷静に次のように告げられたのだった。「オーブンに入れても使えるように耐久テストをするからカップと受け皿、そしてそれに似合う皿を二、三ダース、ぜひいただきたい」[原註99]。リーチの「日用陶器」はこれまでになく細かに調べ上げられたのだった。

一九三四年日本に戻ったとき、リーチの伝記が新しく出版され手渡された。式場隆三

バーナード・リーチ
《日英混交様式居間》
1934　東京における展覧会場
写真：クラフツ・スタディー・センター

〔訳註82〕郎が編集し、リーチの初期の記事がすべて再収録され、日本の友人達が多くの賞賛と回想を寄せ、素晴らしい写真が満載された分厚い本だった。それは英国での生活とは、はっきりとした対照を見せることになったその一年を象徴する出来事だった。「二つの文化をしっかりとつかまえている指導者たち」はほとんどいない、とリーチは書いた。そして訪ねる先々で、「先生」あるいは巨匠という地位が与えられた。「『先生』業については、お世辞を言われ、幾分気持ちのよいことを別にすると、その役割を受け入れるのは難しくはなかった――理由は簡単で、芸術的価値や意味、その解釈やデザインする能力ということになれば、柳、濱田、富本、河井〔訳註83〕を除くと、この若い世代や目利きや美術愛好家たちの半ば繋がった世界――彼らは大陸間にまたがる芸術と生活の複雑さにほとんどが『唖然とする』――に、自信を持って方法を示し、説明できる人はいないからである〔原註100〕」。

リーチは敬意をもって迎えられた。西洋の美術、食べ物、政治について講演をした。東京の百貨店で組み立てられ展示されたモダンな居間に似合う家具と染織をデザインした。柳といっしょにどこへでも旅行した。「地方の工芸の仕事を批判し、工芸家たちに会い、工房を訪ねた〔原註101〕」。

一九二〇年にリーチが日本を去ってから、柳を中心にした都市の芸術家と知識人たちの小さなネットワークは変貌していた。同時代の西洋の芸術と思想を注視していたところへ、今や激しいナショナリズムが入り込んできた。柳の民芸つまり「民衆の芸術 art of the people」の一派は、一九三〇年代初頭に生まれたが、それはナショナリズムの熱が高まりつつあった風潮のなかでのことだった。いまやそれはしっかりとした運動となっていた。挿図入りの月刊誌が出版され、協会のネットワークは地方へも伸び、東京の勢いのある百貨店が支援をし、年一回の展覧会を開いていた。「彼らはそれぞれ店を持ち、出版物があり、取引がある。その作品は、西洋の訪問者たちにこの国をあまりにも嫌いにさせてしまった欧亜混血の現代製品への解毒剤として、新しい日本の家庭の趣味にまさに入りこもうとしている」。(原註102)

民芸運動の目的は、地方の手仕事の素朴な伝統を保存することであり、工芸家である「指導者たち」との創意を与えるような接触を通して人々を蘇生させるということの両方だった。明らかな階級区分が内在していた。運動の指導者たち（柳、濱田、河井）は大学や美術学校で教育を受けていたが、彼らの支援を受け入れた人々は、半農半工の労働者たちだった。リーチは濱田との関係においてこのことについて書いた。「ティーカップ――さらにその把手だけを例にとってみても……日本には把手をちゃんとつけることができる人は濱田一人しかいない。濱田は私たちの文化を学ぶために西洋に来る以前に自国の文化を知っていた。両方の文化を知ったとき、彼は独自の方法でカップに把手をつけ始めた。本当に新しい日本の方法で……彼の指導で、数人の地方の陶工たちは学び、また何が必要とされているかを認識し始めている」。(原註103)

ここで初めてリーチは、一九二〇年以前に知るようになった都市の楽焼の伝統ではなく、日本の地方の陶工たちに出会った。これは、覚えておくべき重要なことである。リーチは彼らの作品の美しさではなく、巧みで直接的な作業風景を見て感銘を受けたのだった。益子にある濱田の工房では、「望めば若い轆轤師が村からやってきて、大きな作品を私の指示に従って挽いてくれた」。(原註104) 日本の南部にある布志名では多くの大皿がスリップウェアでリーチが装飾するために挽かれた。京都にある河井の工房では、型成形の磁器皿に装飾をした。お金や責任、あるいは技術的な問題に困ることはなかった。ある友人が指摘した「素描と装飾の両方で、大きな自由、自信、必然性」がこの時期のリーチの作品で明らかとなっている。(原註105)

「民衆のこのうえなく素晴らしい芸術を保存する」(原註106)という「民芸」の収集事業のため、リーチと柳は、日本が占領した国、朝鮮を再び訪れた。日本軍当局が柳にソウル市内に設立の許可を与えた美術館で、リーチは小さな展覧会を開催した。リーチと柳は日本軍の占領については落ち着いて見守っていた。美術館は、日本と朝鮮が「敵意や政治を抜きにして美への愛を楽しむことができる」(原註107)場所であった。朝鮮について話をするとき、彼らの言葉─分離、悲しみ、孤独─には政治的状況の避けがたい感覚があった。その民衆芸術から推し量られるように、朝鮮人たちは従属者であり続けるという運命にあった。実際、廉価で簡素に作られた機能的で装飾された家庭用品を生み出す産業社会以前のこのモデルは、圧政という形式において当然予想される規範であるように思われた。日本の軍国主義に対するリーチの見解も同様に率直なものだった。「若い人々にとって就職競争は……厳しい……日本が提供する就職口以上に溢れるこれらのすぐれた頭脳をもった人々にとってははけ口が必要だ。海の向こうの中国は、日本がありあまるほどに持っているものをまさに欠いていたために、無気力で無秩序のままである」(原註108)。日本の「溢れんばかりの活力」と「国家的な自信」に対する分析は民芸運動の中心にいたリーチが経験から導きだした。彼が感じたことは別のものへと反映された。英国に帰って、リーチ自身もまた「自信を得た」ことを記している。

一九三四年の日本滞在中に、リーチの長男、デイヴィッドがエルムハーストの援助を受け、ストーク・オン・トレントで〔訳註84〕勉強することが決まった。これは、セント・アイヴズ・ポタリーを安定した技術的基盤の上に打ち立てなければならないという必死の要求が実現したためであったが、リーチは「あの商業的で科学的な死地へ」デイヴィッドを送りこむというこの決定を苦々しく攻撃した。「デイヴィッドにとってそれは益になるというよりも根本的な害となるだろう」。(原註109)デイヴィッドが、日本かデンマークで学ぶという、リーチの抱いた魅力的な期待は、断固として退けられた。「いくらかの正当性をもってデイヴィッドは、デンマークあるいは日本、そのどちらでも科学の本質について学ぶことは難しいだろうと主張した」とレナード・エルムハーストは書いていた。(原註110)安定した生産を確実にするために「適切な」技術的手段の疑問を解こうとする彼らの態度がいかに激しく異なっていたかをリーチの激怒に見ることができる。

一九三五年に帰英すると、リーチは再びセント・アイヴズに留まることはなく、自分の秘書で、ゆくゆくは二番目の妻となったローリー・クックス〔訳註85〕をともなって徐々にダーティントンに移っていった。セント・アイヴズの工房はデイヴィッドが効率よく運営しており、リーチは主に陶芸制作についての本の執筆に携わった。その本については一九二〇年以来構想を抱き続けていた。それは技術的な指南書で、かつまた美学についての書物としても意図されていた。学生と収集家は、制作の各々の段階で簡潔な方法で導かれ、それぞれの要点で必要とされる美的な判断について告げられた。編集者にはヘンリー・バーゲン〔訳註86〕がいた。学者であり、協力的な友人であったバーゲンは、スタジオ・ポタリーの収集家であった。この本の実現は、バーゲンの積極的な介入に負うところが大きい。リーチは社会改革に関する意見を隠しておくように、また自伝的な回想はやめ、凝った表現で、「意気揚々としてしゃべりすぎ」ないように言い含められた。工業製品へのリーチの批判は、厳格に削除され、ほとんど知らないテーマについては、ハーバート・リードやニコラス・ペヴスナー〔訳註87〕を読むように言われた。バーゲンによれば、この本は、社会主義の小冊子ではなくエドワード・ジョンストン〔訳註88〕のカリグラフィーに関する著作『書法、装飾法、レタリング（文字造形）』*Writing, Illuminating & Lettering* を手本としていた。リーチの本は明解で、「論争の書ではなく、手引書」となるべきだった。〔原註111〕

第二次世界大戦が始まった一九四〇年五月、『陶芸家の本』はついに出版された。それは手引書でもあり、かつ論争の書でもあった。実際、その本の重要性と人気は、リーチの技術に関する記述が価値と結びついている、その複雑な方法にある。単に陶器を作ることについてだけでなく、陶芸家であること、陶芸家として働くことの意味全体を記号化したような本である。「一つの標準に向って Towards a Standard」という序章から、技術に関する各章をへて、ある陶芸家の一ヶ月の工房生活を想像した記述にいたるまで、リーチは社会における手仕事の位置についての自分の確信を繰り返している。そこに掲載された写真は、彼の規範を示す陶器であり、宋代の壺、茶碗、友人や自分が手がけた作品である。その本は、完全な統一体のように見える。自信過剰な語調で、勢力の及ぶ範囲において厳然としている。はなはだ神聖な性質に多くを負っているために、結果として「陶芸家のバイブル」として位置づけられている。

陶芸の鑑賞が重要ではない活動とされる西洋では、「適合と美 fitness and beauty」についての共通の標準への希求がなく、それゆえこうした標準が欠けている、こうした仮定からリーチは始める。「ひどい形と、平凡で賤しく、これみよがしの装飾」が普通となって

A Potter's Book 本扉

A POTTER'S BOOK
by
BERNARD LEACH
with introductions by
SOYETSU YANAGI
and
MICHAEL CARDEW
FABER AND FABER LIMITED
24 Russell Square
London

いる文化のなかでは、陶芸家 studio potter たちは、東洋を見て、「躊躇せずに宋代の標準を受け入れる」ことを「余儀なくされる。今日、宋代の標準を受け入れた英国の陶芸家 craftsman potter がわずかに存在するが、彼らの作品は現在制作されているものとしては、比較にならぬほどよい」[原註112]。この「宋代の標準」は自然の素材、轆轤における簡素さと自発性を受け入れ、「巧みな技術を試みるときはいつでも、真っ直ぐで自己を意識しないワークマンシップに従うこと」を意味していた。これは宋代の陶器の神格化であった。リーチは西洋に欠けているあらゆる価値をそうした宋代の陶器に見いだす。「産業革命以前の陶器、とくに極東の陶器を偏見なく概観すれば、その作り手たちが第一級の不器用者だったか、あるいは私たちが価値を転倒させたか、このいずれかの結論に達するに違いない」[原註113]。宋の作り手たちは、「過度に強調された個人主義」と知性によって苦しめられた西洋の作品に対抗する。西洋の直観的な農民手工業者 peasant craftsman のなかには、こうした潮流に最後まで持ちこたえることができた者もいた。しかし、彼らの「日常的常識と創造的な活気」も究極的には滅び行く運命にあった。リーチはこのことを、思わず引き込まれてしまう物語として語っている。熱烈な語り口調のなかで、実例や脱線や詳述は一蹴されている。瀕死の西洋社会のなかの陶芸家の位置についての分析で、リーチの自信は完璧である。彼の判断は、絶対的なものとして表現されている。「よきものであるために陶器は生活の真の表現となるべきである」、「実用的であるが美しくない陶器と、美しいが実用に適さない陶器があることは事実である。しかし、この両極端はどちらも普通であるとは考えられない。普通なものは、この二つがバランスよく結びついているからである。」

この本は、適切さにまつわるリーチの考えによって貫かれている。釉薬は、溶けた石の諸性質を有するべきであり、形は他の素材を模倣するべきではなく、「土に忠実 true to clay」でなければならない。陶芸家たちも同様に、宋代を基準とし、制作の目標とその進め方において謙虚であらねばならない。それは厳しい仕事であるが、完成した陶器は、制作における厳しさを反映するだろうからこうした仕事は贖罪となる、とリーチは強調する。リーチはこのことと、「純粋美術の立場から工芸を見下して、陶芸家ごっこができると勝手に思いこんでいる若い人たちのディレッタンティズム」(原註114)とを比較する。そこには、ヴィクトリア女王時代にサミュエル・スマイルズの本〔訳註89〕で有名になった自己修養の方法である『自助』*Self-Help*のにおいがする。陶芸家であるという使命感の重みが生まれてくる。陶芸家は現代社会から象徴的に独立していなければならない。批評家たちの多くは称賛した。しかしなかには陶器についてのリーチの規範が、陶磁器の歴史の広く大きい流れを無視していると指摘する者もいた。陶磁器による彫刻はほとんどすべて等閑視された。ファイアンスや装飾を施されたその他のヨーロッパ陶器はみくびられた。高火度焼成陶器によるスタジオ・ポタリー運動のフランスにおけるリーチの先駆者たちは罵られた。『バーリントン・マガジン』誌の批評家は次のように書いている。「彼〔リーチ〕はほとんど横柄な独断主義で自分の判断を述べている。そして控えめに言っても、陶磁器の歴史についての幾分不完全な知識のせいでもっと強く印象づけることに失敗している」(原註115)。リーチがイタリアのマジョリカを「弱くて飾り立てている」として取り上げなかったために、「著者の美的な判断のいくつかは、普遍的な賛同をほとんど得られないだろう」(原註116)と非難された。リーチの独裁的な調子も批判された。それには排他的なところがあるように思われた。「このように新しいアカデミズムが形成される。過去に成し遂げられたその他数多くの陶磁器の偉業は、その本によって品位を下げられるか、せいぜい誤り導かれるばかりで、未来もない。その本は著者が生み出すようなある種の手仕事による陶器しか認めないだろう……そうした陶器は、裕福で教養のある人々からなる不安定な市場と、非合理的にも同じ標準に従わざるえない陶器を商業的に生産するわずかな人々のためのものだ」。(原註117)ハーバート・リードは、基本的にはその本を称賛しながらも、「芸術は多様である——陶器の芸術 art of pottery においてさえも」(原註118)と主張した。しかし、リーチの本の厳粛さは、芸術は多様ではなく、実際に非常に特殊であるという感情にある。まさにリーチの「宋代の標準」、「倫理的な陶器 ethical pot」の絶対性こそが、戦後英国の陶磁器が実践すべき義務を定義していくことになる。

第三章　ルーツを求めて　一九四〇‐一九七九

第二次世界大戦は、陶器を作るというリーチの姿勢にとって触媒となった。鑑賞のための陶器を求める声はなくなり、戦時下の空気と状況が「ある程度私たちが進路を変更する原因となった。必要性の方が大事だということが議論を押さえ、私たちは戦前に導入していたリーチ・ポタリー定番商品《スタンダードウェア》をより多量に生産し始めた。私が原型を制作し、それをカードに寸法をそえてスケッチした。そしてこのカードは、カップ、受け皿、コップ、鉢、水差などを作っている者には誰にでも手渡された。当然、私たちの作る簡素な家庭用陶器は、美術画廊に供給していたものよりも安価であった。それゆえ私たちは生産を増すように策を講じなければならなかった……私たちの家庭用陶器は生活自体の要求に対して有効に関わり続けている（原註119）」。

基本的な軍事労働を請け負っていた工場で、リーチは「日用陶器」という自分の考えを当局に売り込み、地元の労働者ばかりでなく良心的兵役拒否者をも雇用する権利を得た。画家のパトリック・ヘロン〔訳註90〕は、こうしてリーチ・ポタリーで働くことになった者の一人だった。この工房では、正真正銘「有益な器」を作っているのだとリーチは主張できた。そして先駆的な家具デザイナーのゴードン・ラッセル〔訳註91〕がそうしたように、リーチも有用性という概念とイメージを有効に使用した。ラッセルはこう書いている。「現代のデザインが

リーチ・ポタリー
《水差とタンカード》1949
ヴィクトリア・アンド・アルバート美術館

持つごく基本的な正しさが時代を勝ち取った。というのも猫足にするには十分な木材がなく、最も安価に彫り物を施すのにさえ十分な労働力がなかったからだった。率直にいって、効果的というだけでなく経済的でもあるのが常識的な方向だった」。[原註120] 家具と同様、陶器においても「有用性」は最も簡素に素材を用い、偽りなくそれを構築することで表現された。リーチはこの新種の陶器を「リーチ・ポタリー定番商品《スタンダード・ウエア》」と名付けた。これは豊かな言葉である。なぜならその言葉は、手に入れやすく、長く用いられ、突飛ではない作品ということと共鳴するだけでなく、適切さ、統合、権威といったリーチの標準についての考えにも共鳴するからである。『陶芸家の本』のなかで強い説得力をもって述べられている宋の標準は、リーチ・ポタリー定番商品ではっきりとした。形は陶土でがっちりと挽かれた。釉薬をかけた内側とは対照的に、陶器の外側はこんがりと焼かれた琥珀色を呈するように、釉をかけずに置くためである。装飾は最小限であった。時折、書道のような三回の筆の運びで「Z」と側面に描かれた鉢もあったが、それは装飾というよりもむしろ装飾の暗号なのだった。釉薬の色は、まぎれもなく東洋のものだった（灰色がかった緑青磁色、天目の黒茶色、オートミールのようなクリーム色）。形はほとんどが、もっと漠然と西洋の特徴を示した。しかしゴードン・ラッセルが自分の家具を地方の地名にちなんで名付けたのとまさに同じように（例えば、コッツウォルド実用肘掛け椅子）、リーチ・ポタリー定番商品には、自意識過剰に英国性を形にした陶器もある。リーチは、コーンウォール地方に伝わるビールのタンカードの原形をとどめたもの、六種類の水差、大きさの違う二種類のタンカード、ケーキ皿、粥皿、卵焼き器、また、配給バター用の蓋付き

リーチ・ポタリー（上）とバーナード・リーチ（下）の印
花瓶《跳ねる鮭》1931の底
ヨーク・ミュージアム・トラスト（ヨーク・アート・ギャラリー）
York Museum Trust (York Art Gallery)

の陶器さえも製作した。その日暮らしの日々は終わった。リーチ・ポタリー定番商品に添えられたカタログからは、工房の確実な技術的土台、そしてかなり実利的な販売姿勢が窺える。デイヴィッド・リーチが工房の能率を高めるために行った本質的な仕事が、ここにきて実を結んだ。これらの「定番」の陶器の底には、セント・アイヴズ・ポタリーの印が押され、リーチが手掛けたものには、さらにBLの印が付け加えられた。

　リーチ・ポタリーに新たな勢いが生まれた。ここに、学生を訓練し起用する明確な方法、すなわち、それによって学生を評価する基準ができた。戦前には確立していなかったが、今や指導の過程が系統だてられた。リーチは、日本の労働力についていまだ強烈なイメージを持っていたが、次のように書いている。「地元の素朴な労働者の雇用を考え直してもよい。しかし、それでは問題を正面から受け止めていない。なぜなら私たちはもはや地方の伝統に宿る生産的無意識に戻ることはできないのだから……。手工業に魅力を感じている人々はもはや純真な農民ではなく、主として自覚のある美術学生たちであり、彼らはできるだけ早い時機に自分自身の工房を持ちたいとしきりに考えている」（原註121）。ここにリーチ・ポタリー内での社会的序列が明らかとなっている。地元の若者たちはリーチのいう「日常的常識」を身につけていた。彼らは、使いでがあり生産的な労働力ではあったが、職業上、美術学生たちと同じ序列にある労働者ではなかった（訳註92）。リーチはこうした「地元の若者たち」、とくにウィリアム・マーシャルを大いに頼りにしていた。マーシャルは、一九三八年にリーチ・ポタリーに見習いとして入り、一九七七年に自分の工房を設立するまで働いた。飛び抜けて才能のある陶芸家で、戦後リーチが装飾した大きな陶器のほとんどを挽いた。しかし、カーデューやメーレが、自分たちの作家としての作品のための経済的支柱を生み出そうと「生産力のある」地元の労働者を採用したように、リーチも引き続きクラフツマンシップの社会的、芸術的意義を強調した。工房内での活動は、中産階級出身の自意識をもった美術学生たちにとっては職業であったが、自己を意識しない地元の人々にとっては労働にすぎなかった。美術学生たちが、皮肉にも地元の人々に憧れる一方で、リーチはその反対の出来事が起こりうるのだと気づいていなかった。「ハイカラな」労働者たちはしりぞけられた。「快く迎えられた、作曲家兼指揮者のもとで音楽を奏でる小さなオーケストラ」(原註122)という演奏者たちのイメージこそ、著作の中でリーチが膨らませていたものだった。

職業としての工房活動のなかにも陰影はあった。美術学生の一人についてリーチは次のように書いている。「上手なチェロ奏者が必ずしも作曲家にならないように、彼女は陶芸家 individual potter にならなかった」(原註123)。リーチの言葉を使えば、リーチ・ポタリー定番商品は、彼の指揮のもとでのみ理解されるべき楽譜なのだった。演奏者としての技量をわきまえずにそれ以上を望むのは、暗に自身の社会的な階級をわきまえていないことだった。

戦時中、リーチはかつてないほど積極的に工芸界の政治に関わるようになっていった。ローデシアでの戦争の勃発によってステート＝マリーは帰国できなくなり、またカーデューは東アフリカで仕事をすることを選んだので、リーチは英国に残った最も著名な陶芸家となった。リーチは一九四二年にアメリカを巡回した現代英国工芸展に出品する陶器の選定を手伝い、ロンドンで定期的に開かれ、戦後に中心的となる工芸団体の進路を決める委員会に参加した。「戦争後にやってくるであろう再構築の時代に、私たちはクラフツマンシップの真の場所を現代の社会のなかに……獲得できるかもしれない。」(原註124)

共通点がなく、ばらばらになっていたギルドたちの工芸界と工芸団体がまとめられ、はじめて政府の黙認を受けるようになるにつれ、リーチは常にどこにでも現れるようになり、「工芸政策と親密に結びついた」のだった。(原註125)

展覧会や、チャールズ・マリオットの一九四三年の『英国の手工芸』*British Handicrafts* といった小冊子のなかで、諸工芸は、英国の特長として欠かせないものを本質的に反映しているとして提示された。戦後最初の大規模なデザイン展「英国は作れる Britain Can Make It」(訳註93)は、戦時中のスローガン「英国はやれる Britain Can Take It」のもじりなのだが、制作における連帯と国民性とを固く結びつけていた。この文脈での「制作」とはリーチの美術的な陶芸作品 art pottery の制作という意味ではなく、社会的に大いに役立つ工芸 craft としての陶器 pottery の制作をさした。陶器制作は、明確な目的をもった活動であり、新たに秩序だてられた社会にふさわしいと考えられた。セント・アイヴズへ働きに来た人や、『陶芸家の本』に触発されて陶芸家となった人の多くが戦争を経験していた。リーチは次のように語っている。「こうした人々は戦争という破壊的で苦い体験をしてきている。国際工芸委員会のためにロンドンまで往復する旅の途中、ぎゅうぎゅう詰めの列車のなかですごした長い夜に、軍隊の男たちがこう言っているのを聞いた。『この――事業が終わったら、昔の仕事へは二度と戻らないだろう。自分が楽しめる仕事がしたいからな』」。(原註126)

スタジオ・ポタリーについての最初の重要な本は戦後に出版された。ジョージ・ウィングフィールド・ディグビィ(訳註94)の『現代の英国陶芸』*The Work of the Modern Potter in England* である。著者はリーチ作品の熱烈な収集家で、創作的な仕事に対する憧れをこのように綴っている。「第二次大戦後の今、その声はかつてないほど目立ってきている。その声の健康的なはけ口と表現手段を、この現代陶芸に見いだせる。こうした衝動は、この運動の根幹にあって力強さと生命を与えている」〔原註127〕。

この時期に制作された把手のついた大きな壺をみると、リーチが有用性と英国性という考えを効果的に用いている様が窺える。その壺は、中世の性質を漠然と示す大きな丸い印のついた英国の蜂蜜酒壺の様式を土台にしていた。快適にそれを用いるのは不可能であろうが、豊富さや充溢といったイメージがその独自性になっている。一九五一年の著作『陶芸家作品選集』*A Potter's Portfolio* のなかでリーチは、少しおどけた言葉で中世の壺について次のように書くこととなった。「この壺は、英国の苦いビールというすがすがしい飲み物を注ぐため、把手をしっかりと握るよう誘うかのようにそこに佇んでいる！形、柔らかさと固さ、細長く伸びた頭部と丸い口縁が調和し、それは極上の醸造と同じくらいに優れている。」〔原註128〕

英国祭 Festival of Britain〔訳註95〕のころに作られたリーチの蜂蜜酒壺、柄付き碗、水差にも、英国性を賞揚する少しばかり自意識の強い雰囲気がある。その雰囲気は、ヒュー・キャッソン〔訳註96〕のデザインに浸透しているほとんど冗談ともいうべき歴史主義と一致する。リーチはリーチ・ポタリー定番商品を祭典の地方展示館に、作家としての陶芸作品はより多く、とともにテムズ河南岸にあったライオンと一角獣館での「英国の工芸家」と「自然」というテーマのもとで展示した。重要なことに、「地方の工芸」の部門では、展示された工芸家たちのほとんどがリーチの教え子であった。ここにおいてリーチの影響はかつてないほどにはっきりしてきた。

左から柳、リーチ、濱田
ダーティントン国際工芸家会議
1952
写真：クラフツ・スタディー・センター

その年の後半、国際工芸家会議がダーティントン・ホールで開かれた。リーチの存在が議題を大きく左右した。それゆえ「リーチに聞くべきか否か」という問いが出されたほどだった。(原註129) 開会の辞は「私の思うところ、この会議は、バーナード・リーチの夢であった」という言葉だった。(原註130) 三十六の講演、実演、議論からなる日程には、教育、素材の科学、スカンジナヴィアの陶芸とスイスの手工芸活動についての広範囲に渡る講演があったにもかかわらず、会議は主としてリーチの工芸世界の定義、すなわち東西間の二極性によって方向づけられた。現代の工芸家たちの関心事は、「ルーツがどこにあるか発見することにあり」(原註131)、それはヨーロッパやアメリカにおいてではなく、日本と英国において明らかとなっている、とリーチは講演で述べた。「二つの国は、海によって守られ……背後の大陸の文化的な脈絡の宝庫である」。濱田が実演し、柳が日本の美学について講演するなかで、リーチは自分の立場を「産業革命以前の日英それぞれの伝統間の交流で、日英の陶芸家たちをつなぐ仲介者、あるいは特使といったようなもの」と定義した。

リーチは工芸が何をしようとしているのかという言説の中枢にそれとなく身をおいた。自分と柳だけが架け橋となれる、東西文化および精神の両極を解説し啓示する者としての自己の役割を前提としたリーチにとって、カーデューによる講演の例のように科学的であれ、パトリック・ヘロンの現代美術についての講演のように美学的であれ、その他の言説は意味をなさなかった。

会議にともなって開かれた展覧会は、その後ロンドンのニュー・バーリントン・ギャラリーに巡回したが、工芸家会議と同様にリーチの趣味で彩られていた。歴史的な陶器がたった三つの規範的な部門、すなわち、英国中世、十八世紀のスリップウェア、東洋の陶器に分類された。リーチと濱田の陶器は、一番多く展示された。それらが優勢なため、ルーシー・リー〔訳註97〕やハンス・コパー〔訳註98〕の作品が、大きな息抜きとさえなった。ある批評家は次のように述べている。「失われた文明、非常に洗練された農民たちで構成される村や市場町の社会の遺物を民族学的に展示したもの、というのが全体の目立った効果だった……ハンス・コパーの陶器とルーシー・リーの磁器のみが、広がりつつある地方の静寂趣味の外側にある……彼らだけが展覧会全体が作られようと意図されたものであるということを指し示していた。彼らは、工芸家 artist-craftsman が私たちの時代において必ずしも時代錯誤の人である必要がなく、それゆえ工芸家が、いわば、私たちとともにあることもまた不可能ではないと教えてくれている」〔原註132〕。これはリーチとはまた別の美学、そして時代錯誤の地方の陶芸家たちと現代的な都市の様式との分裂を示唆した最初の批評の一つとして際立っており、意味深い。

　工房での訓練の広がりや『陶芸家の本』を通じて、陶芸家の教師としてのリーチの影響が大きくなるにつれて、初めて「リーチ様式」について語ることができるようになった。「静寂主義者」リーチの釉薬の色彩と、筆による最小限の装飾は、一九五〇年代に各地方に設立された新興の工房の多くで採用された。「日用陶器」からは、高尚でカルト的な性質（見つけにくく、技術的に疑わしい品質で、大抵は高価）が消え、農民文化の料理の伝統へ次第に関心を高めている文化の主流の一部となった。エリザベス・ディヴィッド〔訳註99〕の料理の本や、豆挽きコーヒーの人気は、陶器のキャセロールやマグカップといった現象と複雑に繋がっている。「簡素な」陶器や洗い晒しのパイン材のテーブルには、選びとられた質素さがあった。より大きな富ばかりでなく、選択も暗示した。英国と東洋が混成された陶器

リーチ・ポタリー定番商品のカタログ
1955
クラフツ・スタディー・センター

——天目釉のコーヒーマグや青磁のキャセロール——は、いかなる祖型からもますます遠ざかった。リーチ様式がいたるところで見られるために、リーチ自身の長くまた問題の多い形成の過程は見過ごされた。リーチの陶器は「標準的な《スタンダード》」陶器の新種となりつつあった。

しかしながら、一九五二年のダーティントンでの展覧会の批評家がほのめかしていたように、リーチの美学とはほとんど結びつきを持たない別種の陶器が制作されるようになっていた。こうした状況はよくあることだが、一九二〇年代から一九三〇年代にかけてのリーチは、美術と工芸の間のどっちつかずの場所に身を置いていたのに対し、自らも大いに創設を助けた戦後の工芸界のなかで今やリーチは強力に地歩を固めた。一方、新しい美術学校系の陶磁器は、リーチが接触していない世界と結びついていた。例えば、セントラル・スクール・オヴ・アーツ・アンド・クラフツ出身のウィリアム・ニューランド〔訳註100〕、ニコラス・バージェット〔訳註101〕、マーガレット・ハイン〔訳註102〕を含む、学生の多くが、驚くべき独創性を持った作品を制作していた。こうした人々はリーチの規範、すなわち陶器に関する「唯一可能な判断基準」には何も負うところがなかった。作品には、地中海の影響がみてとれた。弱められたクレタ文明の形態、ミノア文明の彫刻、そして多すぎる色彩が彼らの世界の一部となっていた。これは土器の伝統であり、『陶芸家の本』では抜け落ちていたが、満ち足りた生活に広がっていった。それらの形態は、売られた場所を暗示している。細長いカナッペ用皿、エスプレッソ・カップ、壁掛けの小品といった、厳密に言えば大都市で「必要な」ものである。最もわかりやすい影響はピカソで、〔訳註103〕彼の陶磁器の作品は当時初めてお目見えしたばかりだった。リーチがその一派をあざけるようにつけた名前は、「ピカセッテス」であったが、それには作品とその制作者たちに対するリーチの態度が要約されていた。ピカソについて、リーチは次のように書いている。「彼は偉大な軽業師である。私は彼を陶芸家と呼ぶことはできない」。リーチをいらだたせたのは、ピカソの「軽業師のような」質であった。ピカソの陶器は、常識的というよりも折衷的で、控えめというよりは見せびらかしで、とりわけ不必要に色づけされていた。リーチはアメリカで出会った若い陶芸家たちについて次のように言うことになった。「ピカソなくして、アメリカの陶芸家たちは静かな根源のなかに自らを発見し得ただろうか？ここに、近代の問題の要点がある――自分の静寂なる根源を見つけることである」。(原註133)

再び旅に出るようになるとその経験を通して、リーチはこうした見解を確信するようになった。リーチの名声がますます波及した結果、一九五〇年代と一九六〇年代に旅した地域は広範囲に渡った。リーチはアメリカ陶器を、いつも繰り返していた次のような主張に添って分析した。「自分が古い文化のなかに生れ落ちたことへの感謝。現代の工芸作家がいかに多くの支援を無意識のうちにそこから受けているかを私は初めて実感した。知性化に到達する前の形、文様、色の感覚を与えてくれる活力が、いまだ過去の土壌深くに根ざす主根から流れ出ている。アメリカ人たちは多くの根をもつが、主根をもたないという点で損をしている。それはまったく根がないということとほとんど同義なのであるから。したがってアメリカの陶器は未消化の流行に翻弄されている」。(原註134)

この批判は賛否両論を引き起こした。リーチはアメリカ先住民の伝統を貶め（彼らは「個人として選択をしない、彼らの場合、根とは民族という根である」）、カロライナの陶工たちpotterの地方の諸伝統を、探求すべき真正な伝統として省みていないと指摘された。著名なアメリカの陶芸家で、教育者であったマルゲリーテ・ウィルデンハイン〔訳註104〕が記しているように、「もちろん根というものは、あなたが語ったようにある人が一つの、そして単独の『主根』をもっている場合にのみ有益なのです。しかし私たちの時代には、単独の主根はもはや存在しない。そして恐らくこれまでもけっして存在しなかっただろう」。彼女はリーチが別種の陶器を見ることができないことを暗に示した。「アメリカの陶芸家たちが宋代の陶器を模倣したり、日本の地方の人々の生活方法を真似たりしては、とても根を育てることはできないということを明らかにするべきです。私たちの世代の精神や魂に関係のない文化の作品を意識的に模倣することは、あやふやで一時的なものを生み出すだけであり、苦闘する陶芸家をディレッタントにするか全くの贋物に変えてしまうでしょう」。(原註135)

「自分たちの文化的な根の欠如を絶えずくどくど言う」リーチを、一種の植民地化の兆候として捉えたアメリカ人もいた。そのうちの一人は、すばらしい文筆家だったにもかかわらず、次のような意見を述べている。「リーチの陶器には……がっかりした。古臭く、重苦しく、ヴィクトリア女王時代中期のものだ……。彼の陶器は真正直でお堅く、あまりにも英国人的だ。そしておそろしくつまらない。(原註136)」

「リーチ様式」に対する疑問は、リーチ自身の作品と彼の影響とを区別することが難しくなってきたという認識をさらに強める結果となった。一九五〇年代の後半までに、リーチ・ポタリーで訓練を受け、同じようなやり方で、海外で作陶を始めた作家があまりにも多くいたため、一九五九年にニュージーランドで開かれた展覧会を取材した記者は「バーナード・リーチの影響が作品に色濃く示されていた。その影響があまりにも強いので、形態の派生的な性質の多くが、過度の依存を暗示している。悲しいかな、ここに自己を頼みとする植民地精神は、やせ細り、弱まりきった……東洋陶器の影響がなくなりつつあるニュージーランドの陶芸 craft pottery は、今度はアカデミー化という危機に瀕している」(原註137)と言えたのだった。

事実、リーチは彼自身アカデミズムであると、つまりあらゆる陶器の形態がそれに照らしあわされ判断されるべき一連の型にはまった形式を生み出していると非難されていた。リーチの「標準《スタンダード》」は、発展しつつある状況や異なる文化を考慮に入れることができない、硬直し融通の利かない価値基準として捉えられた。若いころ、ブレイク風のアフォリズムで表現したリーチの確信は、ますます道徳的な警句となるにつれて、より若い世代からは距離を置かれたようだった。いまや七十歳代になり、工芸の個人作家 artist-craftsman の先駆としての自己定義のために、陶芸家たちの大長老という権威ある役割を担うようになるにつれて、濱田を除けば、取り巻く仲間もほとんどいなくなった。

この時代に制作された大きな壺は、最もリーチらしい作品として知られるようになった。高さが二フィート〔約61㎝〕にも及ぶそうした作品には、戦前にはスリップウェアの大皿でのみ達成された大きさと拡張する感覚がある。その成功は、部分的には装飾の簡素化が進められたせいでもある。そして天目釉か雑灰釉がかけられた。直接装飾を施したことも効果的であった。ある場合は陶土の小さな突起をつけ、またある場合には強く垂直に鎬文を入れた。形や釉薬それ自体がさらなる意味と融合するにつれ、陶器の重要性を記号化す

バーナード・リーチ
壺《生命の樹》c.1946
ヨーク・ミュージアム・トラスト
(ヨーク・アート・ギャラリー)
York Museum Trust (York Art Gallery)

るために複雑なイメージ(生命の樹、井戸等)に頼ることも少なくなった。特定の壺の形や釉薬は、説明しなくとも見る者に「宋」や「中世英国」を伝えることができるとリーチは知っていたのである。しかしその成功は、轆轤の特質と腕前に多くを負っている。大抵ウィリアム・マーシャルがリーチのデザインに添って壺を挽き、口縁部のみをリーチが仕上げればすむように残しておいたのだった。リーチの代表作のなかには、実際リーチが作ったのではないものもあるという事実は皮肉である。それら「原作者」の矛盾は依然として見過ごされたままである。

一九五三年から五四年にかけての二年間のほとんどをリーチは日本で過ごした。一九三四年の訪日時と同様、その旅によってリーチは基本的な価値の権威ある監視者としての自己の役割を再認識した。そのときの日記は、後に鮮明に綴られた旅行記『日本絵日記』*A Potter in Japan* として出版されることとなった。その日記には旅が再び柳、濱田、河井とともにあったことが記されている。リーチは大いに敬意を表してくれる熱愛者たちに出会った。一連の会談、講演、ラジオ出演、展覧会が絶えず続き、そのなかでリーチの見解は際限なく求められ、肯定された。リーチが見たものの対比が注目された。リーチは日本を、第二次世界大戦での敗北と産業化によって貶められたが、地位と明確な大志をもった精力的な民芸運動が行われている国として捉えた。戦前においては、産業の急激な発展と残存する民芸の伝統の間の対立の度合いが増したように、いまや呼びかけるべき新たな問題があった。リーチは状況を次のように解剖してみせた。「第一に、工芸作家 craftsman 気取りの者があまりにも多い。第二に、もはやまったく民芸ではないのに、民芸風に仕事をする人々があまりにも多い」[原註138]。この分析はアメリカよりも日本で真摯に受け止められたようだった。意見の相違はまれで、あったとしても幾分驚くべきことであった。

ある若い「陶芸家」が、古きよき伝統に忠実であれという我々の忠告は束縛であるといって抗議した。柳と私は、それぞれのやり方で、このように答えた。「謙虚におなりなさい。無謀な試みは消化不良という結果になるだけです。あなたが理解でき、感得できるときにだけ新しいことを始めなさい。いずれにせよ、どんな国でも創造的能力を生まれもった人はわずかなのです」[原註139]。

リーチは「ほとんどどこへ行っても……濱田や富本、あるいは私自身からの未消化の影響」[原註140]を見てとくに動揺したようだった。人里はなれた小鹿田村で、滞在を延期し作陶した間に、この過程がすぐさま起こるのを目撃した。滞在の終わりまでに、「あらゆる工房で自分の器の形と文様までもがコピーされた」のを悟り、「自分の子供たちがあらゆるところで似合わない衣服を着せられているのを見た」。一年おきに開かれる民芸の会合で、リーチは「昔ながらの手工業者 traditional craftsman が陶芸家 individual potter のデザインを剽窃するという問題……」を取りあげた。「わずかな者が私の抗議に同意した。しかし河井は急に立ち上がって、その問題については、自分のデザインであれ、ほかの工芸家 artist-craftsman のものであれ、独占的所有のいかなる意味においても、自分あるいは彼らに属する、といって挑戦してきた」[原註141]。リーチは、河井の抗議によって「少々面食らった」

と自分のことを語った。そして模倣品が成功していないと指摘するにとどめ、「紛糾が大きくなることを避け、その問題を追及しなかった」。(原註142) 影響と模倣の違いについてのリーチの定義は、結果だけからみれば模倣者の社会的階級を根拠としているようだった。「小鹿田やフレミントン(デヴォン州北部)のようないまだ十分に都市化されていない共同体の同化力が衰え、新しい支柱を必要としていることは明らか」(原註143) であると、経験に基づいてリーチは書いた。影響ははっきりしていた。すなわち、ともすれば直接で野放図な模倣に引き寄せられる危険のある昔ながらの手工業者 traditional craftsman (「彼らは地方特有の熱心さと知性をもっている」(原註144)) に、直接的に影響を与えることは、リーチ自身のような指導者たちの責任であった。いかにクラフツマンシップを発展させるかについてのリーチの分析の基礎は、一九一八年に我孫子の大工たちに出会った最初のときから変わっていなかった。

日本滞在中、リーチは異なる三つの仕事の拠点を作った。小鹿田では、水差や壺を作ったり彼のために轆轤で挽かれた大皿を装飾したりしながら、地方の伝統のなかで仕事をした。磁器の一大生産地である九谷では色絵を使い、益子では濱田の陶土と釉薬で作品を作った。再びリーチはこうした三つの場で与えられた装飾の可能性を最大限に利用した。例えば、九谷で作られた四角い磁器皿の装飾には、日本を旅行中絶えず続けられてきたペンとインクによる素描とよく似た即時性がある。類似した手振りが同じように省略される。それはまるで、リーチがあまりにも日本の視覚言語の語彙に精通していたために、あたかも筆遣いの流麗さが高まったかのようである。リーチは自分の使ったイメージを説明する必要がないという意味で、制作においてはほとんど自己中心的である。

その後、一九六一年の来日時には、七代乾山という称号を有する者として恩恵を受けてきた乾山の伝統を再評価しようとする不幸な試みを始めることになった。リーチはその難しさを承知していて、「この企ては実に私の鍛錬と生来の能力を超えている。とくに私は日本語の文章が読めないからだ」と率直に書いている。(原註145) 実際、調査の助けとするため、第一次世界大戦前に出版されたアーネスト・フェノロサの著書を使った。「数多くの乾山の偽物が世界中にごろごろしているのには驚くばかりだ」(原註146)という事実にリーチは十分気づいていたが、「佐野乾山スキャンダル」として知られるようになる事件に巻き込まれるようになった。その事件で、リーチは日本の美術界についての知識の限界を露呈した。前例のない発見を見てほしいと、以前の教え子から招きを受けたとき、リーチは乾山の伝統に関する本のかなりの部分を書き上げていた。その発見では、百二十点の乾山の陶器が、陶器に用いられた画をふんだんに掲載した三冊の手控帖とともに、脚光を浴びた。これは、どういうわけか忘れ去られていたのだが、佐野という地方で制作をした初老の乾山の、鮮やかな円熟を見せる後期の作品であるようだった。富本は距離をとっていたが、リーチの「恩義に報い」るため、(原註147)すぐに論争の中心となった。リーチにとって、それらが近年の偽物であろうというのは「ばかげた」考えだった。「文字も絵画も……七十五歳の老人のものではない」という反対意見は「十分に正しいとはいえない。私は七十九歳だが、まだ弱ってはいない」。(原註148) 彼の著作『乾山』***Kenzan*** は、日本の批評家たちとの純粋に美的な基盤に立っての議論として読まれる。今や一般に偽物だとされ、反対意見があるにもかかわらず、リーチがこの作品を擁護するのは、第一に乾山と自分自身の強い同一視があるためであると理解されなければならない。「私は年老いた乾山のために闘っているように感じる」とリーチは手紙のなかで書いている。(原註149) しかし、それはまたリーチが友人や賞賛者からなる民芸運動の世界の外側の日本で漂っていることを示している。その外側の世界で、翻訳者や仲介者たちが、リーチ自身の日本美術に対する知識にあまりにも介在したために、リーチは明白な欺瞞に巻き込まれてしまったのである。

人生の後半において、陶器について書くことはリーチにとってますます重要性を増すことになった。長期間に渡るアメリカ、日本、オーストラリアへの旅行と展覧会の開催に並行して、一連の多様で平易な本を出版した。そのなかには、自叙伝と散文を収録した『東と西を超えて』*Beyond East and West* に加え、日本旅行記『日本絵日記』、乾山についての本、柳の著作を編集した『無名の工人』*The Unknown Craftsman*、濱田についての本、「触発される陶器」についての写真によるエッセイ『陶芸家の挑戦』*A Potter's Challenge* があった。リーチがこれらすべてをなしえたのは、セント・アイヴズの工房が成功し、勢いがあったからである。リーチの息子であるデイヴィッドとマイケル〔訳註105〕はともに自分自身の工房を開くためリーチ・ポタリーを去った。彼らは確立された訓練システムと技術に関する知識を残していった。すなわち、それは効果的に利潤をあげるように機能する工房である。多くの陶器制作者たちはいまや明確に構築された訓練システムの恩恵に浴していた。そして「リーチ・ポタリー定番商品」は大量に作られた。アメリカへの最初の旅行でリーチはアメリカ人陶芸家、ジャネット・ダーネルに出会った。一九五四年の日本への旅行で彼らは再会し、そして結婚した。ジャネット・リーチ〔訳註106〕はいまや自分の陶器を作る傍ら工房を経営し、かつてないほど自由にリーチが陶器について思索できるようにした。

こうした後期の著作のほとんどで、自叙伝が哲学的な黙考に割かれている。リーチ自身の生涯の物語と陶器制作そのものが溶けあって途切れなく一体となっている。そこでは神秘的なものへと引っ張る力が働いていて、物語のなかで彼がいかに陶器を作り始めたか、先駆的な時期のこと、先駆的な友人達のことが繰り返し語られている。乾山についてのリーチの本は「義務的な負い目」であったが、それはまた濱田についてリーチが書いた本の妥当な解説でもあった。濱田の本は「二人の初老の陶芸家のとりとめのない回想を綴った楽しい本……東京のホテルの一室でなされた議論を録音したテープより編集された」(原註150)。リーチが編集した柳の著作『無名の工人』には、恩義の意識が強く現れている。それは回顧、インタビュー、編集されたエッセイ、民芸の品々や濱田の壺の写真と組み合わされた文章がまとめられた本である。その本は、西洋に対する民芸運動の擁護として、またリーチ自身の東洋の確認としての両方の機能を果たした。手仕事の実践のなかで忘我と謙遜の概念は、リーチの哲学において不変なものとなっていたが、それは今や適切に検証された。これら三冊の書物はいずれも、『陶芸家の本』で部分的にみられたやり方での、東洋の美学についての正確な解説ではなかった。それらは説明的な文章というよりも、明らかにされた事実の反復である。リーチが詩の本『バーナード・リーチ詩画集』*Drawings, Verse and Belief* の序文で次のように書くことになったように。「私には自分自身や自分の欠点よりももっと重要な何かについて伝えるべきメッセージ……があると感じている。つまり信条であり、芸術であり、両半球間でのそれらの順調な文化的交流のことである」(原註151)。二つの文化をつなぐパイプとして、日本と英国の友人たちから長く尊敬されたリーチは、晩年になり、ますます予言的になった。自叙伝の著述を集めた『東と西を越えて』の最後の頁では次のように書いている。「東西の結婚という幻想を見た。時の回廊のはるか向こうから無邪気な声が響いてくるのを聞いた。どれくらい?どれくらい?『ごきげんよう』」。

バーナード・リーチ
《巡礼者文皿》1960s
クラフツ・スタディー・センター

リーチの自叙伝に対するある批評は、こうした文化評論への脱線について軽侮するようにこう述べている。「哲学的な沈思（ああ、しかし彼の陶器にも説明的な著述にも清潔さも明瞭さも見られない）」（原註152）。しかしこの種の哲学的な野心は、リーチの後期の陶器のいくつかに認められもする。例えば、リーチは丘を背景とし杖を携えた人物がいる「巡礼者文皿」のシリーズを制作した。また生涯にわたって用いられた「生命の樹」のモチーフはさらに様式化された。だが、弱まっていく視力と衰えつつある体力を背景にして、リーチ最後の陶器のなかには一群の例外的な作品がある。しばしばリーチ自身によって轆轤で厚く挽かれた磁器の鉢や花瓶である。宋代の陶器についてリーチが「ひと彫りは垂直か傾斜をつけた一連の動きによってなされる。そこには休止もなく、訂正もない。一息に行われる」（原註153）とたびたび言及した、素早く彫り取られるか、鎬文でなされた装飾が施されている。こうした作品の成果は、部分的には、鎬文の線によって偶然に生まれた質、つまり土そのものの可塑性の感覚を与える陶器の表面との巧まざる相互作用にある。リーチの轆轤は手技が衰えるにつれ、ますます表現的になった。これらの作品は大きさからいえば小さく、先立つ十年間に制作された大きく野心的な天目釉の作品とは違い、展覧会で発表する意識はほとんどない。しかし、それらの作品には叙情性があるため、リーチ作品の最上のもののなかに付け加えられる。

一九七七年、リーチは九十歳になり、ヴィクトリア・アンド・アルバート美術館で彼の陶器と版画の回顧展が開かれた。展覧会の批評の大方はまさに、陶芸家リーチと紙に絵を描く美術家リーチとの結びつきの面白さという点で一致した。美術館のガラスケースのなかで陶器を見ることにもはや誰も驚かず、実際「陶芸界の長老」として神格化されたリーチは、陶芸家社会におけるのと同様、美術の世界でも広く歓迎された。しかし陶器を美術作品とみなすことが受け入れられたかのように思われた一方で、「バーナード・リーチの作品をとりまく道徳復権の空気（原註154）」が、彼の陶器の吟味を積極的に妨害した。良心的で俗悪な追従者たちで構成されるリーチ派すべてを知らずには、リーチの陶器を見ることが今やほとんどできなくなった。

生涯最後の数年間、リーチは目が見えなかった。ジャネット・リーチに工房の経営を任せ、いまだ衰えを見せない精力で宗教的な著作に集中した。ジャネットはリーチ・ポタリー定番商品と工房組織の両方を見直した——「誰も生徒とは呼ばれない、［ただ］若いか年を取っているかだけである」（原註155）——そして徐々に事業の大きさを縮小した。

リーチは一九七九年セント・アイヴズで死去した。九十二歳であった。世間は惜しみなくそして幅広い賛辞をリーチに与えた。『タイムズ』紙の死亡記事担当記者はリーチの及ぼした影響をジョサイア・ウェッジウッド（訳註107）と比較した。多様な経歴をもつ陶芸家たちからの私的な賛辞もあった。リーチは彼らの多くにとって陶芸家となる重要なきっかけであった。運動の始祖としてのリーチの地位は明らかであった。

第四章　東と西を超えて？

私たちの奇妙な時代が過ぎ去った、ある歴史の時間に
子どもは尋ねるだろう。「先生、中流階級の知識人とはどんな人？
彼は陶器の器を作る人ですか？」と。

W・H・オーデン『詩人バイロンへの手紙』一九三七年（原註156）（訳註108）

バーナード・リーチは、「二つの奇妙な時代」の橋渡しをする。最初はオーデンの詩の時代で、陶器制作は尊く、高踏的で、中流階級の自由奔放な先導者の活動であった。陶芸家であることは信条表明であり、この活動の不思議さと矛盾を正当化する弁明と、知的な議論をともに必要とした。『陶芸家の本』の出版までのリーチの生活は、自分のしていることを正当化し、明確に言葉にする方法を見い出そうとする苦闘であった。陶器制作と、その定義は複雑に結びついていた。また、支持し興味を示してくれるパトロンたちからなる小さなグループのなかで過ごし制作した若かりしころの日本での生活ゆえに、リーチは陶芸家であることをますます力強く、そして心底擁護した。日本を離れたとき、リーチが芸術家としての生き方もやめてしまったことは意味深い。リーチの才能を理解しない土地に着き、セント・アイヴズやダーティントンでのその後の年月は、創造的に生きるための

場所を再創造する試みとなった。日本では、固く結ばれた友人たちに向けて展示するため陶器を作るという私的な芸術であったものが、英国での活動を通じて徐々に公的な芸術になっていった。観光客はリーチ・ポタリーを見学することができ、リーチは季節客相手の商売として楽焼を実演し、展覧会や産業見本市では、物見客を前に轆轤を挽いた。新聞や専門誌に情熱的な手紙を、雑誌には記事を書き、『陶芸家概観』という小冊子を出版した。

同時代の陶芸家たちは、このように情熱的で積極的なやり方で、大衆に対して陶芸を擁護しなかった。一九二〇年代後半にクリストファー・ウッドやベン・ニコルソンといった芸術家たちとともに自分の陶器を展示したウィリアム・ステート＝マリーにとって、実演したり、芸術の制作過程を見せたりする考えは、思いもよらないものであり、幾分恥ずべき行為であっただろう。ステート＝マリーのスタジオは閉ざされていた。土を用いる芸術家として、彼の話し相手は結びつきのない一般大衆ではなく、仲間の芸術家たちであった。しかしリーチは日本でしたように芸術家として生きることができず、陶器制作と陶芸家であるという社会的な役割が重なり始めた。陶芸家であることは、個人的に職業として意義を持ち始めただけでなく（素材に敬意を払い内なる精神的な旅に従う）、社会的で、お説教好きになるよう切り替える役割も持ち始めた。リーチは近代の陶芸家の先駆となり、中流階級出身の陶器制作者で、そして必然的にある種の知識人になった。それゆえリーチの回顧展には道徳の復活という空気がながれていた。

大戦間の陶器は拠りどころのない芸術であった。批評家のなかには陶器を、当時の主要な彫刻家たちの有機的な形態への関心と結びけた者もいた。〔訳註109〕ヘンリー・ムーアは中世の水差を収集している、と批評家のジェフリー・グリグソンが書いているが、これは次のような「ロマンティックな」抽象概念につながっていた。「陶器における典型的な英国性は、人間の胸もしくは腿、木の幹、玉石、火打ち石の石塊、お望みであれば蕪といった、自然の形態のもつ丸みと立体性と無関係ではないように思われる」。(原註157) 土は現代的な方法で使用され、形態は、パトリック・ヘロンによる鋭敏な言葉でいえば「水中に埋もれたリズム」のようだった。「私たちはそれらの陶器に力強い律動を感じた。最も勢いがあるリズムが、釉のかけられた表面のすぐ下に感じられる。これは自然の形態の特徴でもある。——丸太、海に洗われ続けた小石、あるいは、人間の姿においてさえ、構成的な形態が表面の肉の『下』にある。すなわち、筋肉の下に骨がある」。(原註158)

批評家たちはスタジオ・ポタリーという新しい現象にその大志を問うているようだった。スタジオ・ポタリーは産業的陶器生産（「日用陶器」）のまったくの代替だったのか？　もしそうなら、そのコストと不完全な技術は明らかに問題であった。スタジオ・ポタリーは、装飾美術で、「室内装飾家や建築家」が利用する有益な資源だったのか（子供部屋の暖炉、カントリー・ハウスの壁を飾るための低火度焼成による大皿）？　スタジオ・ポタリーは現代の絵画や彫刻と同等で、特別な場所で特別な方法によって眺められるべき芸術だったのか？　リーチは新しい定義、新しい販売方法を試み、疑う余地のない新しい信念を新しい多義性で巧みに操りながら、この「奇妙な時代」の中心にいる。

リーチは、この新しい混成芸術の真正なる先駆者として、陶芸家たちが拠りどころとする陶器の規範の定義に尽力した。リーチはその著作のなかで、それによって彼自身の仕事が評価される規範を打ち立てた。リーチが排除したもの（産業陶器のほとんどすべて、フランスの先駆的なスタジオ・ポタリーの作品、高度に装飾された英国土着の陶器のあらゆる伝統、完全にフィギュラティブな陶器）は、一九五〇年代後半まで、手による陶器の世界では驚くべき欠陥として置き去りにされた。しかしこの時代、規範はいまだ硬直しておらず、適切な陶器というリーチの考えは、積極的に吟味された。一九三五年の『ステュディオ』誌に掲載された記事のなかでジェフリー・グリグソンは、議論の闘争的な性格を露にしている。「この展覧会には比較のために中世の低火度焼成陶器、十世紀のタイの高火度焼成陶器の鉢、唐時代の低火度焼成陶器の壺、十二、十三世紀の中国の高火度焼成陶器の鉢、あるいは日本の壺が出品されているが、近代においてこれらに対応する物は、ステート＝マリー氏やリーチ氏、プレイデル＝ブーヴェリー氏やマイケル・カーデュー氏による陶器ではなく、ドルトンの耐火粘土用のるつぼ、ジンジャービール用の陶器の瓶、ジョゼフ・ボーン氏による水銀用瓶や樽口用の瓶である」(原註159)。

グリグソンは、工場で発揮され、途切れずに続いているクラフツマンシップ、すなわち磁器のビーカーやるつぼ、蒸発皿、結晶皿などといった製品に、「見た目の美しさ、生気、確固とした優美さという質」を見いだしたのだった。グリグソンの陶磁器の規範は、同時期のハーバート・リードと同様、リーチよりも極めて民衆的であった。ヘンリー・バーゲンは『陶芸家の本』を編集したときに、英国のカントリー・ポタリーの広がりに対するリーチのロマンティックな理解に出会いこう言った。「現在を理想化することを除けば、過去を理想化することほどばかげたことはない……私たちがカントリーウェアと呼んでいるものさえ裕福な農民たちによってのみ使用されていたにすぎない」(原註160)。リーチは問いつめられ、また議論された。リーチの考えは十分に真剣に受けとられ公衆の不合意という信用を得たのだった。

第二の「奇妙な時代」とは、リーチの後半生、一九六〇年代と一九七〇年代である。このころまでに陶器制作はありふれた趣味の一つになっていて、どんなところにでもある夜間クラスやクラフト・フェアの題材となっていた。スタジオ・ポタリー運動は急速に発展した。陶芸家があらゆる地方の辺境に溢れかえった。そして手作りの陶器の普及を目的とした雑誌、協会、ギャラリーができていた。陶器は「拠りどころのある」芸術となり、職業となった。一九五二年のダーティントン会議で予測されたように、「リーチか否か」という問いは、この陶芸の世界のなかで脅迫的な問いとなった。陶芸は新種の閉ざされた集団となった。その集団に対して陶芸家たちはある種の共感に基づく選択によって結びつくようになった。その運動の中で「正統性」を考えることは可能であった。リーチの考えと予見に対する忠実な支持には密かに幅があり、彼の立脚点に対しては明らかな拒絶があった。しかし、手による陶器と産業陶器との違い、あるいは陶芸と現代美術と建築との関係についての議論は少なかった。ますます当事者同士だけで社会から取り残された会話がなされた。リーチには、教え子はいたが、西洋に仲間はなく、リーチの確信を抑制し、強固でかき乱すような議論はだんだん受けなくなっていった。

西洋ではリーチは「生まれながらの東洋の子ども」(原註161)として、すなわち、生得権から、そしてほとんど神秘的な方法で日本を「理解した」人物として見られていた。そして東洋では、日本という国とその国民に慣れ親しんだラフカディオ・ハーン以来、どんな西洋人よりも深く日本の文化を理解しているとして信じられてきた。柳の記述はほとんど宗教的である。「私たちは互いに静かに、そして抗い難く惹かれあった。思うに私たちは各々の性質が互いを必要としあったことを本能的に理解していた。それ以来、彼は私たちの仲間の一人として暮らした。私たちの精神的な欲求は共通していた。私たちは本当の世界を探して未知の世界を転々とした。私たちの希望はかれの希望で、私たちの苦悩は彼の苦悩であった。おそらくリーチは、普通の日本人よりももっと近代日本の核心に近づいたであろう。西洋からのいかなる訪問者も彼ほど精神的な生活を私たちと完全に分かち合った人はいない」(原註162)。

リーチは柳によって聖別され、柳はリーチによって聖別される。修辞は誇張され、過熱され、両者は互いを予言者のような、精神的な真実の仲介者として理解していた。奇妙なことに、この友情関係はあまりにも無批判に受け取られ、リーチと柳相互の謝意と彼らが互いに互いを権威づける方法が吟味されてこなかった。友情が始まったばかりのころ、柳にとってリーチは戦利品であった。リーチは若く芸術的な西洋人で、美学と精神性の話ができる気質を備えていた。リーチにとって柳は熱望したが近づくことができなかったサロン生活への道であった。親密で純粋な友情は互いにうまくかみ合った必要から生まれたが、常に実利的な心もまた存在した。というのも、リーチの西洋での権威が、日本に対する知識と洞察、乾山派のもとで見習い期間を過ごしたことや日本の生活に「自然に」溶け込んだという神秘的な物語を中心に構築されたのとまったく同じように、柳の西洋における権威は、リーチが柳を単に日本において有名な人物としただけでなく、日本について最も深く考えている思索家たちの間に位置づけたことによって形成された。

物語が構築され、そして逸話が時間の経過とともに重要性と一体となっていった。西洋の批評家は「セント・アイヴズの日本の陶芸家」の物語を無限に繰り返した。しかしリーチのなかの日本の世界の限界、すなわち話し、読み、そして自分で旅行する能力や、日本の陶芸の伝統についての知識の限界は見過ごされてきた。「彼は私たちの仲間の一人として暮らした」という柳の言葉は「私たち」という言葉の明確な認識とともに読まれるべきだ。小さく、世間ずれしていないエリート集団で、彼らのほとんどが英語を話し、唯美主義者であった。日本各地をめぐる後期の旅行では、民芸運動の指導者たちがリーチに付き添っている。リーチの日本は注意深く仲介されたものだった。

奇妙に思われるのは、なぜリーチの日本にたいする見方が、柳やそのほかの日本の友人たちにとって魅力的だったのかということだ。なぜ釉の感触についてリーチが書いているときの、次のような特徴的な見方の例が受け入れられさえしたのか？「私たちは眼をとおして満足以上のものを感じる。無意識に私たちの指は輪郭を愛で、それゆえ最も原始的で客観的な方法で喜びを経験する。子供たちは小石で遊ぶとき同様の知覚にめざめる。東洋人は私たちほど子供時代の新鮮な驚きを失ってはいない」。(原註163) 東洋人を子供のように、あるいは不可思議に、または精神的なものへより調和した（「自我に侵略されていない無垢な子供のような」）存在として見るリーチの変わらぬ認識は、東洋の陶磁器を自我がなく、不可思議に生き生きしているか、ある種混沌としていて精神的である、とするリーチの解釈にはいつも付随している。陶器の触知性のこうした発見によってリーチは、感覚反応が定義の指針であり、陶器が感覚の集合体であると考えるにいたる。乾山の贋作に関して、都市の、複雑で、「自我に満ちた」伝統に巻き込まれたが、リーチはそこで感じた問題に早々と取り組んだ。しかしはっきりしたのは、リーチにとって日本は理解されるものというよりも、不可思議なものの象徴となったということだ。これこそ、柳に強く訴えたものだった。

この点において、もちろんリーチは部分的に彼の時代を反映している。リーチのオリエンタリズムは、ラフカディオ・ハーンの散文の魅惑的な異国趣味とメランコリー、そしてホイッスラーの奇抜で焦点が定まらない東洋観によって育てられた、エドワード七世時代の美術学生の域を出ない。この種のオリエンタリズムは、リーチの日本の友人たちの間で強い力となった。都市の若く上流社会出身の知識人である柳にとって、日本の農村部との関係は民族誌学者のそれと同様だった。地方の陶工potterや織工weaver、朝鮮のいかなる手工業者makerであっても、リーチにとってと同じく、柳にとってもほとんど異国のものだった。

陶芸家自身だけでなく、スタジオ・ポタリーを論評する者の多くは、リーチと柳の語彙をそっくりそのまま借用した。「よく知られているように、一般的に東洋は外部の生活に対する精神生活を、物質的な形式に対する心理的な洞察を、芸術家の制作においては技術の勝利に対する創意と生成力を象徴する」とウィングフィールド・ディグビィは一九五二年に書いている。(原註164)東洋と西洋は、魂と知性、内面的生活と外面的生活、本能と批判的衝動としてとりなされる。壮大で、気持ちがいいほど単純なこの二極化を、リーチと柳は熱心な青年だったころよく議論し、生涯を通して固執し続けた。実際あまりにも多くのエネルギーが極の探求に注ぎこまれたので、リーチと柳にしか東西に橋をかけられないという疑念が起こる。陶芸家たちにとって、リーチは東洋との対話者、すなわち東洋陶磁の深遠な世界を解き明かす鍵となる。この陶磁器がいかにわかりにくいものとなったかは、見過ごされてきた。

リーチの陶芸家としての評価は、リーチの追従者たちに対する評価と組み合わされるようになった。「リーチ様式」が一般的となり、それはまた大抵軽蔑の念を含んだ語となった。リーチ様式は、ぼんやりした色やきっちりと均整のとれていない形態、漠然と東洋風と感じさせる筆致、ある種の穏やかな精力を意味する符号《コード》となった。陶器に期待される機能という考えが最も重要な要素とみなされる。しかしこの考えは奇妙な例外なのだ。リーチの「作家としての」陶器の様式は多種多様であり、そのような明確な方法では形式化できない。それは、この信念を導いたリーチ・ポタリー定番商品の最も標準的なものを中心に置いたリーチ陶器の一つの読み方にすぎない。彼の初期の楽焼、陶器の大皿、タイルや暖炉、色絵磁器、大きな天目壺、そして後期の鎬文の磁器鉢、これらはみな陶器の「一連の定番商品」という概念からこぼれ落ちる。啓発的なイメージでリーチが規定した終わりのない反復――「女性たちが編み物をし、またすばらしい家庭料理をつくって過ごす時間を考えてみたまえ。こうして、彼女たちは労働におけるのと同様に、喜びと満足を見いだした。反復は、手仕事の陶芸家にとって本性のようなものだ」(原註165)――これはけっしてリーチの生活ではなかった。リーチはけっして卓抜した轆轤の技術を身につけていなかったし、またそのふりもしなかった。リーチは轆轤技術の習得のために時間を犠牲にする必要がまったくなかった。我孫子、東京、セント・アイヴズ、そして日本の窯場で、生涯にわたって陶器はリーチが装飾するために、リーチの指示のもとで挽かれた。

当然のことながら、多くの陶磁器の伝統で、成形と装飾の役割ははっきりと区別されてきた。リーチの著作のなかで矛盾が生じている。疎外された労働者、すなわち戦後「本当の仕事」へと解放されることを待ち望んでいた工場労働者についての修辞のなかでは、歴史のなかのまさにこの現代において陶芸家は創造の全過程をコントロールできるのであり、また実際そうすべきであるという、統合に重点が置かれていた。この自己充足の感覚こそ、『陶芸家の本』の偉大で力強い魅力であり続けてきた。リーチと工房で働いた人々との関係、「指揮をとる」彼と「オーケストラの演奏」者たちとの関係は、このようなレトリックとは対極にあるように思われる。リーチが広めた、工房における「手仕事craft」の精神は、創造性において劣る人々の触媒として、芸術家の求心性に基礎をおいていた。職人craftsmanに対するリーチの見解はけっして複雑ではなかった。芸術家は、職人の仕事の装飾家であり、工房の指揮者であるという芸術家に対する見解は、実際以上に強調された。装飾は、指揮と同様に、その役割がより見えやすい。

リーチが模様を繰り返さなかったということをいっているのではない。リーチ・ポタリー定番商品では「マーマレード・ジャムの壺」の大半に加えて、簡素な「ゼッド〔Z〕文」鉢も多く装飾した。リーチの「作家としての」陶器では、制作年が大きくかけ離れている作品のいくつかに同じ模様が使用されている。たとえば、リーチの「生命の樹」のモチーフは一九二〇年代に初めて使われたが、一九六〇年代にもいまだレパートリーの一つであった。しかしながら、美術学生として受けた初期の教育と気質の両面の理由から、リーチは、形を生み出す力よりも、最も広い意味での模様（素描、エングレーヴィング、エッチング、絵画、スリップ装飾、櫛目、掻き落とし、鎬文など）を生み出す力により深く結びついていた。彼のグラフィック作品、若いころのエッチング、ペンや淡彩による後期のスケッチは、常に陶器の装飾へと流れ込んでいる。彼は、かわるがわる現れる形を轆轤のうえで実験するというよりも、平面でアイディアを出した。事実、陶器の形をいかに分析する

バーナード・リーチ
花瓶《跳ねる鮭》1931
ヨーク・ミュージアム・トラスト
(ヨーク・アート・ギャラリー)
York Museum Trust (York Art Gallery)

かという彼の図式は、教科書的であるばかりでなく、明らかに慣例に傾いている。陶器を作る前にそれらをスケッチすること、これがリーチの制作過程の特徴だった。三次元のスケッチとして、また形の探求としての成形は彼の生活の一部ではなかった。このことはリーチが最も熟考した作品の多くで、装飾を縁どるように輪郭線を描いている理由の説明となるかもしれない。初期のスリップウェアに熱狂したときに作った皿、背の高い「中世の」水差、あるいはタタラ造りの花瓶、すべてがこのことを明らかにしている。最も基本的な方法で「側面」を持つ陶器がある。それらの形は簡素である。それほど熟考されていない作品には、勇壮で華麗な「展覧会」向けといった感覚が強くある。たとえば有名な花瓶《跳ねる鮭》には、多くの「側面」があるが、満足のゆく見所は一つしかない。それは限りなく陶器に描かれた絵画に近い。その作品はリーチ自身の哲学のなかで、スタジオ・ポタリーの最低の作品を代表するだろう。しかしその作品はずっとリーチのお気に入りの器の一つであった。

リーチの陶芸家としての最大の強みはいたるところにある。「創作模様」で見せた洗練は、土の表面の性質に対する繊細さと一致している。リーチの最初期の掻き落としの試みには、動きに対して慎重に抑制された傾向が見られるが、それは版画制作と装飾との関係についての彼の感覚を反映しているかもしれない。対照的に、同時代の濱田による掻き落としの鉢には、スリップを通過して土へと到達する深い切り込みがあり、気楽さと壮麗さが感じられる。しかしすばらしい速さでリーチは、陶器の表面とのより強い相互作用を可能とする諸技術の幅を広げた。焼かれた土の色と質感を見せるために釉薬をかけない場所を陶器のどこに残すかという判断はますます研ぎ澄まされていく。中世の方法で陶土に小枝模様を用いたり、あるいは陶土そのものに直接櫛目をつけたりするやり方には、リーチがこのより強い結びつきを楽しんでいる様子が窺える。一般に知られているよりもかなり幅広い釉薬を採用しており、それは次の点で興味深い。すなわち、釉薬全体の種類は微々たるものだが、その質感がしばしば微妙な変化を生み出しているのである。それはまるで、リーチの陶器における実際的な関心が、見る、触れる、手に取る、器を使うという身体の総合的な経験において繰り返されているにもかかわらず、実際にはその関心は、陶器の表面で止まってしまったかのようである。以上のことは、リーチが生活の大部分を、レトリックを用いて「日用陶器」が評価される場をつくろうとする試みに費やした一方で、リーチの陶器は機能という考えやその実践に刺激された、あるいは結びついた応答ではなかったのではないかという説明にいくらかの助けとなるであろう。

（北村仁美訳）

【註】BLA Bernard Leach Archive in the Holburne Museum and Crafts Study Center, Bath
〔BLA（バーナード・リーチ・アーカイブ）を有するクラフツ・スタディ・センターは二〇〇〇年に、The University College for the Creative Arts at Canterbury, Epsom, Farnham, Maidstone and Rochester (Farnham) に移転した〕

原註

〈第一章〉

(1) Bernard Leach, *Beyond East and West*, 1978, p.23. 〔『東と西を超えて：自伝的回想』、福田陸太郎訳、日本経済新聞社、一九八二年、参照〕。

(2) Joseph Howe, *The Life of Henry Tonks*, 1939, p.40.

(3) Bernard Leach, ibid., p.32.

(4) Ibid., p.32.

(5) Benjamin Disraeli, *Tancred*, 1847, book 2, chapter 14.

(6) バーナード・リーチ「日本之画界にエッチングを紹介す」『趣味』第四巻第六号（一九〇九年六月）、二七頁。

(7) 註1、三六頁参照。

(8) 式場隆三郎編『バーナード・リーチ』、東京、一九三四年、四一八頁に再録。

(9) 柳宗悦「日本におけるリーチ」『柳宗悦全集 著作篇』第十四巻、東京、筑摩書房、一九八二年、一三九頁。

(10) バーナード・リーチ『回顧 1909-1914』*A Review 1909-1914*. 一九一四年、一一頁。

(11) 柳宗悦、前掲書第十四巻、六四頁。

(12) Ellen P. Conant, 'Leach, Hamada, Yanagi: Myth and Reality', *The Studio Potter*, vol.21, no.1, Dec. 1992. を参照。

(13) Ibid.

(14) 註10、一二頁。

(15) 柳宗悦、前掲書第十四巻、一三八頁。

(16) 柳宗悦、前掲書第二十一巻上、六八一頁、一九一四年九月十一日付の手紙。〔和訳、同書、一八二頁〕

(17) Toshio Watanabe, *Japan and Britain: An Aesthetic Dialogue 1850-1930*, 1991, p.166. を参照。

(18) Bernard Leach, 'Notes on William Blake'.『白樺』第五年四月号、日付なし、四六二〜七一頁。
(19) 註1、七五頁を参照。
(20) 日本民藝館資料室、東京。
(21) 註1、七五頁を参照。
(22) 註10、八頁を参照。
(23) 柳宗悦、非公開のノート、一九一五年、四八頁、日本民藝館資料室、東京。
(24) E. E. Speight, 'The Drawings of Bernard Leach', *The Japan Advertiser*, 6 June 1920.
(25) Bernard Leach, *A Potter's Book*, 1940, p.31.〔『陶工の本』、石川欣一訳、中央公論社、一九五五年、参照〕。
(26) 註1、五六頁を参照。
(27) Richard L. Wilson, *The Art of Ogata Kenzan*, 1991, pp.182-184を参照。
(28) 柳宗悦、前掲書第十四巻、筑摩書房、一九八二年、六六頁。
(29) バーナード・リーチ『回顧 1909-1914』、一九一四年、一三頁。
(30) Bernard Leach, 'Notes on William Blake'.『白樺』第五年四月号、日付なし、四六二〜七一頁。
(31) バーナード・リーチから柳宗悦への手紙、一九一四年六月一日付、日本民藝館資料室蔵。
(32) 柳宗悦、前掲書第二十一巻上、六八六頁、一九一四年六月一日付。〔和訳、同書、一七七頁〕
(33) 柳宗悦、前掲書第二十一巻上、六七四頁、一九一五年七月二十二日付。〔和訳、同書、一九三〜九四頁〕
(34) バーナード・リーチ「緒言」『回顧 1909-1914』、一九一四年、三〜四頁。
(35) 柳宗悦、前掲書第二十一巻上、六五五頁、一九一六年十月二十三日付。
(36) このペン画は日本民藝館資料室の所蔵である。
(37) J. W. Robertson Scott, *The Foundations of Japan*, 1922, p.98.
(38) E.E. Speight to Leach, ms letter 2327-2328, Bernard Leach(BL) Archive, 19 April 1919.
(39) 柳宗悦、前掲書第二十一巻上、六四三頁、一九一九年八月六日付。
(40) Bernard Leach, *Hamada, Potter*, 1975, p.100.
(41) 'Democracy in Art', *The Japan Advertiser*, 22 June 1919, p.6.

(42) 'The Problem of Art in Japan', *The Japan Advertiser*, 22 June 1919. 日本民藝館資料室所蔵の柳のスクラップブックに記事切り抜きがある。

(43) 辻本勇編『富本憲吉著作集』、一九八一年、四二三頁。部分英訳は味岡千晶博士による。

(44) 'Democracy in Art', ibid.

(45) Bernard Leach, *Beyond East and West*, 1985, p.119.

(46) Bernard Leach, *Hamada, Potter*, 1975, p.96.

(47) 註45、一二五頁を参照。

(48) 'Democracy in Art', ibid.

(49) 菊池裕子『Ruskin in Japan』展覧会カタログ、Ruskin Gallery, Sheffield, 1997. を参照。

(50) Bernard Leach, *Living Art in Japan*, March 1919.

(51) 「日本に在りし十年間」、日本語で行われたリーチの講演速記録、『岩村男爵による美術についての第三回記念講演』一九二〇年三月十七日、二頁。

(52) 註46、一〇六頁を参照。

(53) 註45、pp.118-19.

(54) 'Bernard Leach's Show Attracts Many Visitors', *The Japan Advertiser*, 4 June 1920.

(55) 註45、p.134.

(56) *The Japan Advertiser*, 4 June 1920.

〈第二章〉

(57) BLA 1381 1921. 自筆原稿、*Catalogue of Friday Club Exhibition.*（フライデー・クラブ展覧会図録）、欄外の書き込み。

(58) Bernard Leach, *Hamada, Potter*, 1990, p.133.

(59) Michael Cardew, *A Pioneer Potter*, 1988, p.28.

(60) バーナード・リーチ、*St. Ives Times* に引用、一九二三年八月十七日。

(61) バーナード・リーチ、柳宗悦宛の自筆による手紙、一九二四年六月二十七日付。

(62) BLA 514, Bernard Leach, *Raku Book*. 自筆原稿。

(63) *St. Ives Times*, 17 August, 1923.
(64) *Evening Standard*, 24 April 1923.
(65) *The Times*, 1 November 1923.
(66) Michael Cardew, 'The Pottery of Mr Bernard Leach', *The Studio*, 14 November, 1925.
(67) Bernard Leach, *A Potter's Outlook*, 1928.〔「陶工一家言」橋詰光春訳、『工芸』第二九巻、一九三三年五月。式場、前掲書に再録〕。
(68) *The Times*, 23 November 1925. に掲載の「The Guild of Potters」展評。
(69) *The Studio*, July 1927, p.54.
(70) BLA 3181, Henry Bergen, ALS7/8/37.
(71) Oliver Watson, *British Studio Pottery*, 1990, p.18. を参照。
(72) 柳、前掲書第二十一巻上、一九二三年三月七日～五月五日付、六二二頁。〔和訳、同書、二五五頁〕
(73) 柳、前掲書第二十一巻上、一九二五年十一月二日付、六一三頁。〔和訳、同書、二九四頁〕
(74) 柳宗悦宛の手紙、一九二四年十月四日付。
(75) BLA 514, Bernard Leach, *Raku Book*. 自筆原稿。
(76) 柳宗悦宛の手紙、一九二九年二月六日付。
(77) キャサリン・プレイデル＝ブーヴェリーのバーナード・リーチ宛の手紙、一九二八年八月十五日付、Katherin Pleydell Bouverie, *A Potter's Life 1895-1985*, 1986.
(78) Harry Trethowan, in *Studio Year Book of Decorative Arts*, 1929.
(79) バーナード・リーチの柳宗悦宛の手紙、一九二四年六月二十七日付。
(80) *Sunday Worker*, 25 April, 1926.
(81) *The Studio*, March, 1927, p.200.
(82) 'Modern Potters', *The Observer*, 16 December 1928.
(83) 'Mr Bernard Leach', *The Times*, 6 December 1928.
(84) Herbert Read, 'Art and Decoration', *The Listener*, 7 May 1930, p.805.
(85) BLA 2007, *Leach Pottery Stoneware Tiles and Fireplaces*, catalogue of tiles, c.1929.
(86) *Western Morning News*, 3 March 1934.

(87) Bernard Leach, *A Potter's Outlook: Handworker's Pamphlets* No.3, 1928.
(88) バーナード・リーチが日本の友人たちに宛てた回覧状、一九二八年一月、日本民藝館資料室蔵。
(89) 'Bernard Leach: Pottery' in John Farleigh (ed.), *Fifteen Craftsmen on their Crafts*, 1945, pp.45-6.
(90) Margot Coatts, *A Weaver's Life: Ethel Mairet 1872-1953*, 1983, p.60.
(91) 註25、Bernard Leach, *A Potter's Book*, p.11.
(92) BLA 2597, Harry Davis to Bernard Leach, 19 April 1935.
(93) BLA 5832, Leonard Elmhirst to Bernard Leach, 4 December 1931. 自筆原稿。
(94) Tanya Harrod, 'Dartington and the Crafts' in *Dartington: Sixty Years of Pottery 1933-1993*, Dar-tington 1993, p.20.
(95) BLA 5870, 21 January 1933.
(96) BLA 2542, 20 December 1933, Bernard Leach to Mrs K. Starr, Dartington Research Grants Board.
(97) BLA 5932, Leonard Elmhirst to Bernard Leach. 日付なし。
(98) Bernard Leach to Leonard Elmhirst, 4 December 1934. General Correspondence 1926-9, Elmhirst Centre Archive, Dartington Hall.
(99) BLA 5935, 25 August 1935, Dr W. K. Slater to Bernard Leach.
(100) 『工芸』、一九三五年五三号、一九-二〇頁。
(101) 『工芸』、前掲誌、二六頁。
(102) BLA 5952, 24 August 1934, Bernard Leach to Leonard Elmhirst.
(103) 『工芸』、前掲誌、一六頁。
(104) 註45、Bernard Leach, *Beyond East and West*, 1985, p.177.
(105) BLA 2407, Henry Bergen to Bernard Leach, 14 February, 1935.
(106) Bernard Leach, ibid., p.200.
(107) Ibid. 邦訳、二五〇頁。
(108) 『工芸』前掲誌、三七頁。
(109) BLA 5952, 24 August 1934, Bernard Leach to Leonard Elmhirst.
(110) BLA 5954, 15 January 1935, Leonard Elmhirst to Bernard Leach.

(111) BLA 3185, 3 September 1937, Henry Bergen to Bernard Leach.
(112) 註25、Bernard Leach, *A Potter's Book*, 1940, p.5.
(113) Ibid., p.25.
(114) Ibid., p.196.
(115) *Burlington Magazine*, November 1941, pp.169-70.
(116) *Times Literary Supplement*, 6 July, 1940.
(117) *The Listener*, 8 August, 1940.
(118) Herbert Read in the *New English Weekly*, 11 July, 1940, p.144.

〈第三章〉

(119) 註45、Bernard Leach, *Beyond East and West*, 1985, pp.221-2.
(120) Jeremy Myerson, *Gordon Russell Designer of Furniture*, Design Council, 1992, p.85.
(121) John Farleigh(ed.), *Fifteen Craftsmen on their Crafts*, 1945, p45-6.
(122) Bernard Leach, 'American Impressions', *Craft Horizons*, USA, Winter, 1950, p.19.
(123) 註45、二三二頁を参照。
(124) 'Bernard Leach: Pottery', in John Farleigh(ed.), *Fifteen Craftsmen on their Crafts*, 1945, p.44.
(125) James Noel White in 'The Unexpected Phoenix', *Craft History One*.
(126) *Journal of the Royal Society of Arts*, 21 May 1948, p.366.
(127) George Wingfield Digby, *The Work of the Modern Potter in England*, 1952, p.40.
(128) Bernard Leach, *A Potter's Portfolio*, 1951, p.24.
(129) Leonard Elmhirst quoted in *Dartington Conference: The Report*, typescript 1954. 〔『ダーティントン国際工芸家会議報告書―陶芸と染織：一九五二年』、ダーティントン・ホール・トラスト&ピーター・コックス編、藤田治彦監訳・解説、思文閣出版、二〇〇三年、参照〕。
(130) Ibid., p.6.
(131) Bernard Leach, 'The Contemporary Potter,' ibid, p.12.
(132) Robert Melville, *Architectural Review*, vol.112, November 1952, p.344.

(133) 註122、一八頁を参照。

(134) Ibid.

(135) 'Potters Dissent: An Open Letter to Bernard Leach from Marguerite Wildenhain', *Craft Horizons*, USA, May 1953, pp.43-4.

(136) 'An Open Letter from Henry Bollman', *Ceramics Monthly*, March 1953.

(137) Jack Laird, 'A Review of the Third New Zealand Potters Exhibition', *New Zealand Potter*, December 1959.

(138) Bernard Leach, *A Potter in Japan*, 1960, p.47 〔『バーナード・リーチ日本絵日記』柳宗悦訳、水尾比呂志補訳、講談社学術文庫、二〇〇二年、参照〕。

(139) Ibid., p.89.

(140) Ibid., p.85.

(141) Ibid., p.214.

(142) Ibid., pp.214-15.

(143) Ibid., p.206.

(144) Ibid., p.203.

(145) Ibid., p.102.

(146) Ibid., p.147.

(147) Bernard Leach, *Kenzan and his Tradition*, 1966, p.28. 〔『乾山―四大装飾芸術家の伝統―』、水尾比呂志訳、東京美術、一九六七年、参照〕。

(148) Ibid., p.108.

(149) BLA 4859, BL6TK, 9 September 1962.

(150) Margaret Medley, 'Clay in Their Hands: Review of Shoji Hamada', *Times Literary Supplement*, 24 December 1976, p.1612.

(151) Bernard Leach, *Drawings, Verse and Belief*, 1973, p.6. 〔『バーナード・リーチ詩画集』、福田陸太郎訳、五月書房、一九七四年、参照〕。

(152) Francis King, 'The Sincerity of the Potter', *Times Literary Supplement*, 26 May 1978, p.582.

(153) Bernard Leach, *The Potter's Challenge*, 1975, p.134.
(154) John Spurling, 'Sermons in Stone', *New Statesman*, 18 March 1977.
(155) Janet Leach, *Ceramic Review*, July-August 1979, p.20.

〈第四章〉

(156) W.H. Auden and Louis MacNiece, *Letters from Iceland*, 1937, p.201.
(157) Geoffrey Grigson, 'In Search of English Pottery', *The Studio*, November 1935, pp.256-63. See also Bernard Leach, 'A Potter's Reply', *The Studio*, February 1936, p.119.
(158) Patrick Heron, 'Submerged Rhythm', *The Changing Forms of Art*, 1962, p.64.
(159) Grigson, ibid.
(160) BLA3181, Henry Bergen to Bernard Leach, 7 July 1937.
(161) Edwin Mullins, 'Leach as Author' in Carol Hogben(ed.), *The Art of Bernard Leach*, 1978.
(162) Yanagi 'Introduction: Leach in Japan,' in Bernard Leach, *A Potter's Book*, 1940, p.xiv.
(163) 註25、Bernard Leach, *A Potter's Book*, p.37.
(164) George Wingfield Digby, *The Work of the Modern Potter in England*, 1952, pp.25-6.
(165) Bernard Leach, *The Potter's Challenge*, 1975, p.19.

訳註

〈第一章〉

〔1〕スレード美術学校 Slade School of Art　英国の美術蒐集家、フェリックス・スレード（1790-1868）の遺言により、ロンドン大学に一八七一年に設置された美術専門学校。エドワード・ポインター、アルフォンソ・ルグロ、フレッド・ブラウン、ヘンリー・トンクスという歴代の指導者のもと、人体描画を重視した教育を行い、とくに十九世紀後半から二十世紀初頭にかけて優れた芸術家を数多く排出した。

〔2〕ヘンリー・トンクス Tonks, Henry (1862-1937)　イギリスの画家。一八八七年よりウエストミンス

ター・スクール・オヴ・アートのフレデリック・ブラウンのもとで学ぶ。一八九一年、印象派に影響を受けた画家を中心に結成された前衛的展覧会団体、ニュー・イングリッシュ・アート・クラブではじめて作品を発表。以後一時は、医学校で解剖学の実演担当をしながら画家を続けたが、一八九三年スレード美術学校で教師となるにおよび、画業に専念。一九三〇年まで同校教授。素描の技術と身体構造に重きを置いたトンクスの教授法は、オーガスタス・ジョン、スタンリー・スペンサー、ウィンダム・ルイスなどの画学生に影響を与えた。代表作《Spring Days》(1928; London, Tate)。

〔3〕ロンドン美術学校 London School of Art Stratford Road, Kensington, W., London にスタジオを置いた美術学校。リーチ在籍当時には、ジョン・スワンやフランク・ブラングウィンが教鞭をとり、素描、油彩、エッチング等を教えていた。

〔4〕オーガスタス・ジョン John, Augustus Edwin (1878-1961) イギリス・ウェールズ生まれ。画家。一八九四年から九八年までロンドンのスレード美術学校で絵画を学んだ。一九〇〇年ごろには、その描写技法の巧みさをもって、とくに肖像画家として名声を得る。ピーテル・パウル・ルーベンスに代表される古典作家、およびポスト印象派の影響を受け、色彩に富んだ作風で知られた。風景画、壁画も手がけた。一九二八年ロイヤル・アカデミー会員。

〔5〕ヘンリー・ラム Lamb, Henry (1883-1960) オーストラリアに生まれ、イギリス・マンチェスターで育つ。一九〇一-一九〇五年マンチェスターのオウェンズ・カレッジ医学部で学んだ後、ロンドンに出、チェルシー・スクール・オヴ・アートとフロッド・ストリートのロセッティ・スタジオで、オーガスタス・ジョンらに絵画を学ぶ。一九〇七年からはパリで学び、二夏をブルターニュで過ごす。この時期の作品には、ゴーギャンの影響が見られ、一九一二年ロンドンのグラフトン・ギャラリーで開かれた第二回ポスト印象派展でラムの作品が出品された。代表作《Lytton Strachey》(1914; London, N.P.G.)

〔6〕フランク・ブラングウィン Brangwyn, Frank (1867-1956) ベルギー・西フランドルのブリュージュ生まれ。画家、銅版画家。サウス・ケンジントン美術学校で学び、一八八二年から八四年まで、ウィリアム・モリスのもとでタピストリーの下絵を描いた。一九八〇年代初頭中近東、南アフリカ、ヨーロッパ諸国を旅し、明るい色使いで異国情緒ある作品を発表。銅版画では、強いキアロスクー

ロ（明暗法）を用い堂々とした様式を発展させ、とくに産業、海運業、ロンドンやヴェニスの日常風景を主題とした。一九一九年ロイヤル・アカデミー会員、一九四一年ナイトの称号を授与された。

〔7〕ジェイムズ・マックニール・ホイッスラー Whistler, James McNeil (1834-1903)　アメリカ・ボストンに生まれ、フランス、イギリスで活躍した画家。当時ヨーロッパで流行しつつあったジャポニスムの影響を強く受け、イギリスにおけるジャポニスムの浸透に重要な役割を果たした。初期には中国・清朝の青磁や着物を画面に導入し東洋趣味色濃い作風を示し、後には浮世絵の構図に倣った作品や、ロンドンの夜景に取材し遠近感の希薄なフラットな画面を構築し、西洋モダニズム絵画の一翼を担った。代表作に《ノクターン》のシリーズがある。テムズ河沿岸などの日常的風景を自刻自摺したエッチング作品でも知られる。

〔8〕ラフカディオ・ハーン Hearn, Lafcadio (1850-1904)　ギリシャ・レフカス島生まれのイギリス人。文芸評論家、作家。十九歳でアメリカに渡り、新聞記者となる。一八九〇年来日し、島根県立松江中学校の英語教師となり、日本人の妻を娶る。一八九六年日本に帰化し小泉八雲と名乗った。神戸での新聞記者生活を経て、東京大学、早稲田大学で英文学を講じた。その間、日本の風土、習俗、文化をとりあげた著作を多数執筆。著書に短編集『怪談』、『知られぬ日本の面影』など。

〔9〕高村光太郎 Takamura, Kotaro (1883-1956)　東京・下谷生まれ。彫刻家、詩人。父は木彫家、高村光雲。東京美術学校彫刻科卒。一九〇六年渡米、のちロンドン、続いてパリで学び、ロダンに傾倒、その影響を色濃く受けた。一九〇九年帰国。既存の美術界への反発、個性の自由な発露を求めての制作から、近代彫刻の転換点を刻む作品が生み出された。その主張は当時の代表的美術論「緑色の太陽」で展開された。また詩作も手がけ、詩集『道程』（一九一四）などがある。

〔10〕岩村透 Iwamura, Toru (1870-1917)　東京・小石川生まれ。美術評論家。一八八八年東京英和学校を中退し、欧米で美術を学ぶ。一八九二年帰国、その後は欧米の近代美術の紹介や美術批評で活躍する。また東京美術学校、慶応義塾大学文学科で西洋美術史を講ずる。美術雑誌『美術新報』等に執筆し、それらは著作『芸苑雑稿』（一九〇六）にまとめられた。

〔11〕柳宗悦 Yanagi, Muneyoshi (1889-1961)　東京・麻布生まれ。宗教哲学者、美術評論家。学習院から東京帝国大学文科大学哲学科に学ぶ。学習院出身者により雑誌『白樺』が創刊されると、哲学論や美術紹介・批評文等を寄稿。李朝陶器に眼を拓かれたことをきっかけに民衆的工芸（民芸）論を

唱え、B・リーチ、濱田庄司、河井寛次郎といった同時代の工芸家たちとともにその思想の普及に努めた。急速な産業化のなかで失われつつあった民芸品を蒐集・展示する「日本民藝館」を設立し、雑誌『工芸』などを創刊した。

〔12〕白樺派　明治末から大正時代の文学の一派。文芸雑誌『白樺』に集まった武者小路実篤、志賀直哉、里見弴らが中心となり、自我を主張する新潮流を文壇にもたらした。なお雑誌『白樺』は印象派以降の西欧の作家を積極的に紹介したことで知られており、美術雑誌としても重要。

〔13〕白樺派の日本での評価　文芸雑誌『白樺』を舞台に展開された活動、いわゆる『白樺』派の活動は、日本においては第一に文学運動として捉えられてきた。今日においてもなお有効とされる『白樺』派文学批評の書、『「白樺」の文学』（新潮文庫、一九六〇年）のなかで本多秋五は、その特徴として強烈な自己肯定（個人主義）をまず挙げ、そこから派生するさまざまな要素（『白樺』派の貴族的出自、それにともなうエリート意識、他人の「自己」を生かすことをめざした人道主義等）を検討している。そしてその文学が、強い自我の主張でもって、島崎藤村に代表されるような『白樺』以前の自然主義文学を補完し、次代の新しい文学思潮を形成したと、文学史上でその意義を浮かび上がらせている。

〔14〕志賀直哉 Shiga, Naoya (1883-1971)　宮城県石巻生まれ。小説家。学習院から東京帝国大学に進むが中退。雑誌『白樺』同人。強靱で個性的な文体で、散文表現における頂点を確立した。

〔15〕岸田劉生 Kishida, Ryusei (1891-1929)　東京・銀座生まれ。画家。当初、白馬会に所属し外光派の作風からスタートしたが、柳宗悦、武者小路実篤、長与善郎など雑誌『白樺』同人たちとの交友が始まると、同誌に掲載されたポスト印象派やフォービズムなどの感化を受け、反自然主義のフュウザン会を結成した。その後、北欧ルネサンスの絵画に傾倒し、細密な写実画に転じる。娘、麗子をモデルとした肖像画で独自の作風を確立し、後期には初期肉筆浮世絵や宋元画に親しみ、日本画や水墨淡彩も手がけた。

〔16〕オーギュスト・ロダン Rodin, Auguste (1840-1917)　フランス・パリ生まれ。彫刻家。彫刻を量塊として捉えたモニュメンタルな表現は、日本の近代彫刻に大きな影響を与えた。

〔17〕フィンセント・ファン・ゴッホ Van Gogh, Vincent (1853-90)　オランダ、フロート・ズンデルトに生まれ、フランスで活躍した画家。当初、伝道師の仕事についたが、一八八〇年より画家を志す。

印象派および日本の浮世絵に影響を受け、明るい色彩による独自の作風を確立させた。

〔18〕ウォルト・ホイットマン Whitman, Walt（1819-92） アメリカ、ニューヨーク州ロング・アイランド生まれ。詩人。新聞の植字工見習から身を立て、ジャーナリストとなり、その後詩人に転身。政治ジャーナリストとしてアメリカのデモクラシー運動に深くかかわることによって醸成された精神風土を背景にした詩作は、「民衆の詩人」として、日本でも有島武郎、柳宗悦ら白樺派を中心に広く読まれてきた。代表作、詩集『草の葉』（一八五五－九二）は生涯にわたって改訂が続けられた。

〔19〕ウィリアム・ブレイク Blake, William（1757-1827） イギリス・ロンドン生まれ。詩人、画家、版画家。ジェイムズ・バザイアから建築、彫刻の写生、彫版を学び、その後ロイヤル・アカデミーに入学。一七八四年よりロンドンで版画業を営む。幼い頃より幻視力を示し自ら詩作も手がけた。自身の詩に挿絵をそえた《無心の歌、経験の歌》（一七九四）はブレイクの特質を表す傑作とされている。版画技法においても、レリーフ・エッチング（彩色の凸版版画）を開発し新境地を拓いた。ときに文字が画に融合しつつ展開するブレイクの独自のヴィジョンは《ミルトン》、《ヨブ記》やダンテ《神曲》といった古今の文学に取材した版画、水彩画において発揮されているが、その真価は死後評価された。

〔20〕ミケランジェロ・ブオナルローティ Michelangelo Buonarroti（1475-1564） イタリア・カプレーゼに生まれる。彫刻家、画家、建築家、詩人。晩年に制作、完成されたシスティーナ礼拝堂壁画《最後の審判》（一五三五－四一）は、旋回する構図と明暗のコントラストが際立ち、バロック様式の先駆けとなった。

〔21〕アルブレヒト・デューラー Dürer, Albrecht（1471-1528） ドイツ・ニュルンベルクに生まれる。画家、版画家、美術理論家。イタリア盛期ルネサンスの理論を北方に伝えたドイツ・ルネサンスを代表する画家。版画でも卓抜な表現力を示し優れた作品を多数遺した。

〔22〕サンドロ・ボッティチェリ Botticelli, Sandro（1445-1510） イタリア・フィレンツェ生まれ。ルネサンス期の代表的な画家の一人。

〔23〕俵屋宗達 Tawaraya, Sotatsu（生没年不詳） 桃山－江戸初期の画家。「俵屋」を屋号とする絵屋を主宰、本阿弥光悦など同時代の文化人と親交を結んだ。料紙装飾、扇面画、水墨画、金碧画等に及ぶその活動は単なる工房をまとめる絵師のそれにとどまらず、生命力と装飾性が豊かに調和した画

風で多くの追従者を生んだ。

〔24〕雪舟 Sessyu (1420-1501)　室町時代後期の禅僧画家。中世日本において水墨画を大成した。

〔25〕レンブラント・ファン・レイン Rembrandt Harmansz. van Rijn (1606-69)　オランダの画家、版画家。物語画、肖像画、宗教画等の諸ジャンルを広く手がけた。また版画ではエッチング技法の完成者として知られる。

〔26〕アーネスト・フェノロサ Fenollosa, Ernest Francisco (1853-1908)　アメリカ・マサチューセッツ州セーレム市生まれ。ハーバード大学で哲学を専攻、卒業後生物学者E・S・モースの仲介により、東京大学で政治、経済、哲学などを教えた。日本美術に理解を示し、古美術の研究や新しい日本画の創出に専心した。東京美術学校の創設にも尽力、帰国後はボストン美術館東洋部主管となる。著書に、*Epochs of Chinese and Japanese Art*, 1912. 等がある。

〔27〕フリードリッヒ・ニーチェ Nietzsche, Friedrich Wilhelm (1844-1900)　ドイツの古典学者、哲学者。キリスト教や西洋の伝統的な道徳観にひそむ動機を明らかにしようとしたその試みは、死後、現代にまで長く強い影響力を及ぼしている。生前は世間の無理解に苦しみ、発狂、一九〇〇年失意のうちに世を去った。『悲劇の誕生』(一八七二)、『ツァラトゥストラ』(一八八三-八五)。

〔28〕富本憲吉 Tomimoto, Kenkichi (1886-1963)　奈良県安堵村生まれ。陶芸家。東京美術学校図案科に学び、イギリスに留学。帰国後、バーナード・リーチと知り合い、ともに陶芸を志すようになる。工芸制作における個の表現の確立をめざし、「模様から模様を造らず」という信念のもと創作を重んじ、近代工芸の道を拓いた。

〔29〕ウィリアム・モリス Morris, William (1834-96)　イギリスの詩人、美術工芸家、社会運動家。アーツ・アンド・クラフツ運動の中心的存在。オックスフォードに学び、ラスキン、ピュージン、ラファエル前派の影響を受ける。とくに建築、室内装飾への関心から、一八六一年ステンドグラス、壁紙、家具、タイル、染織など室内装飾全般を手がける、モリス・マーシャル・フォークナー商会を設立(一八七五年からモリス商会として再発足)。大量生産によって市場に氾濫する俗悪な製品に異を唱え、作る側、使う側双方にとって喜びとなるような製品を説いたモリスの主張は、その後のアーツ・アンド・クラフツ運動の支えとなった。

〔30〕ジョン・ラスキン Ruskin, John (1819-1900)　イギリスの批評家、社会思想家。ロンドンの裕福な

ワイン商の家に生まれ、幼い頃より国内外を旅行し、風景美に開眼する。オックスフォード大学卒業後、ターナーを擁護した *Modern Painters*, 1843-60. を出版、その後も絵画、彫刻、建築の研究書を発表し、美術批評家としての名声を確立した。次第に社会的問題に関心を持ち、機械文明に対する批判的態度を強めた。その社会主義の思想や実践活動は、W・モリス等に大きな影響を与えた。

〔31〕楽焼　桃山時代の京都で、樂家初代長次郎によって創始された低火度軟質陶器の製陶方法およびそれによって作られた陶器。手捏ね、箆《へら》削りで成形される独特の器形は茶の用にかなったものとして茶人に好まれてきた。内窯で一碗ずつ焼成される。

〔32〕エドワード王時代＝エドワード七世（1841-1910）　一九〇一年即位。英国女王ヴィクトリア（1819-1901、在位 1837-1901）の長男。

〔33〕浦野繁吉 Urano, Shigekichi（1851-1923）　六代尾形乾山。明治時代の陶芸家。尾形乾山の遺法の伝授を受けた三浦乾也（1821-89）に陶芸を学ぶ。一九二三年関東大震災で被災し、その直後没した。

〔34〕初代尾形乾山 Ogata, Kenzan I（1663-1743）　大奥や東福門院の御用を務めた呉服商雁金屋尾形宗謙の三男として京都に生まれる。次兄は絵師の尾形光琳。一六八七年、父の死を契機に、幼名・権平を深省と改名。一六八九年、御室仁和寺に習静堂を建てて閑居。仁和寺門前で御室窯を営んでいた初代野々村仁清もとで陶法を学ぶ。一六九四年、福王寺村鳴滝泉谷（現・右京区）の山屋敷を二条鋼平から譲られ、一六九九年に仁清より陶法伝書を授かり、同地に窯を築く（鳴滝乾山）。この鳴滝窯時代から兄・光琳が絵付し、乾山が賛や銘を入れて焼成する兄弟合作も始まっている。一七一二年、鳴滝窯を廃し、寺町二条の丁子屋町に移転、細工や絵付のみを行ったやきものを売る。江戸に下る享保中頃（一七三一年）まで、ここで琳派の模様を描いた色絵・文人思想を反映させたさび絵・染付陶器を量産し、それらは「乾山焼」として人気を博した。江戸では上野寛永寺領入江に居住、本窯を築いて作陶。また晩年には絵画も手がけた。

〔35〕ポール・ゴーガン Gauguin, Paul（1848-1903）　フランスの画家。ポスト印象派を代表する作家の一人。クロアゾニスム（区分主義）、簡素で明快な画面構成、装飾的で平面性の強い色彩によって、文学性の濃い象徴的な作品を遺した。

〔36〕アルフレッド・ウェストハープ Westharp, Alfred（生没年不詳）　哲学者。プロシア系ユダヤ人。音楽でも博士号を持ち著作がある。

〔37〕マリア・モンテッソリ Montessori, Maria (1870-1952)　イタリアの教育家、国際的な新教育運動の指導者。子どもの自発性に配慮した環境及び感覚訓練を重視した教育法で知られる。

〔38〕ポール・セザンヌ Cézanne, Paul (1839-1906)　フランスの画家。ポスト印象派を代表する作家の一人。印象派の影響を受けながらも、画面に構築性、堅牢性を取り戻すことをめざし、キュビスムの先駆となった。

〔39〕ピエール・ピュヴィ・ド・シャヴァンヌ Puvis de Chavannes, Pierre (1824-98)　フランスの画家。壁画装飾の道に進み、平面的形態、落ち着いた色使いによる作風で知られる。パリ市庁舎、ソルボンヌ校舎等に壁面装飾の作品がある。

〔40〕オーブリー・ビアズリー Beardsley, Aubrey (1872-98)　イギリスの挿絵画家。デフォルメされた形態、流れるような線の動き、白と黒のコントラストが際立つ装飾的な画面は、世紀末の退廃的な空気を反映しているとされる。オスカー・ワイルドの小説『サロメ』（一八九三）に描いた挿絵はよく知られている。

〔41〕アンリ・マティス Matisse, Henri (1896-1954)　フランスの画家。二十世紀前半を代表する画家の一人。平坦な色面構成と強烈な色彩によって、構築的で明快な画面を展開した。《オダリスク》、ヴァンスの礼拝堂（一九四八年、フランス）の装飾等がある。

〔42〕武者小路実篤 Mushanokoji, Saneatsu (1885-1976)　作家。雑誌『白樺』同人。理想主義、個人主義に基礎を置く清新な言文一致体の文章によって大正期文学を牽引した。一九一八年、調和的な共同体の理想を実現するため宮崎県の木城に生活共同体「新しき村」を創設した。『お目出たき人』（一九一一）、『その妹』（一九一五）など。

〔43〕エリック・ギル Gill, Eric (1882-1940)　イギリスの彫刻家、版画家、文字デザイナー、カリグラファー。一八九七-一九〇〇年チェスター技術・美術学校で学ぶ。ロンドンに出、建築家の弟子となる一方、ウェストミンスター・インスティテュートで石造建築の授業を、またセントラル・スクール・オヴ・アート・アンド・デザインでE・ジョンストン（訳註88参照）にレタリングと文字装飾法を学び、深く影響を受けた。一九〇七-一四年ウィリアム・モリスの影響を受けた芸術家村、ディッチリングで暮らす。一九一六年聖ドミニク・プレスが創立されると、ここで初期著作や銅版画作品を印刷した。一九一〇年ごろ石の直彫りによる人物像を手がけるようになり、エジプト、イン

ド、ギリシャ彫刻や中世彫刻への趣向と、セザンヌ、ゴッホ、ゴーギャンといったポスト印象派への共感が入り混じった半抽象彫刻を制作。ロンドンで開かれた第二回ポスト印象派展に作品が選ばれ（一九一二―一三）名声を得、またカトリックへの改宗によりウェストミンスター大聖堂からレリーフの制作を依頼される（一九一四―一八）。一九二四年よりウェールズに、また一九二八年からはバッキンガムシャーに移転。この時代に多くの著作、彫刻および版画作品をのこした。「Gill Sans」（一九二七）はじめギル独特の活字デザインの多くは、モノタイプ・コーポレーションのS・スタンレー（1889-1967）によって依頼されたもので、二十世紀の印刷界に広く影響を与えた。

〔44〕 E・E・スペート Speight, E. E.（生没年不詳） ヨークシャー出身のイギリス人。美術批評家。

〔45〕 スリップウェア Slip ware 粘土と水を混ぜてクリーム状にしたスリップ（泥漿）で表面を装飾し、一般に鉛釉を掛け焼成した陶器。古代より広範囲に使用されてきた技法であるが、十七世紀イギリスのスタッフォードシャー北部で生産されたものがとくに知られている。第一章訳注47も参照。

〔46〕 チャールズ・ローマックス Lomax, Charles J.（生没年不詳） *Quaint Old English Pottery* (Sherratt & Hughes, London, 1909) の著者。

〔47〕 トーマス・トフト Toft, Thomas (?-1689) 十七世紀、イギリスの窯業地スタッフォードシャーの陶工。大皿やパイ皿などに、スリップで大きく動物や人物を装飾した様式で知られ、器にはしばしば銘が入れられている。この様式による同地で製作されたスリップウェアを総称してトフト・ウェアと呼ぶ。

〔48〕 本阿弥光悦 Hon'ami, Koetsu (1558-1637) 桃山-江戸時代初期の文化人。書や陶芸にも優れた才能を発揮した。絵師の俵屋宗達の新感覚の意匠と自身の書を競演させた、国文学の書『嵯峨本』を刊行、また洛北の鷹ヶ峰に芸術家村をつくり、豊かな教養を背景に、今でいうアート・ディレクターとして活躍した。

〔49〕 濱田庄司 Hamada, Shoji (1894-1978) 陶芸家。東京高等工業学校窯業科で学び、卒業後は京都陶磁器試験所に入所。一九二〇年バーナード・リーチの帰英に同行、セント・アイヴズで作陶生活に入る。一九二四年に帰国。その後は栃木県益子町に拠点を置き制作を続けた。民芸の思想に共鳴し、生活に息づく造形に学んだ大らかな作風で知られる。

〔50〕 レフ・トルストイ Tolstoi, Lev N. (1828-1910) ロシアの小説家。『戦争と平和』（一八六九）『アン

ナ・カレーニナ』（一八七五-七七）等の作品によって写実的小説を代表する作品をのこした。その人道主義的思想は、武者小路実篤をはじめ日本の知識人たちにも受容されている。

〔51〕黒田清輝 Kuroda, Seiki (1866-1924) 画家。パリで外光派の画家、ラファエル・コランに学ぶ。一八九三年帰国。フランス・アカデミズムと印象派を折衷した作風で、明治美術界の中心的な存在となった。

〈第二章〉

〔52〕カンバーウェル・スクール・オヴ・アート Camberwell School of Art（現・Camberwell College of Arts）は一八九六年デザインの専門学校として創立された。一九〇八年以降は、教育の比重がファイン・アートとデザインへとシフトし、この路線は現在も継承されている。陶芸コースは一九〇九年新設され、初期にはリチャード・ラン（訳註53参照）やアルフレッド・ホプキンス（一九一五年より）（訳註54参照）らが教鞭をとった。ロジャー・フライやレジナルド・ウェルズ（訳註56参照）といったその後のスタジオ・ポタリー運動にとって重要な人物たちの多くがここで陶芸の基礎を学んだ。

〔53〕ドラ・ラン Lunn, Dora (1881-c.1955) イギリスの陶芸家。父はロイヤル・カレッジ・オヴ・アートやカンバーウェル・スクール・オヴ・アートで教鞭をとった陶芸家、リチャード・ラン。第一次世界大戦のころに、ロンドンにレーベンズコート・ポタリーを開き、作陶を行う。簡素なフォルムと美しい色彩の釉薬で知られる。

〔54〕アルフレッド・ホプキンス Hopkins, Alfred（生没年不詳）陶芸家。リチャード・ラン亡き後、一九一五年頃よりカンバーウェル・スクール・オヴ・アートで教鞭をとった。それ以前はドルトンのランベス・アート・ポタリーで働く。一九二〇-三〇年代には、かなり名の知れた陶芸家となっており、塩釉の作品を得意としたほか、大ジョッキやマーティン・ブラザーズを模範とした鳥の置物なども製作した。

〔55〕アルフレッド・パウェル Powell, Alfred (1865-1960) 一九〇三年よりウェッジウッドで上絵のデザイナーを務め、一九三九年に独立し自身の窯を築く。装飾的で念入りに絵付された陶器を製作した。

〔56〕レジナルド・ウェルズ Wells, Reginald (1877-1951)　イギリスの陶芸家。ロイヤル・カレッジ・オヴ・アートで彫刻を学び、その後陶芸をカンバーウェル・スクール・オヴ・アートのW・B・ダルトン (1868-1965) とリチャード・ランのもとで学んだ。第一次世界大戦前に、ロンドンのチェルシーにコールドラム・ポタリー Coldrum Pottery を設立、繊細な色調の釉薬と作品のサイズが大きいことで知られた。大戦後、チェルシーにロンドン・ポタリー London Pottery と呼ばれる工房を設立し、中国の伝統に倣ったスーン・ウェア SOON ware を発表。「スーン」という名称についてウェルズは、「とくに中国の宋時代の器をさすつもりはなく、きわめて個人的で感傷的な出来事にちなんで名づけた」と述べているが、その出来事については詳らかにされていない。

〔57〕ウィリアム・ステート＝マリー Staite Murray, William (1881-1962)　イギリスの陶芸家。二十世紀前半のイギリスにおいて、最も名が知られ成功した陶芸の個人作家。一九〇九年頃よりカンバーウェル・スクール・オヴ・アートで、陶芸を学ぶ。ロンドンのロザハイス Rotherhithe で工房を開き独立。一九二六年からはロイヤル・カレッジ・オヴ・アートの陶芸科主任教授を務めた。一九二七年イギリスの抽象絵画の先駆者、ベン・ニコルソンの推薦により、イギリスの芸術家グループ、「7＆5ソサエティ Seven and Five Society」のメンバーとなり、画家や彫刻家たちとともに、ファイン・アートを専門とするギャラリーで陶芸作品を展示した。一九三九年アフリカ南部の旧イギリス植民地、ローデシア（現・ジンバブエ）を訪れた後、戦争のため同地滞在を余儀なくされ、作陶を断念するなど晩年は不遇な人生を送った。ステート＝マリーは、自身を造形作家として捉えており、作品には個々に名称をつけるなど、陶芸制作を純粋美術と同等のものとして考えていた。この意味でイギリスの日常生活に根ざす陶器を称揚するリーチとは一線を画しているが、一方で中国陶器を精神的また美的な支柱としていた点においては共通する。轆轤の技術に優れていたステート＝マリーは、しばしば大きな作品を手がけ、緑がかった灰色、茶色等の釉薬をたっぷりかけただけの無装飾な陶器や、かすれやだみなど筆跡を強調する方法で絵付をした。

〔58〕アーツ・アンド・クラフツ運動 Arts and Crafts Movement　十九世紀後半から二十世紀初頭にかけてイギリスでおこった工芸革新運動。とくにラスキンの思想を精神的支柱とし、ウィリアム・モリスが中心的な理論家兼実践者となって展開され、多くの画家、工芸家、建築家が参加した。機械の使用は、粗悪品の氾濫、人間存在の疎外、ひいては生活の質の低下をもたらすと考えられた。こ

れらの克服をめざし手による労働の尊重、生活の美化をめざしたアーツ・アンド・クラフツ運動は本質的に社会改革の思想を胚胎している。思想に共鳴した人々によって、センチュリー・ギルド（一八八二）、アート・ワーカーズ・ギルド（一八八四）といった組織が作られ、運動の裾野を広げた。一八八八年には、これらの諸団体が母体となり、アーツ・アンド・クラフツ・エキジビション・ソサエティが結成され、ロンドンで展覧会を行い、広く公衆に運動をアピールする。しかし二十世紀に入るころからその思想は機械や技術のめざましい発展に不釣合いなものとなり、運動は次第に終息に向かう。

〔59〕マイケル・カーデュー Cardew, Michael (1901-83)　イギリスの陶芸家。オックスフォード大学で人文科学を学ぶ。その間、夏期休暇を利用しイギリスの民窯ブラウントン窯を経営するW・フィッシュリーに陶芸を学んだ。一九二三年セント・アイヴズ・ポタリーで働き、一九二六年独立。大戦中は、アフリカに渡り陶芸の指導を行った。幼少の頃出会ったイギリスの民窯の陶器が、カーデューの制作の方向を決定づけた。重厚な形態の壺、水差、大皿がスリップで簡素に装飾された作品によってイギリスの伝統的な民窯の陶器の精神を二十世紀に復興した。

〔60〕セント・アイヴズ・ハンディクラフト・ギルド St Ives Handicraft Guild　セント・アイヴズの慈善家、フランシス・ホーン Frances Horne によって一九一九年、家庭での使用や個人的な要求に応える手工芸品の創作を刺激し奨励する目的で設立された。リーチの妻、ミュリエルの父の友人であったエドガー・スキナーは、手機織り、かご編み、刺繍が含まれるこの事業について手紙でリーチに知らせた。資本融資と三年間の安定した収入という援助を受けることを条件にリーチは、セント・アイヴズに窯を開くことを同意。しかし同地で約束の三年が過ぎると、ホーン氏の病死によってギルドは閉鎖され、リーチはホーン氏から独立し「リーチ・ポタリー」を設立した。

〔61〕クローン・バッサー cloarn bussa　コーンウォール地方の方言で、この地方独特の高さ四十センチほどの大きな水差のことをいう。

〔62〕ロムニー・グリーン Green, Arthur Romney (1872-1945)　家具デザイナー。独学でデザインを学び、一九〇七年自身の家具工房を開いた。一九一六年ごろにはロンドンの西に工房を移転しており、エリック・ギルやA・J・ペンティのギルド社会主義を知るようになる。その後もディッチリングの工芸家たちと活動および関心を共にした。工房での家具制作や、手による制作活動の喜びを記した

著作もある。

〔63〕エセル・メーレ Mairet, Ethel (1872-1952) イギリスの染織家。バーンスタプル美術学校で学び、一九〇二年アナンダ・クマラスワミ（イギリス系セイロン人で地質学者）と結婚。セイロンの鉱物学調査のため派遣されたクマラスワミとともにセイロンに滞在し、美術、工芸を見て回り、民族学的な記録写真の撮影に携わった。帰国後、チピング・キャムデン郊外に居を構えるが、ほどなく離婚。その間チピング・キャムデンの手工業者組合（ギルド・オヴ・ハンディクラフト）での生活を通して織りと染色の技術を高め、染織の工芸家として知られるようになった。同ギルドでC・R・アシュビーの製図工であったフィリップ・メーレと結婚すると工房をサセックスのディッチリングに移し制作を続けた。図案よりも植物繊維からとられた色彩と糸の構造に注意を払い、手仕事の創造性を重んじたメーレの活動は、二十世紀初頭のイギリスで見られた工芸運動の一つである。

〔64〕ハーバート・リード Read, Herbert (1893-1968) イギリスの批評家、詩人。一九三〇年代以降、イギリスにおけるモダン・アートの擁護者。リーズ大学で学び、一九二二年ヴィクトリア・アンド・アルバート美術館の陶磁器部門の学芸員バーナード・ラッカムの学芸補佐となる。一九二四年ラッカムとリードは共著で『英国陶器』*English Pottery* (Ernest Benn Ltd., London) を出版。リードはその後、エディンバラ大学で教鞭をとり、イギリスの権威ある美術雑誌『バーリントン・マガジン』の編集者も務めた（1933-39）。モダン・アートおよびデザインに関する著作には『芸術の意味』*The Meaning of Art* (1931)、『インダストリアル・デザイン』*Art and Industry* (1934) がある。

〔65〕バーナード・ラッカム Rackham, Bernard (1876-1964) 陶磁器研究家。兄は挿絵画家のアーサー・ラッカム。ケンブリッジ大学で古典文学を学び、一八九八年同校を主席で卒業するとサウス・ケンジントン博物館（現・ヴィクトリア・アンド・アルバート美術館）の学芸員となった。『シュライバー・コレクション目録』（一九一五）や、陶磁器についての翻訳書を出版。一九二四年には同館の陶磁器部門学芸員としてH・リードと共著で『英国陶器』を刊行。晩年はV&Aが所蔵するイタリア・マジョリカ陶器の目録作成準備に捧げられた（一九四〇年出版）。ラッカムはV&Aのコレクションを通して陶磁器を学びイギリス陶芸の分類法を確立し、近代的な陶芸観を研究者サイドから打ち立てた人物とみなされている。

〔66〕ジョージ・ユーモルフォプロス Eumorphopoulos, George (1863-1939) 中国美術のコレクター。

〔67〕チャールズ・ヴァイス Vyse, Charles (1882-1971) イギリスの陶芸家。ドルトンの製陶所で原型師、デザイナーの見習いとして働く。その後、ロイヤル・カレッジ・オヴ・アート入学のための奨学金を受ける。一九一九年チェルシーに工房を開き独立。ヴァイスは高火度焼成による中国陶磁器を倣した作品で実験的な制作を行い、イギリスのスタジオ・ポタリーにおいて先駆的な役割を果たした重要な作家の一人であるが、装飾や形態において独創性に欠ける。器のほか、動物や人物像も手がけた。

〔68〕キャサリン・プレイデル＝ブーヴェリー Pleydell-Bouverie, Katharine (1895-1985) イギリスの陶芸家。セントラル・スクール・オヴ・アーツ・アンド・クラフツでドラ・ビリングトンに陶芸を学ぶ。一九二四年見習いとしてリーチ・ポタリーに入る。同年独立。灰釉陶器を得意とした。

〔69〕スリー・シルズ・ギャラリー Tree Shields Gallery 一九二二年にドロシー・ハットンがロンドンのホランドストリートに開いたギャラリー。水彩画、版画に加えて、陶器、染織、銀および革製品を展示した。スタッフの一人にミュリエル・ローズがいた（訳註74参照）。

〔70〕パターソンズ・ギャラリー Paterson's Gallery 初期スタジオ・ポタリーの支持者の一人であるウィリアム・パターソンがロンドンのウェストエンドに開いていたギャラリー。戦前、濱田庄司、ステート＝マリーらが個展を開催した。

〔71〕チャールズ・マリオット Marriott, Charles (1869-1957) 『タイムズ』の美術批評家。

〔72〕クリストファー・ウッド Wood, Christopher (1901-30) イギリスの画家。リバプール大学で建築を学び、そこで出会ったオーガスタス・ジョンに画家になるよう奨められる。画商に招かれフランスに渡り、アカデミー・ジュリアンで学び、一時パリのファッショナブルな美術界に身を置くが、一九二六年イギリスで、ベンとウィニフレッドのニコルソン夫妻に出会い、彼らの絵画に対する献身的な姿勢に影響を受け、実験的な絵画を描くようになった。後期のウッドはしばしば漁村の生活に取材した風景画を描き、それらは素朴で繊細な画風が特徴となっている。ベン・ニコルソンも所属していたイギリスの芸術家団体「7＆5ソサエティ」のメンバー。

〔73〕ベン・ニコルソン Nicholson, Ben (1894-1982) イギリスの画家。父ウィリアム・ニコルソンも著名な画家。スレード美術学校で学び、その後イタリア、フランス、アメリカを訪れる。一九二〇年

代よりポスト印象派、キュビスムの影響を受けた作品を制作、一九三三年には円と方形からなるレリーフを発表した。同年には、パリでグループ展「アブストラクション＝クレアシヨン」に、またイギリスではポール・ナッシュによって創設された抽象芸術グループ「ユニット・ワン」に参加。一九三七年には構成主義雑誌『サークル』をロンドンで創刊するなど、イギリスで抽象美術を牽引した。

〔74〕リトル・ギャラリー Little Gallery　一九二八-三九年にミュリエル・ローズがロンドンのチェルシーに開いたギャラリー。工芸を美術と等価なものとして扱ったギャラリーの一つとして、近代英国工芸史上重要な役割を果たした。

〔75〕エドワード・ボーデン Bawden, Edward (1903-89)　イギリスの版画家、グラフィック・デザイナー、挿絵画家、画家。ロイヤル・カレッジ・オヴ・アートのデザイン学校で学び（一九二二-二六）、卒業後ロンドンの出版社の事業に携わるようになる。その間、ロンドン交通局からの依頼も含め、グラフィック・デザインを多数手がけた。一九三三年初の個展開催。戦後は「イギリスの祭典」ライオンと一角獣パビリオン内等壁画制作（一九五一年）も行った。

〔76〕ニュー・ハンドワーカーズ・ギャラリー New Handworkers' Gallery　一九二八-三〇年にロンドンのパーシーストリートにフィリップとエセルのメーレ夫妻が中心となって開いたギャラリー。ギャラリーは、エセルが工房を構えていたディッチリングの工芸家たちと必然的に強い結びつきを持って運営された。また工芸家に執筆を依頼した小冊子のシリーズを発行して工芸にまつわる思索を刺激した。リーチの『陶芸家概観』もこのシリーズの一つとして出版された。

〔77〕デイヴィッド・リーチ Leach, David (1911-2005)　陶芸家。バーナード・リーチの長男として東京に生まれる。一九三〇年よりセント・アイヴズのリーチ工房に見習いとして参加。一九三三-三四年ダーティントンで陶芸を教える傍ら制作。一九三四-三六年ストーク・オン・トレントのノース・スタッフォードシャー工業学校で窯業経営を学び、セント・アイヴズに戻ると重油燃料の窯に切り替えるなど、リーチ工房の近代化に貢献した。一九五六年独立。リーチ工房のスタンダード・ウエアを髣髴とさせるかたちと釉を基盤として、質実な器づくりで知られる。

〔78〕ハリー・デイヴィス Davis, Harry (1910-86)　一九三一-三七年までリーチ工房で働く。轆轤の技術に優れ、一九六二年以降は、西アフリカ、ニュージーランド、ペルーで制作した。

〔79〕ドロシーとレナード・エルムハースト夫妻 Elmhirst, Dorothy & Leonard　ダーティントン・ホールの創設者。レナード（1893-1974）はヨークシャーに生まれ、アメリカのコーネル大学で農学を学ぶ。そこで、のちの妻となるドロシー・ストレート（Straight, 1887-1968）と出会う。インドの思想家R・タゴールの教育、社会改革の活動に共鳴。一九二五年イギリスのデヴォン・トットネスにあるダーティントンの地所を購入し、地元を巻き込んだ社会および教育改革活動を展開した。詳しくは、ダーティントン・ホール・トラスト&ピーター・コックス編、藤田治彦監訳・解説『ダーティントン国際工芸家会議報告書―陶芸と染織：一九五二年―』（思文閣出版、二〇〇三年）を参照。

〔80〕マーク・トビー Tobey, Mark（1890-1976）　アメリカの画家。一九一八年にバハイ教に改宗。東洋の線に魅せられ、その影響から《ホワイト・ライティング》をはじめ、線をキャンバス全体に網の目状に張り巡らせた抽象絵画作品で、続くアメリカ抽象表現主義に先駆けた。

〔81〕バハイ教 Baha'i, faith　十九世紀半ば Mirza Hoseyn（Baha' Ullah、アラビア語で「神の栄光」の意）が創始した宗教。すべての宗教、人類の統一を説いた。

〔82〕式場隆三郎（1898-1965）　精神科医。精神病院を営む傍ら、文学、美術にも深い関心をよせ、多数の著作をのこす。また民芸運動に参加し、その一員として沖縄、北京などに赴き、雑誌『工芸』にたびたび文章を寄せた。

〔83〕河井寛次郎 Kawai, Kanjiro（1890-1966）　陶芸家。中国、朝鮮の古陶磁研究から出発したが、大正末に、柳、濱田とともに民芸運動を推進し、控えめながら巧みな釉使いとしばしば古陶磁に範をとった重厚な器形で知られる作品を制作した。

〔84〕ストーク・オン・トレント Stoke-on-Trent　イングランド中西部、スタッフォードシャー北部のストーク・オン・トレント市。英国製陶業の中心地。

〔85〕ローリ・クックス Cookes, Laurie（1895-1976）　リーチの二番目の妻。一九三一年より秘書としてセント・アイヴズ・ポタリーで働く。

〔86〕ヘンリー・バーゲン Bergen, Henry（1873-1950）　中英語を専門とするアメリカの学者、リーチの友人で、パトロンでもあった。第二次世界大戦以前のスタジオ・ポタリーのコレクター、アマチュア陶芸家。リーチ、濱田、カーデューによる作品を含むバーゲンのコレクションは、現在ストー

ク・オン・トレントのシティ・ミュージアム・アンド・アート・ギャラリー City Museum and Art Gallery に所蔵されている。

〔87〕ニコラス・ペヴスナー Pevsner, Nikolaus (1902-83) ドイツのライプツィヒ生まれ、イギリスで活躍した美術史家、建築史家。一九三四年イギリスに移住し、ロンドン、ケンブリッジ、オックスフォードの各大学で教鞭をとる。四十六巻からなる『イングランドの建築』(1951-74) は二十世紀の美術史の偉大な功績の一つに数え上げられている。

〔88〕エドワード・ジョンストン Johnston, Edward (1872-1944) イギリスのカリグラファー。エディンバラ大学で薬学を学び、その後幼少から興味を持っていた書法を独学で学ぶ。ロンドン美術工芸中央学校の校長であったW・レザビーによって同校装飾技術コースの責任者に任命され、同時に大英図書館の古写本から学ぶ。一八九九年より同校で教鞭を執る。第一期生にはエリック・ギルがいた。ジョンストンは自ら再発見した書法の技術を体系化し、それを『書法、装飾法、文字造形』(一九〇六) 等の書物にまとめ出版する。ジョンストンによる書法復興は、ドイツで印刷活字のデザインの刷新に影響を与え、その後欧米諸国の活字改善運動につながった。一九一六年にはロンドンの地下鉄のための書体を発表し、それは現代でも用いられている。

〔89〕サミュエル・スマイルズ Smiles, Samuel (1812-1904) イギリスの著述家。スコットランド生まれ。医師、新聞主筆、鉄道会社役員等を経て、著述業に入る。産業革命で功績のあった人々の伝記を書き名声を得る。その背景には、十九世紀イギリスの典型的処世術があり、代表作『自助論』*Self Help* (1859) は明治初期に『西国立志編』として日本語にも翻訳されている。

〈第三章〉

〔90〕パトリック・ヘロン Heron, Patrick (1920-99) イギリスの画家、美術評論家。一九四四-四五年、セント・アイヴズのリーチ・ポタリーでリーチの助手を務める。

〔91〕ゴードン・ラッセル Russell, Gordon (1892-1992) イギリスの代表的家具デザイナー。一九四七-五九年にはカウンシル・オヴ・インダストリアル・デザインでディレクターを務めた。

〔92〕ウィリアム・マーシャル Marshall, William (1923-) イギリスの陶芸家。セント・アイヴズ出身のマーシャルは、一九三八年見習いとしてリーチ・ポタリーに入る。定番商品の轆轤師としての訓

練を受けた。戦後はリーチ・ポタリーの職場主任となり、リーチの右腕として大きな壺の轆轤を挽いた。一九七七年レラントに窯を開き独立した。

〔93〕デザイン展「英国は作れる（Britain Can Make It）」カウンシル・オヴ・インダストリアル・デザインの最初の主要なプロジェクト。一九四六年ヴィクトリア・アンド・アルバート美術館で開かれた。

〔94〕ジョージ・ウィングフィールド・ディグビィ Wingfield Digby, George Frederick（1911- ）ヴィクトリア・アンド・アルバート美術館の学芸員で後に、染織部門の保存担当者を務めた。

〔95〕英国祭 Festival of Britain ロンドンのテムズ南岸サウスバンク South Bank を会場に、戦後の国民精神の高揚を目的として開催された。同時に選り抜かれたイギリスの美術、デザインが宣伝された。一九五一年五月に開幕し五ヶ月で八百五十万人を動員。

〔96〕ヒュー・キャッソン Casson, Hugh（1910-99）イギリスの建築家、インテリア・デザイナー。一九五一年の英国祭で建築監督となり名声を得る。またロイヤル・カレッジ・オヴ・アートで環境デザインの教授を、のちには学長を務めた。

〔97〕ルーシー・リー Rie, Lucie（1902-95）オーストリア・ウィーン生まれ。イギリスで活躍した陶芸家。一九二二年ウィーン美術工芸学校に入学し、ミヒャエル・ポヴォルニーのもとで陶芸を学ぶ。一九三五年ブリュッセル万国博覧会で金メダルを受賞、以後、万国博覧会を中心に数々の賞を受賞。一九三八年戦争の悪化にともないイギリスに渡り、ロンドンのアルビオン・ミューズに工房を開く。一九五〇年以降、個展を多数開催。一九八二年にはヴィクトリア・アンド・アルバート美術館で回顧展を開催した。リーは、イギリスにおけるスタジオ・ポタリーの第二世代にあたり、モダン・デザインとも親和性のある作風で器制作を行ったイギリス現代陶芸を代表する作家。

〔98〕ハンス・コパー Coper, Hans（1920-81）イギリスで活躍した陶芸家。ドイツ、ニーダーザクセン州ケムニッツでユダヤ人の父とドイツ人の母の間に生まれた。戦争の悪化にともない一九三九年、イギリスに亡命。戦後、オーストリアから亡命していたルーシー・リーとともにティーカップなどのテーブルウェアを制作していたが、一九五〇年代から陶器で造形的な作品を手がけるようになり、器とは異なる陶芸のあり方を示し、戦後のイギリス陶芸の展開に貢献した。

〔99〕エリザベス・ディヴィッド David, Elizabeth（1913-92）料理を専門とするライター。南仏、イタ

リア、エジプト等での滞在経験を生かし、海外の料理を戦後イギリスに紹介。著作 *Mediterranean Food*（1950）や *French Provincial Cooking*（1960）をとおして、イギリスの食文化に新風をもたらしたといわれる。

〔100〕ウィリアム・ニューランド Newland, William (1919-98)　ニュージーランドで生まれ、イギリスで活躍した陶芸家。戦後チェルシー・スクール・オヴ・アートで絵画を学び、その後ロンドン大学 University of London の教員養成所 Institute of Education で美術教育を、セントラル・スクール・オヴ・アートのドラ・ビリングトンのもとで陶芸を学ぶ。その後、教員養成所で教師訓練生に陶芸を教える。一九四九年、N・バージェット、M・ハインとともにベイズウォーターに工房を持ち独立する。ニューランドはN・バージェット、M・ハインらロンドン大学の教員養成所出身の陶芸家のなかで中心的な存在。そのグループの作品はピカソの陶芸とスカンジナビアの陶磁器に大きな刺激を受けて、錫釉を好んで用い、明るい色彩とモダンな装飾が特徴となっている。ニューランドは、人物や動物を模った陶器のほか、背の高い瓶の形をした陶器が人気で、これはモダンなインテリアとあわせるために、建築家たちによって買い求められたという。

〔101〕ニコラス・バージェット Vergette, Nicholas (1923-74)　イギリスの陶芸家。ロンドン大学の教員養成所で教師としての訓練を受け、そこでW・ニューランドより陶芸の手ほどきを受ける。バージェットの作品は、絵付や掻き落としといった装飾技法を融合させたもので、彼はロンドン大学教員養成所出身の陶芸家のなかでも、もっとも彫刻的で、巧みな装飾の才能の持ち主だった。一九五八年渡米してからは環境芸術としての陶芸作品 environmental ceramics に傾倒した。

〔102〕マーガレット・ハイン Hine, Margaret (1927-87)　イギリスの陶芸家。セントラル・スクール・オヴ・アートのドラ・ビリングトンのもとで陶芸を学んだ。陶器による動物の置物で知られる。一九五〇年にウィリアム・ニューランドと結婚、一九五四年にバッキンガムシャーに共同で窯を持ち制作した。

〔103〕パブロ・ピカソ Picasso, Pablo (1881-1973)　スペインに生まれ、パリで活躍した二十世紀を代表する画家。キュビスムの創始者として知られる。その活動は絵画のみにとどまらず、版画、彫刻、陶芸、タピストリーなど多岐に及んだ。陶芸制作はとりわけ一九四六年から一九五三年の間、南フランスのヴァロリスで活発に取り組まれ、同地で多数の作品が生まれた。

〔104〕マルゲリーテ・ヴィルデンハイン Wildenhain, Marguerite (1896-1985) フランス・リヨン生まれ。旧姓フリードレンダー (Friedlander)。ベルリン美術工業学校でデッザン、木彫を学び、一九一八―一九年テューリンゲン地方のルドルフシュタット磁器製作所の装飾デザイナーとなる。一九一九年からバウハウス・ワイマール校のドルンブルク陶器工房で見習となる。一九二九年国立ベルリン磁器製作所と共同で制作を行う。一九三〇年、フランツ・ルドルフ・ヴィルデンハインと結婚、一九四〇年アメリカへ亡命し、その後カリフォルニア州にガーンヴィル芸術家村を設立。

〔105〕マイケル・リーチ Leach, Michael (1913-85) リーチの次男でリーチ・ポタリーに参加。戦後、ノースデヴォンのフレミントンに窯を開き独立したが、自作を発表することにはあまり積極的ではなかった。

〔106〕ジャネット・リーチ Leach, Janet (1918-97) 旧姓ダーネル Darnell。陶芸家。アメリカ・テキサス州に生まれる。ニューヨークの美術学校で彫刻を学び、戦後陶芸への関心を高める。一九五二年訪米中の濱田およびリーチに出会い、一九五六年渡英しリーチと結婚。リーチ・ポタリーの運営に携わる傍ら、作家として活動した。

〔107〕ジョサイア・ウェッジウッド Wedgwood, Josiah (1730-95) ウェッジウッド社の創業者。家内工業的であった窯業を近代化するとともに陶器の改良に貢献し、近代窯業の父と呼ばれる。またジャスパー・ウエアの製作等により陶器における古典的な美の復興もめざした。

〈第四章〉

〔108〕W・H・オーデン Auden, W. H. (1907-73) イギリスの詩人。一九三〇年代にめざましい活動を見せ、「三〇年代の詩人」と呼ばれる。一九三九年アメリカに帰化。

〔109〕ジェフリー・グリグソン Grigson, Geoffrey (1905-85) イギリスの批評家、詩人。一九三〇年代に影響力を持った *New Verse* 1933-39. の初代編集者としても知られ、その他にも多数の詩選集(編集)や著作がある。

ルーツを求めて——著述家リーチ

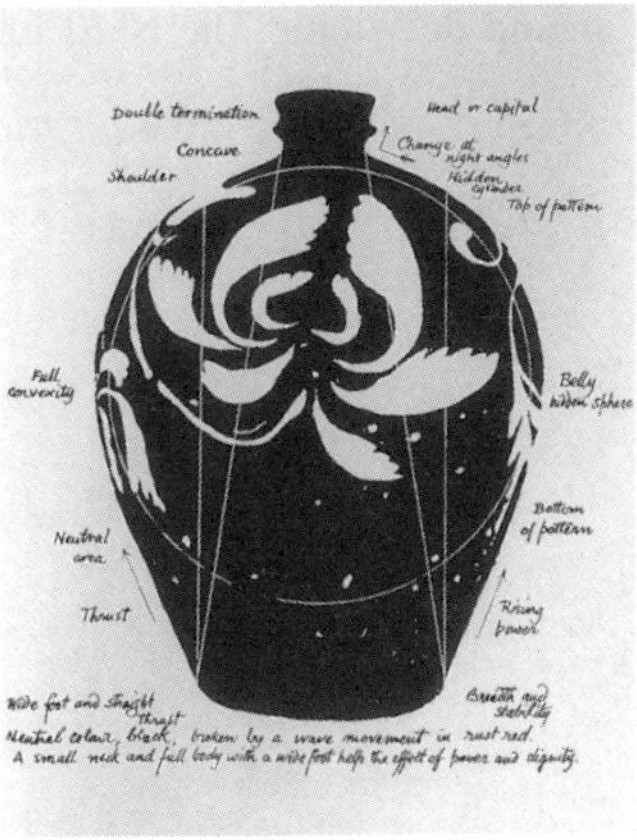

バーナード・リーチによる壺の分析
The Potter's Challenge, 1975 より

Edmund de Waal, “The Need for Roots: Leach the Writer”, 2002

本稿は、書き下ろし論文である。2002年にはエマニュエル・クーパー氏によって構成されたバーナード・リーチ展がイギリスを巡回し、さまざまな開催地においてシンポジウムやレクチャーも行われた。著者もその中で何度か講演を行っている。

エドモンド・ドゥ・ヴァール

リーチは、自伝、伝記、鑑賞、詩、評論、そして技術に関する論考からなる重要な書物を十一冊と、長い論争を引き起こした小冊子を三つ、良き助言者であった柳の著作の「翻案」、英国や日本、そしてアメリカの出版物に掲載された無数の記事、陶磁器や美学、精神的な事柄について雑誌や新聞に投稿した手紙、ガリ版刷りで友人たちの間で回し読みされた半ば公となった旅行記を出版した。その合間に、読者、収集家、学生、賛同者、家族らと少なからずの手紙のやりとりを続け、生涯のほとんどを通じて日記をつけていた。ここに一つ付け加えるとすれば、彼は陶器も作っていたということだ。

いったいこれはどういうことなのか？　十六歳から正規の教育もまともに受けていない男の勇壮華麗なパフォーマンスか？　世間に対する途方もない自己規定という行為なのか？　特定の陶器に対するリーチの反応の相違とその変化を図解するため、いわば特殊な地形の地図を作る必要があってのことなのか？　それとも、もれ聞かれた日本の友人たちとの私的な会話を印刷物にしたものか？　それにしても、文章によって偉大な陶器の規範を創造しようとは勇敢な試みではないか。猛々しい一連の言葉、説教くさく、繰り返しの

『回顧 1909-1914』*A Review*, 1914
クラフツ・スタディー・センター

多い、叙情的で、論争好きで、かつ逸話の多い、陶器についての膨大な著作を生み出すこの衝動はいったいどこに起因するのだろう？ 空白を埋める必要からではない。最初に消されるべき神話の一つは、リーチが先駆的な著述家であったというものだ。しかしこの短い論文で私はリーチに先立つ著述家たちを彼がいかに取り上げたかという点について議論するのは止め、リーチの著作における二つの契機、『回顧 1909-1914』*A Review 1909-1914* と『陶芸家の本』*A Potter's Book* の第一章「一つの標準に向かって Towards a Standard」を詳細に検討するのみにとどめておく。しかし記録として、ここで触れることのできない諸影響を短い一覧として付しておく。それぞれ将来の研究にとってかなり興味深く可能性のあるものだ。リーチは陶芸の技術についての先駆的な著述家ではなかった。リーチ以前には、ドラ・ビリングトン〔訳註1〕やジョージ・コックス〔訳註2〕がいた。リーチは東洋の美学についての諸概念をはっきりと取り上げた最初の著述家ではなかった。リーチ以前に、ローレンス・ビニヨン〔訳註3〕の『竜の飛翔』*The Flight of the Dragon* がある。手仕事の必要性についての論争は、モリスからレザビー〔訳註4〕をへて、ギルにいたるまでのアーツ・アンド・クラフツ運動の基本的な問題であった。工房における協働の必要性もまた十分に繰り返されていた。リーチはA・J・ペンティとギルド社会主義〔訳註5〕を知っていた。英国陶器の民衆的伝統と、それを工業として生産する方法との関係を探求するものもいた。バーナード・ラッカムとハーバート・リードの一九二四年に出版された本『英国陶器』*English Pottery* は、大戦間に権威を持ってそびえ立っている。この時代に陶芸を批判する方法を見出そうと試みた著作家や同時代の陶芸の批評家たちは通常考えられているよりは、広い範囲におよび、

バーバート・リードやジェフリー・グリグソンといったような名声ある人物も含まれていた。もちろんリーチに先立つ、東洋に通じた著述家や当時の日本を活写した漫画家は、ラフカディオ・ハーンからアーネスト・フェノロサにいたるまで多岐に渡る。しかし、もしこうした他の著述家たちの残像を通さないとしたら、いかにリーチを読むべきか。著述家リーチ、言葉と概念の使い手としてのリーチをどれくらいまじめに読むべきなのだろうか。リーチを再読する価値はあるのだろうか。

バーナード・リーチの最初の著作は、『回顧 1909-1914』である。これは淡黄褐色の小冊子で、表紙には明るく色づけされた楽焼の蓋付壺のイラストが貼り込まれている。その本の内容は、リーチの言葉でいう「思想と言及」が奇妙に混じり合ったもののように感じられる。それは、告別として企画され東京で開かれた展覧会の「文学的追補」としての冊子だった。英語と日本語で併記され、「芸術」「生活」「意識」「教育」「日本」といった表題のもとに一連の道徳的な格言があり、詩の断片、リーチのエッチング、鉛筆による素描や陶器の図版が掲載されている。それは暴露本であり、実際この時期のリーチの芸術をまさに文字で補うものとして役に立つ。それはこの時期のリーチの知識を異様なほど正確に反映している。初期の陶器のなかに、それに先立つ日々、リーチが何を探していたかを直接的に見て取ることが確かに可能であるように(展覧会における初期の作例を、そして中国の青白磁、ライン川地方の陶器等から引用されたとりとめもないイメージの氾濫を思い出してほしい)、『回顧』を読むと、当時のリーチを強く特徴づける関心事、熱を帯びた強い調子、そして修辞的な効果をねらった態度をリーチがいかに演じたかがわかる。

リーチは何を感じ取っているのか。以下は「雑 Miscellany」からの一節である。


中心は焔であり、周囲は地である。

汝自身のものに順じ又受領者の才能に順じて与へよ。

凡ての人は麵包の法則を知る、然し如何ばかりの人が喜悦の法則を知つてるであろう。

最も低いものは最も高いものを永遠に模倣しかくて中位のものを欺いてゐる。

現存する天才の製作を買って金を作る人が保護者であろうか。

茲には平和があり又家庭がある。然し自分は活きた生命の焔に悩んでゐる。美を愛する者が光を見つめる時自分自身を焼き尽すと吾々は教へられた。然し小供は円い眼で恐れを知らずに見つめてゐる。

天国は舵による霊的精力と橈による理性又は物的精力とによって達し得る。〔訳註6〕

醜と罪とは誤用の結果である。〔訳註7〕彼等は理性が本能と想像との権威とを奪つた時に始めて生じたのである。（原註1）

主な特徴は明らかである。まず初めに、修辞効果をねらった二極性あるいは二元性が生み出されている（直観に対して合理性が、自然なものに対して近代性が対比されている等）。第二に、書き手／話し手が、預言者かあるいは、先見者としての芸術家という位置を占めている。すなわち、他人ができないような方法で経験から距離を置くことができるか、本質についてより深く理解することができる、このどちらかの態度をとっている。第三に、異なる局面で日常的生活と統合されたいという欲求がある。基本的にはロマン派のワーズワ

〔訳註8〕スふうな異化作用、創造とそれに続く再統合に対する驚きを詩的に解釈したものである。調子は格言のようであり、要約された暗喩のようである。それらは議論というよりも、開示された一連の真理のようである。

　名家出身の若い美術批評家で、リーチの一番の話し相手であった柳宗悦の手記や書簡を読んでいると、同じような調子が明らかとなる（「東洋人は生まれながらの神秘である。新しい日本は人間的な宗教を必要としている」(原註2)等）。この本と彼らの友情の背景には、二つの鍵となる影響が見られる。すなわち、ウォルト・ホイットマンとウィリアム・ブレイクの詩である。リーチが柳にホイットマンの詩を紹介し、ホイットマンは二人にとって重要な人物となった。ホイットマンの「ぼく自身の歌 Song of Myself」は、複雑で混乱した現代世界と直接に関係し「精神生活を活気づけ、またそのダイナミズム」をドラマにした詩的な例である、ワーズワスの『序曲』*The Prelude* の偉大な継承者だ。もちろんこれは、深遠で避けがたく自己中心的である。「ぼくはぼく自身を賛え、ぼく自身を歌う」というのはこの詩の出だしである。それは自己確立の段階を越えて前進する個人である。限界のある合理性に対し、この自己を対極に置き特徴づけることに、リーチと柳は大いに惹きつけられた。

以下はホイットマンの詩である。

　あれこれの宗旨や学派には休んでもらい、
今はそのままの姿に満足してしばらくは身を引くが、さりとて忘れてしまうことはな

く、良くも悪くも港に帰来し、ぼくは何がなんでも許してやる、
「自然」が拘束を受けず原初の活力のままに語ることを。〔訳註9〕

その後この詩のなかで、次のような極性においてホイットマンはさらに明晰となる。

論理と説教が納得させてくれることはついにない、
夜のしめった空気のほうがぼくの魂の奥まではいりこむ。〔原註3〕〔訳註10〕

こうして明らかとなった感覚経験が優勢となっている。創造の破壊者としての論理に対してリーチが抱いている恐怖、としか記述され得ざるものをこのようにはっきり立証するということはとても重要であった。「原始の力」、すなわち根本的な自然あるいは神性と再び結びつくことができる創造性の源に対するホイットマンの信念は、リーチと柳にとって初期英国の神秘主義者、とくにノリッジのジュリアン〔原註4〕〔訳註11〕を同時期に読むことにつながった。少しばかり熱の入りすぎた議論や往復書簡には、二人のあらゆる理解が融合している、すべてのものがほかのすべてにつながっている、という感覚がある。確かにこれは、リーチの著作のなかでのブレイクの扱い方と比較しうる。というのもブレイクもまた大変重要な人物であって、ホイットマンのように予言的で、(産業主義、組織だった宗教、美術学校の習慣や主義に対して)敵対的で、頭で理解するというよりも、直観的であるからだ。リーチの初期の著作の大半に、確かに「天国と地獄との婚姻 The Marriage of Heaven and Hell」〔訳註12〕が背景としてはっきりと現れている。

力こそ生命であり、それは肉体に由来する。理性は力の境界、外側に接する境界である。

力は永遠なる喜びである。

改善によりまっすぐな道ができる。だが改善なき曲がった道が天才の道である。(原註5)

自身の思索の背景にブレイクやホイットマンを抒情の支えとして蓄積しておくことで、リーチは、自身の感覚、そして友人たちに対する感覚、哲学者でかつ芸術家としての真摯な感覚を膨らませた。そのうえ柳は、リーチの初期の陶器やエッチングには自身が分析した「素朴な力 naive power」があるといってそれらを擁護する際に、この二人の詩人が力と直観を強調したということを転用した。「素朴な力」(原註6)を有しているがゆえに、リーチは選ばれし者の一員となり、リーチ以前のホイットマンやブレイクのように、アカデミーの支配を超えた存在となる。リーチは「改善なき曲がった道」、すなわちその芸術が俗悪な専門意識に影響されたり、傷つけられたりするほど未熟ではない芸術家となる。後期の著作『バーナード・リーチ詩画集』*Drawings, Verse and Belief* で、この偉大な二人の詩人との関係についてリーチは率直にこう語っている。

詩作法については、何一つ訓練を受けていなかったが、いつも自分の好む詩人は何人かいた。私はブレイクとホイットマンを……柳博士に知らせさえした。彼は、二人の詩人を『ブレイクとホヰットマン』と題した雑誌を出すことによって、日本の皆さんに紹介した。もちろん、私は詩の分野では気が引けるし、素人である。しかし、陶芸家としても、そして素描家としてもそうなのだ……技は単に職業的なものにすぎず、それ自身には芸術であるという保証は何もない——魂が抜けていることだってあり得る、ということを意味するにほかならない。私は生きた思想を具現化するのに足るだけの技だけあれば満足である。たとえ私の詩の二行——「草を食んでいる羊／ロムニーの沼地」が不完全韻になっていても、ブレイクの行「僧侶は黒い衣をきていて／まわり歩いていた」も同様である。問題は、私には自分自身や自分の欠点よりももっと重要な何かについて伝えるべきメッセージ……があると感じている。つまり、信条であり、芸術であり、両半球間でのそれらの順調な文化的交流である。(原註7)

これは大した主張である。リーチは自分自身とブレイクをまったく臆さずに比較する。両者はある使命感を共有している。そしてリーチが、自分のメッセージの本質を押し出すのに比較すれば取るに足らないものとしている言葉を、自身が「足るだけの技」と呼ぶものとの関係において位置づける方法は、記憶にとどめるに値する。芸術的なメッセージはその表現方法よりも重要になりうるのだろうか？　いわばこれは言葉がいかに作用するかということに対してどこか非常に高慢である。

リーチの平面作品と陶芸作品であまりにも中心的になっているブレイク風のイメージ——例えば、無垢な預言者としての子ども、森羅万象の統合の象徴としての生命の樹、あるいは巡礼者のイメージさえも、こうしたブレイクの読みにその起源がみてとれる。リーチを取り巻いていた人々は、彼をかなり哲学的な理解力をもった人物としてみなしており、またリーチは彼らを信じていた。確かにリーチは、何の臆面もなく最初の著作に予言的な

バーナード・リーチ《自画像》1914
『回顧 1909-1914』*A Review* より
クラフツ・スタディー・センター

役割を付与した。『回顧 1909-1914』の扉頁に自画像があるのも理由のないことではない。その自画像を同時代の美術批評家、E・E・スペートは「ニーチェ風の、やつれた顔には深い憂慮がたちこめ、うつろで内省的なまなざしは世界の広大な眺望に向けられている。彼はその光景を、目に見える形で、外部に出したくてたまらなかった」〔原註8〕と評した。リーチが活動していた社会的環境（大まかに言うと、夏をリゾート地で過ごすような裕福な海外在住者の「くつろいだ」世界と、白樺派として知られる日本の若い知識人たちのグループとの間を横断する）の興味深い反映としてリーチの文体は可能であったにちがいない。しかし、もしここで、一九〇九年にリーチが去ったロンドンでは、従来とは大きく向きを変えた美の考え方と結論を持つまた別の小冊子であるホイッスラーの「十時〔の講演〕The Ten O' Clock」〔訳註13〕が、ロジャー・フライ〔訳註14〕よりも知られていたことを思い起こすなら、すべてはありえないことではないように思える。

かつてリーチは、陶芸についての手引書を書こうとしていた。一九二〇年代に、彼は「楽焼とその制法。東洋陶器の一番単純な作り方についてのある陶芸家のノート」と題した手記を書き始めていた。彼の説明はストレートである。「楽焼は、鉛釉をほどこした低火度焼成陶器で、ストーブの赤い炎、すなわち約七百五十度で焼成される。それゆえに楽焼を、芸術家や工芸家、そして学校関係者に推薦する」。この手記は出版にはいたらなかったが、確かに『陶芸家の本』が誕生するまでの長い胚胎期の一部となっている。両者には重要な類似がある。専門家と素人の両者を橋渡しするものとしての、鑑

『陶芸家の本』再版第５刷の表紙
A Potter's Book, Faber and Faber
1949

賞者の感覚、特殊な価値を技術的な議論でからめとる点である（「不器用さでさえ、上品にまとまっているより好ましい」というコメントが、轆轤についての議論に付された）。一方、轆轤による陶器の高台については、朗々と響く次のような言葉で締め括られる。「高台は象徴である。ここで私はまさに土に触れ、ここを私の目標とする」(原註9)。

『陶芸家の本』は長い間風景の一部となっていた。その地位があまりにも凝り固まったものとなり、オレンジのテラコッタ色の表紙はどこででも見られ、その本にまつわる事実がよく知られるようになった――「陶芸家のバイブル」は、十五年間絶えず再版され十万部が売れた等――そのため、その本に主題として、あるいは目的としての手がかりを探すことは難しい。その本の初期の草稿と、リーチとヘンリー・バーゲンの間で交された、ありふれていて詳細で長大なやりとりを読むことでしか、この本の「抗いがたさ」に疑問を投げかけることができない。バーゲンはスタジオ・ポタリーのアメリカ人コレクターで、陶芸家志望で、学者であった。彼はこの本で編集者の役割を果たした。一九三〇年代初頭から戦争の勃発によって最終的に遅延した出版にいたるまでの、本が形となるまでの長い期間に、この本は多くの変化を遂げた。一九三七年バーゲンが手書き原稿を目にした時点までに、すでにかなりの枚数となっていた。バーゲンは、リーチとの関係の強さから、自由率直に多くを述べ、その原稿を批判し始めた。それはこの時代においてもっとも饒舌な往復書簡の一つである。以下のコメントは、『陶芸家の本』の著者による緒言の冒頭にあるリーチによる謝辞である。

陶芸にはそれ自身、固有の言語と内在する法則がある。言葉にもそれ自身のものがある。どちらももう一方によって結び付けられえない。にもかかわらず、ある程度の翻訳と理解は可能であり、陶芸家は言葉を、著述家は陶芸への洞察を見出すことができる。私はヘンリー・バーゲンのような著述家の助けを得ることができ幸福に思う。明晰な表現はいずれも、多くを私の友、ヘンリー・バーゲンに負っている。(原註10)

バーゲンは社交辞令もなく切り出す。

君はたびたび著作の中であまりにも言葉を飾り、そして興奮しすぎるようだ、こうした特質は美点かもしれないが、この本にはふさわしくない……意気揚々としたおしゃべりはできるだけ省くように……私の友人の柳、私の友人の富本と言ってはいけない。まだしなければならないことが終わっていないのに、まったくよろしくない。君はペヴスナーを読むべきだ……修辞と自伝が多すぎる。(原註11)

つまりバーゲンの果たした役割は、リーチのスタイリストというだけではなかった。バーゲンはこの時点までにリーチが成し遂げていた著述が、あまりにも不完全だということを認識していたのだが、さらに重要なことに、リーチがあまりにも自己の論に依拠して本を作ってしまい、そのため必然として自分のメッセージには妥協していると感じていた。しかしここに問題がある。権限はリーチにある。その本は自分自身の言葉を持っている陶芸家の証言として読まれるべきであった。

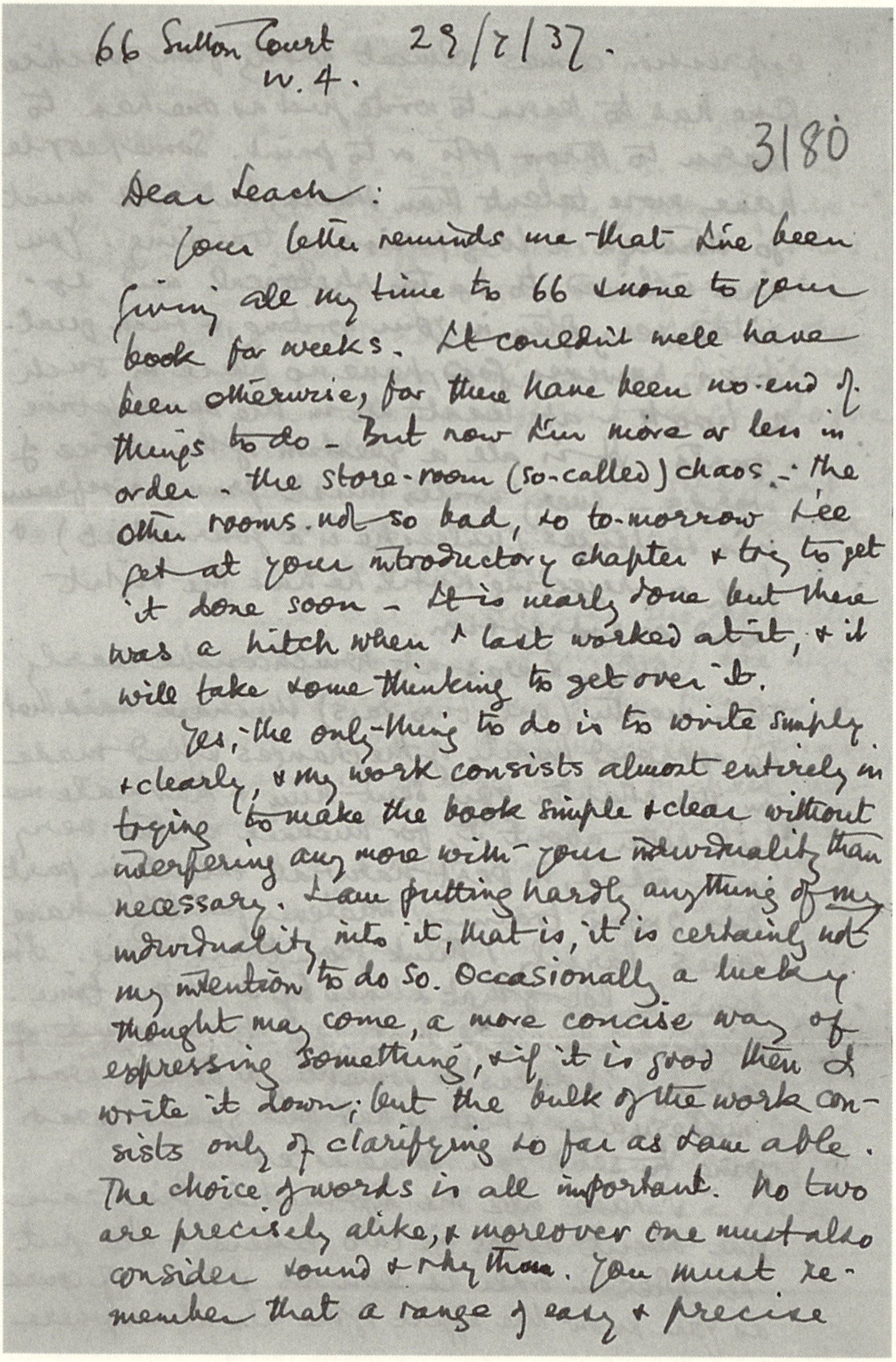
66 Sutton Court
W. 4.
29/7/37.

3180

Dear Leach:

Your letter reminds me that I've been giving all my time to 66 & none to your book for weeks. It couldn't well have been otherwise, for there have been no-end of things to do – But now I'm more or less in order – the store-room (so-called) chaos – the other rooms not so bad, so to-morrow I'll get at your introductory chapter & try to get it done soon – It is nearly done but there was a hitch when I last worked at it, & it will take some thinking to get over it.

Yes, the only thing to do is to write simply & clearly, & my work consists almost entirely in trying to make the book simple & clear without interfering any more with your individuality than necessary. I am putting hardly anything of my individuality into it, that is, it is certainly not my intention to do so. Occasionally a lucky thought may come, a more concise way of expressing something, & if it is good then I write it down; but the bulk of the work consists only of clarifying so far as I am able. The choice of words is all important. No two are precisely alike, & moreover one must also consider sound & rhythm. You must remember that a range of easy & precise

バーゲンからリーチへの手紙
1937年7月29日
クラフツ・スタディー・センター

極東と英国における三十三年間にわたる作陶経験。このうちの十二年間に、私は東洋の初期の陶器が作られた精神と制法に対する洞察を深めるという無比の機会を得た。ここでは、それについて平易にそして率直に述べてみようと試みた。(原註12)

自然体では論客であるか自伝的な事実を反復するかのどちらかであった著作家リーチを、個人的な経験を結論としてというよりも例として用いることができる人物に転身させるのは、どのようにして可能となったのだろう。バーゲンはリーチが誰を無視すべきか、そして誰を頼るべきかを提案しはじめる。

君は悪い手本を選んでしまった——ギルはいけない。エドワード・ジョンストンを読みなさい。それとレザビー教授も。リードとペヴスナーで頭を悩ますことはない。私が適切な箇所をすべて抜き出している。(原註13)

イギリス中世の水差
A Potter's Book より

どうしてギルは悪い手本なのか。バーゲンは、手仕事と精神的な信条とを統合した生活を唱導する先導者としてのギルが、リーチの頼る権威であると承知していた。しかし政治的論争、中世復興主義、自由奔放主義を過激に統合するギルは、まだ型が定まっていないリーチにとっては危険であるとバーゲンは感じていた。それゆえバーゲンはリーチにはっきりと「社会改革について書いてはいけない」と述べていた。彼はこの意見をさらに広げて、「君の本は手仕事についての本だ。それを、手仕事を擁護する本とすべきでないのは、エドワード・ジョンストンのカリグラフィーについての見事な指南書が、手仕事の擁護のための本と呼ばれないのと同じことだ。それは手引書であり、論争の書ではない。君の本はかくあるべきだ」。(原註14)バーゲンは暗にほのめかすのではなく、次のようにリーチに言った。その本を、あからさまにというよりも暗に手仕事を擁護するものとすることはできる、と。拡大解釈やブレイク風に真実を語る格言に傾倒するリーチの癖が許される余地はなかった。それゆえリーチは、手仕事はすばらしいとか、手仕事はそれ自身として健康的であると言及することを禁じられた。バーゲンは次のような指摘に腐心する。

もう一つ君が触れるべきでない点は……忌まわしい手仕事の多くだ。リトル・ギャラリーにあった日本のものを例にとろう。例えば、屏風。まったくいけない。考えられるなかで最低の趣味だ。河井の陶器もほとんどがよくない。ハリー・デイヴィスがデザインしたビール・セットも大量生産の品々と同様に醜悪である。(原註15)

バーゲンがリーチに、リードやペヴスナーで「悩むことはない」といったのは、彼らの著作が読むに値しないという意味ではなく、流行の美学についていくには限界があったリーチがもっと生きやすくなるようにと配慮したためである。かなりの虚勢を張って、『陶芸家の本』の二頁目から三頁目でリーチがその二人の著述家をともに引用している様は、まるでリーチが大いにその著作に対処したかのようである。バーゲンが選んだ有効な例証以上にリーチが読んだ形跡はない。ハーバート・リードとニコラス・ペヴスナーはこれら最初の頁の脚注で触れられており、それが文章に厳粛さを与えている。だが、彼らの視点

は無視されている。(原註16)

バーゲンはリーチにとって注意深く、また厳格な編集者であった。文体についてリーチを非難する際、バーゲンはリーチが慣習的な表現方法を使いこなせるように手助けしている。「天然の素材」について話したり、自我のない中世のチームワークの偉大な例としてシャルトルの大聖堂が繰り返し語られたりすることができるかどうか、実に多岐に渡る問題について異議を唱えることで、バーゲンは真剣に反駁するだけ十分にリーチの考えを信頼しているのである。しかしここに深く、また不幸な論争の領域であり続けた主たる要素がある。その領域は『陶芸家の本』やリーチの数々の重要な著作のなかで中心であり続けている。

それは「宋の標準」の問題であった。

リーチは『陶芸家の本』の全編を通じて、陶芸家が標準を見出すために専念する際に眼を向けるべき試金石、あるいは道しるべとなる星として、絶えず宋について書いている。

……私は標準を定式化しようとしてきた。絶えず変化を遂げながらも続いてきた古典的な標準が、すばらしい建築、絵画、文学、そして音楽の鑑賞を刺激してきた。その標準と同様に、よい陶器がそれによって認識されるであろう標準である。唐や宋代の陶器の質を陶磁器のもっとも高い美として受け入れ、これまで長い間当然のものとされてきた多くを私はもう一度評価しなおした。

リーチ旧蔵の宋代の鎬文碗
A Potter's Book より

リーチは質という事実をまず受け入れることから始め、そしてその事実を繰り返す。

例えば世界で最も素晴らしい陶器の標準は、中国の唐と宋の陶器にあるのは明かだ……

それらは続いて脚色される。

産業陶器の制作者やデザイナーが、特に宋代と明代初期の器から学ぶべきことが多いのは疑問の余地がない。

この事実は、いくらか大胆にも、思い切って次のようにさらに拡大された。

宋の陶工が獲得した美しさは、ジョサイア・ウェッジウッドを最初とする英国の工場が目ざした最高のものよりも、遥かにすぐれていた……。

さらに、

陶芸家は……霊感を求めて初期の最良のものを見ることを余儀なくされ、高火度焼成陶器と磁器に関しては、躊躇することなく、宋の標準を受け入れるだろう。

ここからリーチは次のような認識で、これが普遍的な真実であると述べるに至る。

> 宋代の陶器は、ここ二十年来、陶磁器における最も高貴な達成を成し遂げたとして広く受け入れられてきた。

それは思わず息を呑むほど、いかなる著述家の基準からいっても、驚くべきまったくの詭弁である。この修辞に耳を傾け、いかにリーチが自己の地位を構築したかを見てみよう。

> 主に女性の手によって、轆轤なしに、単に木や石、かご細工、織物、木の葉や、継ぎあわされた動物の革といった道具で作られた原始の陶器において成し遂げられた造形美の連なりは、広大である。先史時代の何千年もの間、全世界が、その造形美の連なりに貢献してきた。クレタ文明、古代ギリシャ、アフリカ、南北アメリカ、黒土地帯と新石器時代の中国の壺は、彩色はされているが無釉で、しばしばとてもすばらしいために、十一世紀、十二世紀の中国が優れているという主張すべてを放棄してしまいたくなる誘惑にかられるだろう。もし、中国宋代の総体的な文化や技術がそれほどまで偉大に達成されたという事実がなかったならば。こういうわけで、わたしは、この本の大部分で轆轤成形について語るであろう、それはおおよそこの時代に完成したのである。(原註17)

リーチは文化と技術のもっともらしい一覧をつくり、陶磁器の政治的統一体と呼ばれうるものに貢献した。しかし彼は「主張すべてを放棄」できない。言葉は法的要求のそれであるので、いかなる基礎も宋代の陶磁器に置いていない。しかしなぜ？　単に土によって成されたことであるから、というわけではない。そうではなく、あまりにもさりげなく入り込んでおり、またあまりにも控えめに記されているため、私たちは、この時代の陶器は価値ある文化的生活の一部分であるということをほとんど見落としてしまう。もちろんこれは、美術は一国の道徳生活を写す鏡であるというラスキン風の決まり文句である。しかしリーチはこれらの価値がいったいどういうものであるかという説明はしない。その時代に陶器が「偉大な達成」を成し遂げたという事実の繰り返しに帰ってきてしまう。彼は「私は轆轤で陶器を作る。そしてそのことについて語りたい」とは言わない。また「私は宋代の陶器を好む。これが理由である」とも言わない。しかも宋代の陶器の明白な特異性について探求さえしていない。リーチが位置を占める修辞上の確実性については、わずかな詮索もできないように思われる。文学の批評言語でいえば、『陶芸家の本』の第一章が到達しようと専心している普遍の標準とは、閉じた体系なのである。この本の第一章の意味は、その内部にある構成要素からのみ構成されうる。すなわちリーチのいう標準についてリーチが読者を説得しているのではなく、単に読者がそれを受け入れるか否かの問題なのである。

しかし『陶芸家の本』の執筆におけるこの重要な瞬間に、ヘンリー・バーゲンは手書き原稿を読んでいた。そしてすでに見たように彼は、とくに宋代に対するリーチの理解の性質について反対意見を述べようと用意していた。バーゲンは、ある特定の制作方法に対し

マイケル・カーデュー
右：《ガレナ釉サイダー瓶》
左：《ガレナ釉碗》
ウィンチコム時代のスリップウェア
A Potter's Book より

て、記号化された言葉としての宋をあまりにも強く強調しすぎると警告することからはじめる。

君は陶芸家 artist potter のために書いているのだ。陶芸家はとても特殊な立場にいる人間であり、ものの本質からして宋の代わりはできない。君は中国や朝鮮や日本の社会や経済の状況がその存在を許していた小さな工房に郷愁をいだいている。英国にさえもわずかばかりだがそうした工房は存在する。しかしそうした工房は不適切な環境にあっては存在し得ないのだ……現在を理想化することを除けば、過去を理想化することほどばかげた［……ことはない］(原註18)。

それからバーゲンは、リーチのテーマに共感を寄せはじめ、短くした言葉でリーチが「カントリー・ウェア」として承認し、包括的に参照している点をとりあげた。これは作品の共通理解のためである。「私たちがカントリー・ウェアと呼んでいるものさえ裕福な農民たちによってのみ使用されていたにすぎない」。しかし、次のように述べてはじめて、嘲りを露わにしている。

「また別の点で、君は『朝鮮や日本の小さな窯場の、ほとんど封建的状態のもとで』作られた品々は、『ヨーロッパが成しえたどんなものよりもはるかに美しい』という」「これは私にとっては最低の戯言だ。最高に純粋な事実誤認である。とにかく無意味である。もし君が日本や中国のものをそう見たいと思えば、できるかもしれない。し

バーゲンからリーチへの手紙
1937年8月7日
クラフツ・スタディー・センター

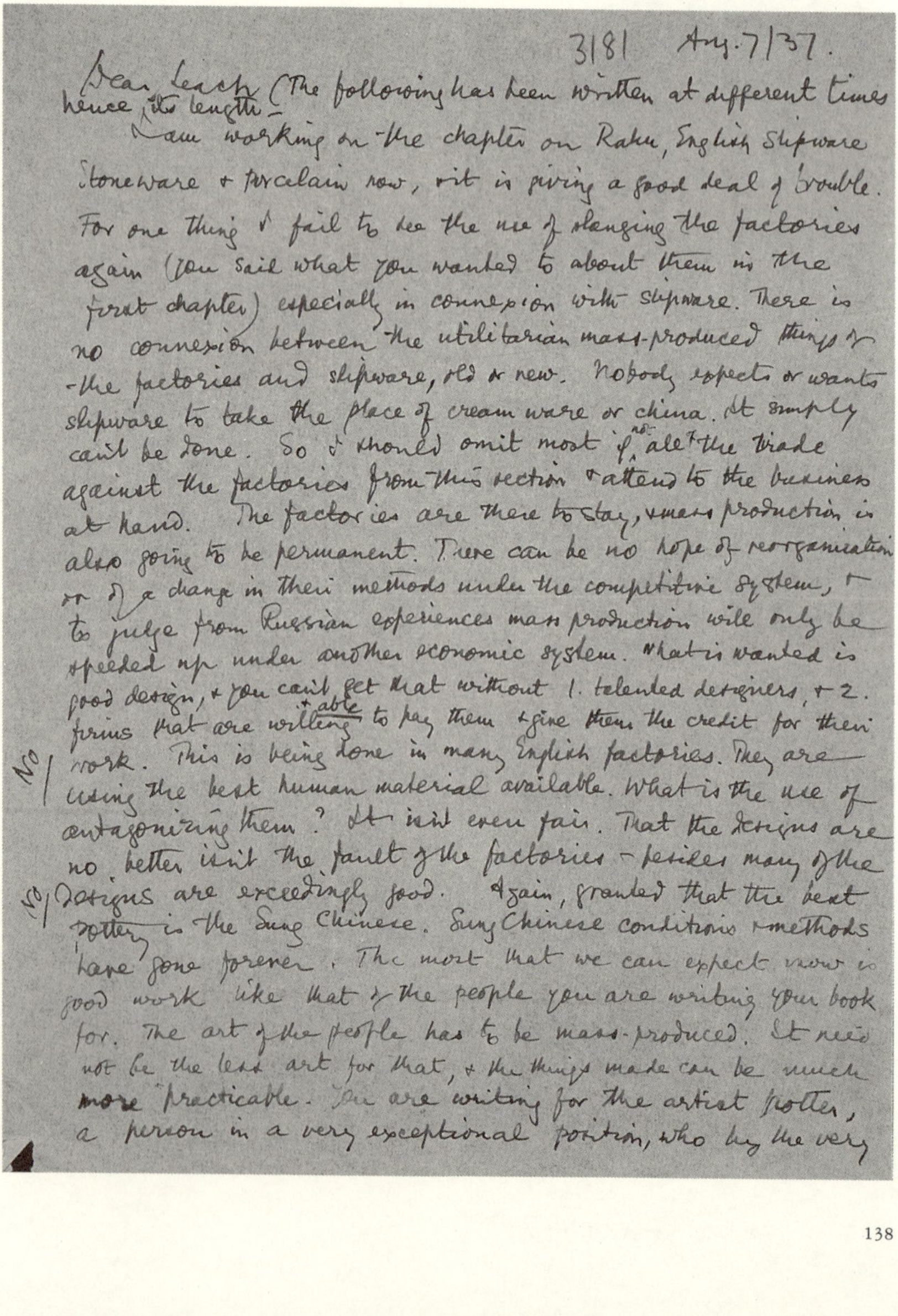
3181 Aug. 7/37.

Dear Leach (The following has been written at different times hence the length —

I am working on the chapter on Raku, English Slipware Stoneware & Porcelain now, & it is giving a good deal of trouble. For one thing I fail to see the use of slanging the factories again (you said what you wanted to about them in the first chapter) especially in connexion with slipware. There is no connexion between the utilitarian mass-produced things of the factories and slipware, old or new. Nobody expects or wants slipware to take the place of cream ware or china. It simply can't be done. So I should omit most if not all the tirade against the factories from this section & attend to the business at hand. The factories are there to stay, & mass production is also going to be permanent. There can be no hope of reorganization or of a change in their methods under the competitive system, & to judge from Russian experiences mass production will only be speeded up under another economic system. What is wanted is good design, & you can't get that without 1. talented designers, & 2. firms that are willing & able to pay them & give them the credit for their work. This is being done in many English factories. They are using the best human material available. What is the use of antagonizing them? It isn't even fair. That the designs are no better isn't the fault of the factories — besides many of the designs are exceedingly good. Again, granted that the best pottery is the Sung Chinese. Sung Chinese conditions & methods have gone forever. The most that we can expect now is good work like that of the people you are writing your book for. The art of the people has to be mass-produced. It need not be the less art for that, & the things made can be much more practicable. You are writing for the artist potter, a person in a very exceptional position, who by the very

No | No |

かし私は絶対にそう見たいと思わないし、私の知る限り誰もそうは思わないだろう。装飾的であるというのはいいが、機能的であるというのはいけない。農民の器は、近代の台所にまったくそぐわない。もしウィンチコム〔訳註15〕のディナー用食器セットが作られたとしたら、それらは長期間もたないだろう……とくに私の持っているスリップウェアはほどなくしてみな釉薬が剝げはじめる。そのほとんどが多孔性のものだ……カップや受け皿に宋の模範なんてない……誰も鈞窯の皿から食べたいとは思わない。(原註19)

この手紙の余白にリーチはこう書いている。「私はそれらを機能的なものとして述べてはいない」。しかしリーチはそうしたし、またしているのだ。というのもバーゲンの怒りという厳しい試練を経て出版された本のなかで明らかにされた宋の標準とは、単に形のアイディアとして使われるかわいらしい陶器の選集ではなく、「宋」という見出しのもとに用と美の一致についての信念と強く関連していたのであった。すでに見たようにリーチの言葉の使い方はその後ますます重要性を増していく。著述家リーチは、美術史的、社会的理論、純粋な美学をはなはだしくごっちゃにし、最後に論争で終わる、というバーゲンの理解は正しい。

『陶芸家の本』が大きく、そして長期に渡って成功した理由は、部分的にはこの混乱状態のおかげである。『陶芸家の本』は技術的な知識の書として読むことができる。大変詳細な日本の制陶法の見識として、工房生活の鮮やかで楽しい記録として、また模範的な陶器の図版やリーチの文章を引き締めている陶器制作についてのすばらしいスケッチ集として読むことができる。そして実際、手仕事の価値の擁護としても。とりわけ『陶芸家の

リーチによるさまざまなスケッチ
A Potter's Book より

本』の成功は、それが手引書でありかつ論争の書でもあるという事実に負っていると私は思う。それを手に取ると、そこには手に届くところにある完全な生き方という感覚があり、習慣と哲学の用意がなされている。戦後の陶芸家の多くにとって、その本は完全な世界への完全な手引書としての機能を果たした。それだから、永遠に質を失わない陶器をいかに作るかについてリーチが不完全に考え抜いた信念の陳腐な本というその性質、特定の陶器の伝統についての容認された考えの辞書としてのその性質、初期のリーチ派（柳とカーデューが序をよせ、リーチ、濱田、カーデュー、プレイデル＝ブーヴェリーによる陶器の図版が掲載されている）を囲う、文章というカーテンウォールとしてのその本の構造は見過ごされてきた。そうではないだろうか？

キャサリン・プレイデル＝ブーヴェリー
《灰釉瓶》
A Potter's Book より

リーチの同時代人の批評は、想像されるような賞賛からは程遠いものであった。恐らくこの理由は、一九四〇年のリーチに対する評価が、多大な尊敬をもって扱われた、例えば一九六〇年よりも曖昧であったからであろう。

ジェフリー・グリグソンは何が英国の陶器を作るのかという問題についてリーチと論争する関係にあったが、『陶芸家の本』を「ボリュームがあり、魅力的な本で、図版が豊富に添えられている」とし、こう書き添えた。「しかし、リーチ氏は失われたアンドロメダを取り戻そうと負け戦をする高貴なペルセウスであると思う。失われた手仕事を蘇らせることは、死語を蘇らせるようなものである。それは一人の人間とその弟子たちの活動を超えている」（原註20）。確かにこのことは議論に値する。

さらに、この本が取り扱う範囲について疑う者もいた。『タイムズ文芸サプリメント』には、リーチがマジョリカ（訳註16）を認めていないことについて次のように言及されている。「著者の審美眼はいくつかの点で、普遍的な賛同を得ることはほとんどできないだろう」（原註21）。しかし最も真剣でかつ興味深い評は、『ニュー・イングリッシュ・ウィークリー』誌に掲載されたハーバート・リードのものである。

> 驚くべき公共心をもって、リーチ氏はあらゆる秘密を明かしている。……しかし彼はその秘密をそのままにしておくことに満足していない。導入となる章でリーチ氏は、初期中国を「最も高く、最も普遍的な標準」であると主張し、今日それ以上の技術的発展は望めないと述べてい

る。彼は言う、私たちは「過去を振り返り、最良のものを選ぶことを」余儀なくされる、と。かくのごとく新しい伝統主義が形成される。それによって、その他多くの過去の陶磁器が達成したことが捨て去られてしまうだけでなく、価値を下げられるか、せいぜいよくて誤り導かれるだけだ。しかし、未来は閉ざされている。伝統主義は、著者が富裕層の不安定な市場に対して生産する手作りの器の類にしか認められないであろう、そして商業的に器を生産する人々のなかには愚かにも同じ標準に従う者はほとんどいない。近代に特徴的な技術である大量生産は、広範囲に社会と密接な関係をもちながら非難される。なぜなら、そうした生産物は日本の標準に従っていないからだ。せいぜいよくても、そうした大量生産品は、硬く、冷たく、機械的には完全ではあるが「質」を欠いている（それは実に正しい）。リーチが指摘する、こうした欠点が、実際リーチ氏が予測しないような陶磁器の新種の達成にすっかり基盤と条件を提供しているのである。リーチ氏は、彼自身の自意識過剰で回顧的な洗練によって大量生産陶器の新しい伝統の成長を妨害するかもしれないことを認識していない。(原註22)

リードによる特徴的で柔軟なこの文章において、大量生産が美術的に重要な作品を生み出せないという考えに対するいつもの苛立ちのなかに、陶器についての著述家リーチをもっとも効果的に批判する次のような一文がある。「かくのごとく新しい伝統主義が形成される」。「素朴な力」の持ち主であるリーチは、芸術をあまりにも論理的に見る見方に反対したブレイクの追従者であったが、新しい形式主義の創造者でもあったのか？　これがリードの述べていることであり、確かにリーチを読むことで体験されるものなのである。

リーチはよどみなく語る著述家であり、かなり魅力的な名文家である。日本での茶会の楽焼で、火が土に及ぼす錬金術の力をはじめて体験した際の、突然のひらめきを書いたリーチの記述を誰が忘れようか。それは自伝のなかでも最も美しく魅力的な瞬間の一つである。リーチには鮮やかな旅行記を書く才能もあった。『日本絵日記』*A Potter in Japan* は知覚と感覚からなる魅力的な本である。リーチはひたすらに書き続けた。が、リーチを、彼自身が望んだかもしれないように、すなわちブレイクのように、読むことはできない。というのもリーチは、詩のかわりに古風な表現を使い、それによって可能性を示唆するのではなく、議論を証明するために比喩を用いたからだ。印刷物のなかでは、彼は不動であるように思われる。著作の多くで、個人的な逸話が強調され、個人的経験が思考の鋭さにとってかわり、何ページもが詳細に友情関係への個人的な負い目の代償にあてられている、といった紛れもない感覚がある。乾山についてのリーチの本を、リーチは「恩義」として捉えていた。「二人の初老の陶芸家のとりとめのない回想を綴った楽しい本……東京のホテルの一室でなされた議論を録音したテープから編集された」とある記者が述べた、濱田に関する著作にも、これはあてはまるだろう。『陶芸家の本』以後、どこかにリーチは何か新しいことを書いただろうか?

これはまるで東西の極性を築き、「宋の標準」という考えを採用したリーチが、自分の確信を曇らせるような意見の相違を許さないかのようである。どうして彼が意見を変えるべきであろうか？　『陶芸家の本』以後、リーチの経歴は、陶芸界における批判的な動脈がゆっくりとふさがれていくようなものである。リードとグリグソンを除けばバーゲンから受けたような騒々しい批評の類をリーチは受けていない。陶芸について書くことは、カバラ〔ユダヤ教の神秘思想〕主義的な活動となり、マニアの間だけで声高に述べられるようになったのだった。

（北村仁美訳）

原註

（1） Bernard Leach, *A Review 1909-1914*, Miscellany, p.14. 〔和訳、同書、二一頁〕
（2） 柳宗悦、個人的なノート、一九一五年、四八頁、日本民藝館資料室。
（3） Walt Whitman, *Song of Myself*, 1891 edition p.70.
（4） リーチと柳はともに西洋の神秘主義の伝統に興味を抱いていた。柳の蔵書には、ノーリッチのジュリアン、クロスの聖ジョンについての書物がある。
（5） William Blake, 'Proverbs of Hell', *The Marriage of Heaven and Hell* Oxford, 1914, pp.250-252.
（6） 柳宗悦「日本におけるリーチ」『柳宗悦全集』第十四巻、六六頁。
（7） Bernard Leach, *Drawings Verse and Belief*, London, 1977, p.6. 〔『バーナード・リーチ詩画集』、参照〕。
（8） E. E. Speight, 'The Drawings of Bernard Leach', *Japan Advertiser*, 6 June 1920.
（9） BLA514, Raku-ware manuscript. 日付、頁番号なし。
（10） Bernard Leach, *A Potter's Book*, 1940, p.xxv.
（11） BLA 2943, 29/7/1937, Henry Bergen to Bernard Leach.
（12） Bernard Leach, *A Potter's Book*, p.xxv.
（13） BLA 3186, 7/9/1937, Henry Bergen to Bernard Leach.
（14） BLA 3185, 3/9/1937, Henry Bergen to Bernard Leach.
（15） Ibid., Henry Bergen to Bernard Leach.
（16） *A Potter's Book*, p.2 and 3. を参照。
（17） Bernard Leach, *A Potter's Book*, 'Towards a Standard' pp.1-27.
（18） BLA 3181, 7/8/1937, Henry Bergen to Bernard Leach.
（19） Ibid., Henry Bergen to Bernard Leach.

(20) Geoffrey Grigson, John *O' London's Weekly*, 14 June 1940.
(21) TLS, 6 July 1940.
(22) Herbert Read, *New English Weekly*, 11 June 1940, p.144.

訳註

〔1〕 ドラ・ビリングトン Billington, Dora (1890-1968) ストーク・オン・トレントに生まれる。ハンリー美術学校で学び、バーナード・ムーア Bernard Moore のもと陶器の絵付師として働く。一九一五年、在学中であったロイヤル・カレッジ・オヴ・アートで、リチャード・ラン亡き後を引き継ぎ、教壇に立つ。翌年同校で学位取得。一九一九年からはセントラル・スクール・オヴ・アーツ・アンド・クラフツで教職につき（～一九五五年頃）、一九三六年には陶芸の素材と化学についての講義を担当。一九三七年には *The Art of Potter* を出版。戦後、セントラル・スクールでの教え子のなかからはニューランドやハインといった陶芸家が排出しており、ビリングトンはスタジオ・ポタリー史上、教育者として重要な位置を占める。

〔2〕 ジョージ・コックス Cox, George（生没年不詳） 著作には以下がある。*Pottery for Artist Craftsman, Teachers*, MacMillan, S.I. 1914.

〔3〕 ローレンス・ビニヨン Binyon, (Robert) Laurence (1869-1943) イギリスの詩人で美術史家、当時とくに東洋美術の権威として知られ、著作には *The Flight of the Dragon : an essay on the theory and practice of art in China and Japan, based on original sources*（1911）がある。

〔4〕 ウィリアム・レザビー Lethaby, William Richard (1857-1931) イギリス生まれ。建築家、デザイナー、作家。ノーマン・ショーの建築事務所で修行したが、ウィリアム・モリスやフィリップ・ウェッブにも影響を受けた。家具、陶器、金工品などのデザインも手がけた。アーツ・アンド・クラフツ運動の中心となり、またロイヤル・カレッジ・オヴ・アートのデザイン科教授として、多大な影響を後世に及ぼす。一八九四年、ロンドンのセントラル・スクール・オヴ・アーツ・アンド・クラフツの最初の主導者の一人であり、学長となった。

〔5〕 ペンティとギルド社会主義 Arthur J. Penty (1875-1937) and guild socialism 二十世紀初頭、A・J・ペンティの著書『ギルド制度の復興』（1906）によって触発され、主に知識人に積極的に受け

入れられた社会思想。イギリスのヨークに生まれ、建築家として中世の建築の美を讃えていたペンティは、その思想をラスキンやモリスの考えを継承しながら形成し、中世のギルド制度を復活させることによって生活の質を高めよと説いた。

〔6〕「天国は舵……」以下の一文は、「雑 Miscellany」からではなく、「生命 Life」からのもの。

〔7〕「醜と罪は……」以下は、「雑 Miscellany」からではなく、「芸術 Art」からのもの。

〔8〕ウィリアム・ワーズワス Wordsworth, William (1770-1850) イギリス、ロマン派の詩人。

〔9〕『草の葉』〔全三巻〕（酒本雅之訳、岩波文庫、一九九八年）。

〔10〕『草の葉』〔全三巻〕（酒本雅之訳、岩波文庫、一九九八年）。

〔11〕ノリッジのジュリアン Julian of Norwich (c.1342-1416以降) ジュリアナ Juliana とも呼ばれる。イギリス生まれ。神秘主義者。著書 *Revelations of Divine Love* は中世の宗教体験を綴った優れた書の一つとされる。

〔12〕「天国と地獄との婚姻」一七九〇年、ブレイク三十三歳の作。預言書、散文詩。「新しい天国は開かれた。その降来から将に三十三年。永遠の地獄も亦甦る。見よ、スヱデンボルグは墓上に座す天使。彼の書は封じられたリンネンの布。今はエドムの勢ひ、楽園にアダムは帰る。イザヤ書三十四、五章」。「対立なくば進歩はあらぬ。引力と反発、理性の精力、愛と憎。すべて人類の存在に須要である」。「是等の対立から、宗教が善悪と呼ぶものが起こる。善は理性に従ふ受動力。悪は精力から遡る能動力」。「善は天国。悪は地獄」。『柳宗悦全集』第五巻、筑摩書房、一九八一年、一八九–一九〇頁。

〔13〕「十時の講演」Ten O'Clock 画家ジェイムズ・マクニール・ホイッスラーが一八八五年にロンドンのプリンスホールで開いた講演会の名前。ホイッスラーはこの講演のなかで、絵画は物語に依存しないという自己の芸術信条を明らかにした。ホイッスラーについては『バーナード・リーチ』第一章訳註〔7〕参照。

〔14〕ロジャー・フライ Fry, Roger (1866-1934) 英国の批評家、画家、デザイナー。二十世紀初頭、ロンドンにセザンヌ、マティス、ゴッホ、ゴーギャンらを「ポスト印象派」という呼称とともに初めて紹介し、とくに美術批評家として広く影響を及ぼした。

〔15〕ウィンチコム Winchcombe 一九二六年、グロスターシャーのウィンチコムにマイケル・カーデ

ューが開いた窯、ウィンチコム・ポタリーをさす。この窯はもともと、ベケットBeckett家が十九世紀初頭より所有、運営していたGreet Potteryであったが、燃料となる石炭の不足から二十世紀の初めには閉鎖に追い込まれた。この窯の再開にあたってカーデューは、Greet Potteryで轆轤師をしていたエライジャ・コンフォートElijah Comfortを雇用し、アースンウエアによる家庭用食器製造というイギリスの地方窯の伝統を復興した。しかし一九三〇年代後半になるとカーデューは、アースンウエアという材質からくる製品の脆弱さに耐えかね、コーンウォールのウェンフォード・ブリッジWenford Bridgeに新たな窯を築き、別の製造方法を模索するようになった。ウィンチコム・ポタリーの運営は、窯での共同者レイ・フィンチRay Finch（1914- ）が引き継いだ。フィンチは材質をより実用的なストーンウエアに代えるなどして製品の改良を図ったため、現在そのテーブルウエアは、セント・アイヴスのスタンダードウエアとともに、イギリス国内で広く知られるものとなっている。

〔16〕マジョリカMajolica　中世末期、イスパノ・モレスク様式の陶器は、マリョルカ島の商人を通じてスペインからイタリアへ輸入されていたため、イタリアではそれをマヨリカと呼んでいた。やがてイタリアでもイスパノ・モレスク様式の陶器を模した錫釉色絵陶器が生産されるようになり、マヨリカ（マジョリカは英語読み）がこの種の陶器を総称する呼称となった。その後、ルネサンス期の文化からの影響も受け、色彩や器形に多様な展開を見せた。十六世紀以降北方に伝播し、フランスのファイアンスやオランダのデルフト陶器として新たな発展をみた。

エドモンド・ドゥ・ヴァール氏の『バーナード・リーチ』について

鈴木禎宏

エドモンド・ドゥ・ヴァール Edmund de Waal 氏の『バーナード・リーチ』*Bernard Leach* は、一九九八年頃にテート・ギャラリー出版 Tate Gallery Publishing から、「セント・アイヴス・アーチスト」St. Ives Artists というシリーズの一冊として出版された評伝である。その内容はイギリスの陶芸史においてリーチの事績を再考するものであり、このリーチ批評は、ほぼ同時期にイギリスと日本で開催されたバーナード・リーチの回顧展とともに、一般のリーチ理解を新しい段階へと進めるものであった。

バーナード・リーチ（一八八七―一九七九）は、二十世紀のイギリスを代表する陶芸家の一人であるが、日本とも関わりの深い人物である。彼が陶芸と出会ったのは一九一一年の東京においてであり、生涯を陶芸家として過ごす決心をしたのは一九一六年の北京においてである。一九二〇年にイギリスに帰国してから、彼は基本的にセント・アイヴスを拠点として活動をしたが、日本との接触はその後も絶やさず、特に柳宗悦らの民藝運動に参加した。イギリスにおいても日本においてもリーチに関する文献は多いが、それらの多くはリーチの友人たちによる回顧談であり、研究と呼べるものは少ない。実際のところ、リーチの伝記としてまとまった形のものは、イギリスにおいても日本においても、このドゥ・

ヴァール氏の本が最初であった。

ドゥ・ヴァール氏のリーチ論の特徴は、イギリスにおける「リーチ神話」の解体を目指したことである。第二次世界大戦後、イギリスにおいても日本においても、リーチは陶芸界の重鎮として影響力をもった。このことについてドゥ・ヴァール氏は、特に第三章において「リーチ様式」や「リーチか否か」という言葉で言及している。リーチは「用（実用性）」という言葉を通し、作り手と使い手の双方に対して倫理性ないし道徳性を求めた。そしてその主張は、度重なる日英間の往還により、彼が「東洋」の芸術や思想を理解している（と覚しき）ことによって裏打ちされていた。戦後のリーチ・ポタリーには世界各国から若い陶芸家や学生が集い、こうしたリーチの思想と技を学んだが、これらの人々は今日リーチ派 Leach School と呼ばれる。リーチの社会的名声が高まるにつれて、彼の履歴や作品はゆかりの人々やジャーナリズムによって繰り返し語られたが、これはある種の神格化を伴うものであった。

ドゥ・ヴァール氏の『バーナード・リーチ』が目指したのは、資料を丹念に追いながら、こうした言説がどのように形成されていったかを、冷静に振り返ることであったように思われる。例えばドゥ・ヴァール氏はリーチが主張した、陶芸の「基準」を批判する。リーチによれば焼物は、他の芸術と同様、人類が過去に達成した最高峰に照らし合わせてその価値が測られるべきものであったが、彼にとってその基準とは中国の宋代の陶磁によって体現されていた。リーチの著作 ***A Potter's Book*** を論じた第二章において、ドゥ・ヴァール氏はこれを宋時代の陶磁器の「神格化」と呼ぶ（本書五四頁）。また、リーチとその追随者の作風、すなわち「リーチ様式」が教育現場や展覧会において、ほとんどアカデミズム

（公式の様式）としての役割を担ってきたという点や、それゆえ「リーチ様式」を軽蔑する論調がリーチの生前からあったという事実も、ドゥ・ヴァール氏は指適している。

イギリスにおいても日本においても、リーチの業績を振り返り、その意義と問題点を考えるべき時期に来ているが、ドゥ・ヴァール氏のリーチ論は、日本の読者にもそれなりに興味深いものであろう。本書を読めばすぐにわかることであるが、日本におけるリーチの評価と、イギリスにおけるリーチの評価は、必ずしも一致しない。そもそも、リーチを論じる際の枠組みが、日本とイギリスでは異なる。日本においてリーチは、民藝運動に携わり、日本各地を旅した親日家として言及されることが多いが、このような従来の日本のリーチ理解においては、彼の知識人としての側面への理解が抜け落ちていた観がある。ドゥ・ヴァール氏のリーチ論は、著作を著した知識人＝芸術家としてリーチが後世に及ぼした影響を手際よく論じており、これはイギリスにおけるリーチの位置を知る上で日本の読者の参考となる。

その一方でドゥ・ヴァール氏のリーチ論は、他の多くのリーチ論と同様、彼の陶芸家としての一面のみを扱っている点は指摘せねばなるまい。本書がテート・ギャラリー出版から、「セント・アイヴス・アーチスト」というシリーズの一冊として出版されていることを考えると、本書の内容にはテート・ギャラリー・セント・アイヴス側——リーチや濱田庄司の陶芸作品を所蔵する——の意向も働いているのかもしれない。確かに、リーチはその生前から陶芸家という枠組みにおいて扱われてきたし、リーチ本人もそれを受け入れていた。ただし、リーチ本人には必ずしも自分を「陶芸家」という枠のみに規定する意図はなかったことも、見逃すべきではない。リーチは焼物を焼き、絵を描き、詩を書き、著作を著したが、こうした複数の表現活動を使い分けられることをむしろ彼は誇りとしていた形跡がある。そして、そうした多様な活動は、日本では「文人」的なあり方として、イギリスではルネサンス期のヨーロッパの「万能人」的なあり方として、それなりに受け入れられていた。このような観点からリーチの生涯を振り返ると、様々な問題が浮かびあがる。例えば、幼年期から複数の地域・文化・家庭を経験したリーチは、自我形成において困難に直面したと思われるが、そうした彼にとってエッチングや陶芸という表現手段はどのような意味をもっていたのだろうか。あるいは、リーチにおける上述の諸活動を、彼の信仰の問題から切り離して論じてよいのだろうか。「リーチ神話」を真に解体させたいのであれば、「陶芸家にはならなかったかもしれないリーチ」や「リーチがもつ陶芸家以外の顔」についてもドゥ・ヴァール氏は言及すべきではなかったか。ドゥ・ヴァール氏は、リーチが陶芸家であることを所与の事実として議論を始め、第四章において「リーチは一九二〇年に日本を去るときに芸術家であることをやめてしまった」という趣旨のことを書いているが（本書七七頁）、こうしたリーチ観には同意し難い。

また、リーチを陶芸家として扱うにしても、ドゥ・ヴァール氏のリーチ論は次の点にあまり注意を向けていないように思われる。それは、リーチにとって陶芸は目的であると同時に手段でもあり、それゆえに彼の言動が矛盾を孕んだものとして周囲の人びとに映りやすい点である。

リーチの生涯と活動を規定しているのは「機械生産対手作り」という対立の図式であるが、彼がこの図式のもとで思想とアート（美術と技術）を発展させたのは一九一〇年代から三〇年代前半にかけてのことであった。（「リーチ神話」を批判することと、リーチの主張そのものを批判することは別であるが、後者を行うならば戦後の老齢の域に達した彼よりも、むしろ第二次世界大戦前の彼を対象とすべきである。）「手作り」で機械の工場に挑むことは、武道の達人が素手で、銃で武装した相手に挑むことに似ていて、勝負の前からその結果はほぼ決している。もし二十世紀という時代においてあえて「手作り」を続けるのであれば、そこには二十世紀以前とは異なる意義が求められるべきであろう。リーチと柳宗悦は、ウィリアム・モリスのアーツ・アンド・クラフツ運動を引き継ぐ形で、こうした問題に取り組んだ世代である。

柳が主導した民藝運動は、工芸運動であると同時に思想運動であった。すなわち、より優れた工芸品を作り流通させることは運動の目的である一方で、それは「近代化」という世界を席巻する事態を批判できるような価値観を擁護するための手段でもあった。

この思想は、一九一〇年代後半の我孫子時代以来リーチによっても共有されていた。「近代」という時代および「近代化」という潮流の中で、その時代の主流とは異なる価値観・思潮を確保し、次の世代に伝えるというこの思想および運動を、リーチは自伝『東と西を超えて』*Beyond East and West* の中で「対抗産業革命」counter-Industrial Revolution と呼んでいる。(1)

現在（二十一世紀初頭）のイギリスと日本は、産業革命／近代化の終焉と、情報技術革命の到来を経験しつつある。こうした、「手作りか機械か」という問題の立て方が意味をなさなくなった時代において、もしリーチの思想と活動に振り返り学ぶべき点があるとしたら、それは彼とアーツ・アンド・クラフツ運動との連続性にあると思われる。ドゥ・ヴアール氏の『バーナード・リーチ』は、「スタジオ・ポタリーの父」Father of Studio Pottery としてのリーチ像に囚われるあまり、そして現代イギリス陶芸界への関心に規定されるあまり、この点についての扱いが手薄になっているように思われる。

しかし、繰り返しになるが、ドゥ・ヴァール氏の『バーナード・リーチ』は、既存のリーチ像の脱神話化にそれなりに成功しており、リーチを賞賛するにしても非難するにしても、まずは冷静にその業績を振り返ろうというその後の流れを作った点で意義がある。後述するが、ドゥ・ヴァール氏自身はどちらかと言えばリーチに対して批判的であり、そうした批判は論文「ルーツを求めて――著述家としてのリーチ」の方によりはっきりと打ち出されているが、評伝『バーナード・リーチ』においてはこうした批判は慎重に薄められており、比較的公平な態度で論述がなされている。バーナードの長男のデイヴィッド・リーチ David Leach 氏（一九一一―二〇〇五）が生前この評伝を高く評価しておられたことを、ここに記しておきたい。

筆者は一九九九年にドゥ・ヴァール氏のロンドンのスタジオを訪ね、氏からお話を伺ったことがある。その時の印象では、ドゥ・ヴァール氏のリーチ論の出発点は、氏のリーチに対する「苛立ち」の感情であるように思えた。この「苛立ち」は、ドゥ・ヴァール氏個人のものというだけではなく、彼が属する世代のものでもあるように思えた。先にも触れたが、戦後のイギリス陶芸界では「リーチ様式」が席巻した。美術学校などの教育現場においても、リーチの影響力は強かったらしい。（筆者自身も調査の過程で、バーナード・リーチを“guru”すなわち「導師、権威者」と呼ぶイギリスの新聞の見出しをみたことがある。）リーチが工芸において主張する倫理性は、若い世代には息苦しく感じられたようで、そうした人々には、陶芸における色、形、素材を純粋な造形言語の問題として考えようとする別の主張が魅力的に感じられたという。その意味でルーシー・リー Lucie Rie（一九〇二−九五）やハンス・コパー Hans Coper（一九二〇−一九八一）の存在は重要だった。こうした、リーチ様式以外の現代陶芸の可能性に関連し、ドゥ・ヴァール氏も本書第三章で何人かの人名に言及している。「リーチか否か」という問題は、現代にまで続いている。

ドゥ・ヴァール氏は陶芸家であり、また美術批評家であるが、バーナード・リーチに関する研究と批評によって、イギリス社会でその地歩を築いた。ロンドンのクラフツ・カウンシルという政府系の組織が発行する雑誌、『クラフツ』Crafts の一二九号（一九九四年七・八月）に、ドゥ・ヴァール氏の"Beyond the Potter's Wheel"という記事が掲載されている。そのタイトルの下には「バーナード・リーチによる家具のデザインはあまり広くは知られていないが、エドモンド・ドゥ・ヴァールの調査は、それがリーチの陶芸作品と同様、東洋と西洋を調和させる試みであることを明らかにした」という、おそらく雑誌編集者による見出しが付けられている（四二頁）。この記事で取り上げられているリーチの家具・個展や記事の内容は、日本では広く知られていることであるが、そのようなありふれた事柄がイギリスでは新発見であるかのように報じられることに、筆者は戸惑いを覚えた。そして、ドゥ・ヴァール氏が雑誌で好意的に紹介されていることが印象に残った。

ドゥ・ヴァール氏はこのように、リーチの事績を批判・再考することによってその後の活躍を展開していったが、その陶芸家としての活動はリーチを参照しているように思われる。作品を美術館等で発表すること（例えば、リーチとゆかりのあるダーティントン・ホール Dartington Hall のハイ・クロス・ハウス High Cross House にて一九九九年に行ったインスタレーションなど)、作品を画廊で販売すること(ロンドンのギャラリー・ベッソンGalerie Bessonなど)、執筆活動を行うこと、講演を行うことなど、これらはどれもリーチが切り開いた「個人作家」という活動スタイルである。また、ドゥ・ヴァール氏の主張の根拠の一つは、彼が日本で調査を行っていることであるが、これもまた「日本を理解し、かつ日本で認められ陶芸家」として振る舞ったリーチの戦略を部分的に踏襲しているように見える(ただし、ドゥ・ヴァール氏が日本で作品展を行ったというような話は聞いたことがない。また、氏が日本語で話すのを聞いたことがないゆえ、筆者には氏の日本語能力がわからない)。また、ドゥ・ヴァール氏は陶芸家のジュリアン・ステアJulian Stair氏と仕事場を共有する一方で、互いに相手を肯定的に評価する文章を発表していたようであるが、これもまた互いに相手を誉めあうことで互いの評価を高めた、リーチと濱田庄司の姿を彷彿とさせなくもない。ドゥ・ヴァール氏はリーチを批判しながらも、リーチの戦略をしっかりと自身の活動に引き継いでいるように見える。

ドゥ・ヴァール氏の『バーナード・リーチ』は学術書ではなく批評であるが、調査はそれなりに行き届いており、またバランス・手際よく書かれている。ドゥ・ヴァール氏が「陶芸家リーチ」像に囚われていることや、リーチという一人の人間に対する敬意があまり感じられない恨みはある。また内容は基本的に、日本とは直接には関係のないものであろう。しかし、リーチという人物を知ること、およびイギリスにおけるリーチの位置や、彼がイギリスでどのような枠組みや観点で論じられているかを知るためには、日本の読者にとっても適切な入門書であるといえよう。

（1）「対抗産業革命」について興味のある方は、次の拙論をご参照いただきたい。「民芸運動とバーナード・リーチ」、熊倉功夫、吉田憲司編『柳宗悦と民藝運動』思文閣出版、二〇〇五年。「アーツ・アンド・クラフツ運動から民芸運動へ――バーナード・リーチの寄与」、デザイン史フォーラム編、藤田治彦責任編集『アーツ・アンド・クラフツと日本』思文閣出版、二〇〇四年。

2

癒しと再生——陶器の真の生命

エドモンド・ドゥ・ヴァール
《蓋付大瓶》1998
Edmund de Waal
Large Lidded Jars 1998
porcelain, celadon glaze
Photo: Michael Harvey

Edmund de Waal, "Solace and Renewal: The Real Life of Pots", in *Contemporary Applied Arts: 50 Years of Craft,* edited by Tanya Harrod & Mary La Trobe-Bateman, Contemporary Applied Arts and Telos Art Publishing, 1998

本稿は、戦後 Arts and Crafts Exhibition Society, The Red Rose Guild, The Society of Scribes and Illuminators, The Senefelder Club, The Society of Wood Engravers が統合され、1948 年に設立されたクラフツ・センター設立五十周年を記念して編集された文集に収録されたものである。なお、その間その名称は、The Crafts Centre of Great Britain, The British Crafts Centre and Contemporary Applied Arts, Contemporary Applied Arts と変遷を遂げている。通史、染織、ジュエリー、ガラス、木工とともに陶芸関係では、アリスン・ブリトンが "Clay: Changing Scenes" を、エドモンド・ドゥ・ヴァールが本稿を、エリザベス・フリッチが "Ceramics through Time" を執筆している。

エドモンド・ドゥ・ヴァール

I

「事実に疲弊する」―ジョルジュ・ブラック〔訳註1〕

イギリスの機能的陶器制作の周辺には、常に多くのうんざりするような仕事があった。高度な地平に立った主張、領域の譲渡、それ自体の定義と価値についての小競り合い、雑誌、組合、委員会や退職のための維持基金、不完全な歴史の記述など、様々な熱心さで声明が出されてきた（「一つの標準に向かって。どこへ？」）〔訳註2〕。

陶工 potter、工芸家 artist-craftsman、陶芸作家 ceramicist、陶芸家 ceramist、作家 maker、土の美術作家 artist-in-clay という、これまで適用されてきた呼称の、長きにわたる軌跡を思えば、その煩しい印象はそれ自体の範疇で展開する世界であり、互いに距離を置く一族のそれぞれの世代といったようなものである。時折それは、自分たちの独房に余りに長く居たために隠遁生活に慣らされ過ぎた僧侶にあるような、閑散とした無気力状態、無関心の状況に近づいているように思われる。そして置かれた位置はしばしば独断的、対立的、狂信的かつ反文化的で在り続けてきた。例えば、「リーチ・ポタリー定番商品《スタンダードウエア》」〔訳註3〕、つまり、

ウィリアム・ステート＝マリー
1930年頃
William Staite Murray, Crafts Council, 1984より

家庭で必要としうる全てのものを東洋主義的なストーンウェアで作る〔訳註4〕という試みのことを考えて見よ。今世紀、特にイギリス・クラフツ・センターとその継承者であるコンテンポラリー・アプライド・アーツ創設以来のこの半世紀、陶器はずっと不安な芸術であったという事実、そしてその不安のために、陶器はしばしばせっつくような煩しいものであり、苛立たしいものでさえあったという事実から少しも逃れていないのである。〔訳註5〕一九八〇年代、家庭の陶器という点ではどん底であった時期の、マイケル・カーデューの不快な問のことを考えてみよ。

「……あなたは陶芸家なのか？ 『はい』か、『いいえ』で答えよ」〔原註1〕。

2

なぜ、陶器はそれ自体不安なものなのか？ 第一に、それは到達するのに深遠で悪魔的な芸術だからである。こんなにも多様な技法、多様なものに適応し得る芸術は、崩壊寸前の瀬戸際で揺れている。芸術が難無く理解できるように思われるとき、その中心は把握できているのか？ それが非常に安っぽい場合、真剣に受け止められるのか？ 芸術は、奥義、神秘を必要とし、そうした秘儀を適切な芸術へと翻訳する侍者を必要とする。カジュアルな陶器の換喩であるマグカップは、ほとんど秘密もなく、それゆえ素材の文化を漁るものであったり、装飾品の世界のつまらないものになってしまう。バーナード・リーチはこの崩壊の恐れについてのよいバロメーターであった。一九二〇年代後期にリーチは彼の「美術陶器 (art pots)」を、あるロンドンの画廊で展示し、彼の「家庭用陶器 domestic pots」を別の画廊で同時期に展示した。批評家は家庭用陶器の方を「追放するにふさわしい場所」を見つけた幸運と書き立てた。〔原註2〕一人の陶芸家による二種類の陶器という成果が、傷つけられたのである。それは不安を引き起こした。一九三〇年代後期、リーチはリトル・ギャラリーで、エドワード・ボーデン〔訳註6〕の壁紙、スウェーデンとインドの工芸品やウェッジウッド磁器のかたわらに自分の陶器を展示した。これが芸術形態としての陶器の信頼できる表現なのか？　現代の素材文化の一部としての陶器の安全な場所なのか？　それとも販売にふさわしい場所なのか？　その実態は、（ウィリアム・ステート＝マリー〔訳註7〕が一九三〇年代初期に短期間行ったように）前衛絵画のかたわらで展示されたのであれ、あるいは（リトル・ギャラリーでリーチが、一九五〇年代にヒールスでルーシー・リー〔訳註8〕がしたように）、装飾的な舞台装置の一部として展示されたのであれ、美術作品として理解されるような孤立した方法では、陶器は画廊空間を活気づけることはほとんどない。それらは、ほかの「事物」とともに展示されてきたのである。そしてこのことは、陶器がいまだずっと家庭を求め続けているという感覚を強烈に示すものであったのだ。

3

陶芸はまた、その個別性や特殊性を復権させるため、非常に多くの言葉、批評、概念、比喩を借りてきたことにより、外見上、優雅な雰囲気や美を分厚くまとい、それゆえ不安な芸術であり続けてきたのである。勿論、あらゆる芸術領域の学習においては、それを理解するための言葉や批評的語彙を必要とする。しかし、説明というよりもむしろ強化するために哲学や美学が利用されてきたという面がしばしばあった。その結果は豊かで奇妙な主観——なぜ陶器が私たちの感情を揺さぶり、そわそわさせ、癒す力をもつのか——という問題を探求せずにおくということだったのである。

4

幾つかの家庭の真実を改めて述べる価値はあるかもしれない。それは陶芸が役立つものでありえるという事実、陶器は、暖炉に近い、家庭内の現実的、象徴的な場所を占めるという事実とともに始まるのである。それは日々の生活の一部に過ぎず、当たり前のものとして見過ごされる平凡な日常に過ぎないのである。そのように、それは私たちがどのように食物を接種し、提供するかについての深い理解を示す部分でありえるという、稀な特殊性を持つのである。

しかしながら、それはまた、様々な公的世界と私的世界との間の境界線上にあり、限定された芸術形態である。なぜならティーポットやコップは、台所の戸棚、水きり板、マントルピース、陳列用ガラスケースや美術館の間を移動し得るのであり、このような潜在力が、陶器の真の生命のカギとなる強みなのである。それはまた、陶芸の伝統が活気を取り戻す方法を問いただすことに関心のある陶芸家が探求することのできる強みでもある。古いものが、今日的なものをいかに再生させることができるかを示すということである。台所のカップボードには文化を越える真の対話が収められているのである。

5

もう一つの家庭の真実は、陶器は、視覚的なものと行為的なものとの、並外れた集中であり、結び付きであるということである。それは言ってみれば、陶器が調子、色彩、形態そして由来という視覚的意味をもつ物として存在するということであり、つまみ上げられ手に持った時にのみ生じる身体的意味を伴うものとして存在するということである。陶器はまた力強い触覚的な手ごたえもあり、私たちの触るという、またその時のバランスという身体的範疇での記憶は、しばしば考えているより遥かに深いものである。これらの記憶が単に瞑想的なものであるだけではなく、刺激的で挑戦的であるということが重要なポイントである。陶器は単なる癒しのための物ではないのである。さらに、陶器はまた行為を伴う芸術であり、陶器は手に取ることで経験的に「生き生きしてくる」のである。

ジュリアン・ステア
《褐色炻器三角容器》1998
Julian Stair
triangular red stoneware Caddy 1998

6

陶芸が非常に多様なレベルでの意味を持ちうるとすれば、なぜもっと真剣に扱われないのか？　最後の世代への称賛は、家庭内の置物、うつわ、造形的な陶芸のもつ非現実的、比喩的な可能性への関心を語る陶芸作家の一群に、ほとんど排他的に贈られたのに対し、結果として生じた陶器について考えることにおける、大いなる欠落はそのまま存在している。ただ、いかに革新的な陶器があり得るか、いかに伝統について疑問を持っているか、いかに癒しと再生のための物でありえるか、とらえどころのないものであると同時に、いかに私たちの生活の中心にあるかを指摘することが、長く必要とされている。もはや案ずる必要はない。

陶芸家になるには、そして陶器を作るには、良い時期である。

（外舘和子訳）

原註

（1） マイケル・カーデューとパトリック・ヘロンの対談。Interview between Michael Cardew and patrick Heron, Crafts, May/June 1981, pp.36-48.

（2） 'Modern Potters', *The Observer,* 16 December 1928.

訳註

〔1〕 ジョルジュ・ブラック Braque, Georges (1882-1963) 画家。パリ郊外アルジャントゥイユ生まれ。ピカソとともにキュビズムを創始し、またコラージュやパピエ・コレという表現を開拓した。

〔2〕 Quo Vadis はもともと『ヨハネによる福音書』13章36節「主よ、何処に行き給うか」の引用。ヘンリク・シェンキェヴィチの歴史小説のタイトルに使用されたことなどからポピュラーな引用句となったラテン語。

〔3〕 バーナード・リーチが息子らとともに取り組んだ「個人作品とは別の」より廉価な日常陶器のシリーズ。カタログによるメールオーダーを行ったリーチ・ポタリーの工房製品。

〔4〕 西洋の stoneware は一二〇〇℃前後またはそれ以上で焼成される吸水性の低いやきもので、施釉、無釉にかかわらず、日本でいう一般的な陶器の多くを stoneware ということができる。つまり、ストーンウェアとは「陶器」もしくは「高火度焼成の陶器」である。

〔5〕 マイケル・カーデュー 「バーナード・リーチ」訳註59参照。

〔6〕 エドワード・ボーデン 同訳註75参照。

〔7〕 ウィリアム・ステート゠マリー 同訳註57参照。

〔8〕 ルーシー・リー 同訳註97参照。

陶芸——新たな歴史の必要性

エドモンド・ドゥ・ヴァール
《水位線下で》2005
Edmund de Waal
Below the waterline
porcelain, celadon glazes
2005
Photo: Alan Tabor

Edmund de Waal, "Ceramics: the need for a new history" in *Crafts Study Centre: Essays for the Opening,* edited by Simon Olding and Pat Carter, Canterton Books, 2004

本稿は、1970年代リーチもその設立に深く関わったCrafts Study Centre（The Holburne Museum of Art, Bath）が、The Surrey Institute of Art & Design, University College（現University College for Creative Arts at Farnham）に移転し、新装オープンしたのを記念に編まれた論集に収録されたものである。ここには、著者が「バーナード・リーチ」「根源を求めて：著述家としてのリーチ」を執筆する際参照した多くの資料が所蔵されている。

エドモンド・ドゥ・ヴァール

I

いかなる素材を扱う作家についてもいえるのだが、過渡的な時代においては、素材はある複雑さについての概念上の母体である。ニコラス・ペニー〔訳註1〕が指摘したように、素材は見た目にも明らかな価値と、潜在的な価値の両方を伴うのである。このことは、その欠陥や豊かさ、それらの作業上の難しさや容易さ、類似性や比喩的な可能性など、素材の固有の価値に関係がある。芸術作品の制作における素材の適用は、決して中立的ではない。今言及したその価値を直ちに変えようとするだけでなく、その素材を使う作家自体の価値をも反映するのである。自分の血液を使うことは、マーク・クイン〔訳註2〕が作品《自身》で行ったように、直感的な方法で生の素材について説明することである。しかしながら、ある作家が素材の選択について寛容であろうとなかろうと、一つの問題が生じる。というのも、批評家によっては、一つの素材を選び取り使用することが、どういうわけか執着的で、少々「ずる賢い」という、かすかに不快な感情が残るからである。これには、歴史的な重圧がある。地域性や固有の自然素材に伴う――ときには殆ど脅迫的といっていい――約束ごとは、直ちに、イギリス工芸界内の本物の思想と密接に結び付く。これは、結局、選ばれた人物、つまり「素材の真実 the Truth of Materials」への接近を許されてきた者という意味に通じる。定義の問題はある。つまり、その作家が造形的な陶芸家 ceramic sculptor なのか、それとも彫刻家なのか、はたまた本の装丁家なのか、それとも美術作家なのか、という問題である。素材と技術が、それを批評する際の言語として頻出する。リチャード・ディーコン〔訳註3〕のような彫刻家は、実験的研究という意味で新しい素材や工程に関与する。〔原註1〕つまり、このアイデアはパースペックス〔訳註4〕、曲がった木、土や茶色のガラスにおける、より興味深い表明なのではないか。しかし、そうであるはずだということは、制作に特別な素材を適用する価値を無効にしない。専念すること、それがたとえ一つの素材に対する情動的な熱中であったとしても、「前提として」、それはあなたが思考することを止《と》めない。それは旅の終わりではない。素材は最後の安全な毛布ではないのである。

土で作られた作品をどのように批評し、どのような文脈にまとめるかという問題はいく度も繰り返し浮上してきた。これはある意味では、土が不潔で、無秩序で、原始的で感覚的なものであるからだ。それは地位に対する不安を招くようである。素材の万神殿では余りに地位が低いので、批評家や学芸員の中には、ともかく芸術家がこの素材を使用したということ自体に異議を唱える者がいるようである。そのイメージはまた「ロクロ The Potter's Wheel」の通念に悩まされている。いってみればテレビ番組の間のコマーシャルや、悪くすると穴埋めのごときイメージなのである。ひどく濡れた動かぬ大きな塊を確信的なスピードで上手く制御し、手と土を一緒に働かせ、混沌の中から立ち現れる一つの形へと導く。かたちなき土の塊のそのような誘惑的イメージのことである。それは依然とし

リリー・ライヒ
《輝く土、焼成された土》1934
Lily Reich
Bright Earth, Fired Earth
1934

て、制作する陶芸家の基本的、根本的かつ原初的イメージのままである。反響は多様である。アダムは土から創られ、土の加工品はあらゆるものの中で最も早くから知られた人類による制作物である。焼成された土は―火との相互作用を通じて硬くなる可塑性のある土は―地理的にも、歴史的にも、建築的にも、あらゆる意味で我々の身辺にある。それは我々の文化の一部であり、比喩的な言語であり、我々自身を定義する方法の一つなのである。

そうであるとすれば、そして陶芸の一世紀を振り返り、土から作られる物、特に焼成されたものの尋常でない豊かさを考えるならば、陶芸の定義が今なおどんなに崩壊しやすいかということについての見解に鈍感と思われるであろう。「陶工 potter」「陶芸作家 ceramicist」「陶芸家 ceramist」「作家 maker」「土の美術作家 artist-in-clay」などの極めて多様な自己定義がある。陶芸界にはまた、画家、彫刻家、デザイナー、産業的製陶業者 industrial manufacture や建築家らが参加してきた。彼らは皆、陶芸の定義に関わり、最も正当に注意を喚起できる人々である。前世紀、陶芸は前衛的な論争、国粋的な修辞、あるいは文化的削減のために用いられてきた。陶芸作品は広くさまざまな媒体に即して展示されてきた。しかも非常に多くの奇妙な方法や場においてである。陶芸は、個人あるいは国家の自己増強のため、作り手 maker や画工 painter の正当性を反映し、教育し、癒すものとして印象づけるように制作されてきた。これまで、陶器商や学芸員ばかりでなく、陶芸家自身や、美術批評家、詩人、作家による批評の試みがなされてきた。陶芸の習得法の変化や個人作家の陶芸 studio pottery について語る新たな方法が現れた。幾つかの歴史が書かれてきたが、なお多くの歴史が書かれなければならない。殆ど議論されてこなかったことは、これらの世界と忠誠心の間の流動性である。つまり、産業デザインも手掛ける陶芸家craft potter、造形的な陶芸へのピカソの影響、政治的情勢が「適切な」あるいはまた「不適切な」形態を特に強調して創るよう助長してきた面についての議論である。神秘的な砦、つまり固有の安全な位置がなお保たれる場所、陶器の技術や規範がいまだ基準と考えられている場がある一方で、周辺で渦巻くイメージやアイデアの流動性を排除することは、従来より一層困難となっている。

不安は、土製オブジェはどのようなジャンルに帰属するのか、陶芸家が制作した陶器は、彫刻家や芸術家や建築家が作った陶芸作品と、どのように並べ位置付けられるのかという疑問の際限なき繰り返しに至った。これは、むしろ土にまつわる聴き飽きた物語の一側面である。芸術の序列の問題にかかわるこれらの疑問は、今日の陶芸の真剣に取り上げるべき価値の何たるかという中心的問題を覆い隠してしまいうるのだ——しかも頻繁に——である。

これは現代の問題である。ギャラリーは土であふれている。グレイソン・ペリー〔訳註5〕はターナー賞を勝ち取り、アントニー・ゴームリー〔訳註6〕による、数多くの国際的、文化横断的な表明における作品《フィールド》は、美術館の中心的空間やさびれた工業地の僅かな空間を満

アントニー・ゴームリー
《ヨーロピアン・フィールド》1993
Antony Gormley
European Field, 1993
Terracotta Capprox. 35,000 figures
each figure between 8 and 26 cm high
Photo: Helmut Kunde, Kiel
Courtesy Jay Jopling / White Cube London

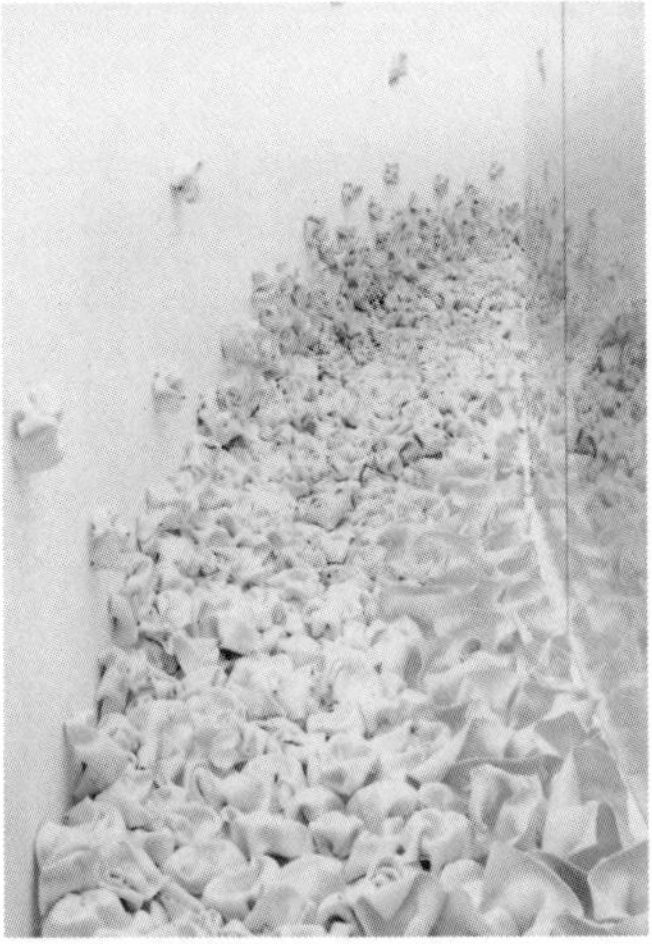

伊藤公象
《海の襞》2002
テート・セント・アイヴズ
Seafolds 2002
Tate, St. Ives
Photo: Bob Berry

たしている。テート・セント・アイヴスは、伊藤公象〔訳註7〕、マーティン・スミス〔訳註8〕、リチャード・スリー〔訳註9〕によって埋められた空間を見せる一連のコラボレーションやインスタレーションに取り組んできた。レベッカ・ウォーレンの〔訳註10〕、古典参照とポップなイメージが共存する焼かない土の造形は、あちらこちらにある。それらは、複雑な美術世界の一部である。オークションで最も高値で落とされる陶の造形物はサングの皇帝の陶器ではなく、ジェフ・クーンズの〔訳註11〕、マイケル・ジャクソンがペットの猿、「バブル」を抱いた磁器の人形である。これは、美学については少々我々に教えるところがあるが、美術界の複雑さを理解するのに、学ぶところは多くない。

　すると何が起こるのか？　幾つかの奇妙な約束事の逆転が起こるのである。陶芸家が台座や食卓を放棄し、もっと複雑な空間を占める作品を作ることは、もはや珍しくない。家庭の陶器――これも作家の陶器である――が重要であることに変わりはないが、陶芸は今や家庭のドラマを遥かに超えるものである。それらは公的で不可思議な面を持つ。建築、陶芸、そして彫刻的なインスタレーションの交差は、探求のカギとなる場となってきた。それらはまた、ペリーの装飾的で扇情的な陶芸史の略奪のように、公然と政治への興味を起こさせる。ペリーは、彼が郊外の絶望の場面、つまり入り乱れる落書き、消費主義、セックスといった場面をその上に描いている古典的な花瓶（夜の授業で作られるような花瓶）に特有の表現法を使用する。

「障害がある」という叫びは、全ての世代を通じて鳴り響いている。つまり、障害は常にあるもので、常に復活するものだ。陶芸は、前世紀を通して、工芸craft、デザイン、建築、美術といった異なる世界の一部分であった。陶器は芸術運動を導くものの殆どにおいてその役割を果たしたが、次はどうなるのか。

国際主義のスピードが増していく中、今では、ある作品が何処で作られたのか推測することは、もはや困難である。(私はここに属し、私の作品はこの国や地域の伝統の一部だというような)あらゆる固有の地域性の指標は、共通の様式へと平均化されている。その最も基本的レベルで、いったん高度に文化的に調整された技術は、今やありふれている。今日では、日本のものよりもっと「穴窯」らしい日本式のアメリカの薪窯がある。「楽焼」はどこにでもあり、イギリスのスリップウェアは韓国の学生の作品にも現れている。この技術的、様式的引用のレベルは、ポストモダンの断片の一部である。それはあなたが、引用しようとすまいと、あなたが引用をどのように認識しているかという、より大きな問題なのである。

2

「非素材化」されるようになってきた美術の世界では……そこでは美術作品がしばしば不在であり、もしくは、ビデオやパフォーマンスを通じての存在の、つかの間の記録であるのだが、現実の場所で作られた現実のオブジェは、特別の反響をもつ。泥漿から柔軟な素材へと幾つかの異なる状態を経てもろさへと移行するような、しばしば土に固有の性質を用いた土のパフォーマンスへの関心は持続的に続くだろう。しかし陶器は、その意味を世界に力強く主張し続けていくであろう。

エマニュエル・クーパー著
『バーナード・リーチ：生涯と作品』
イエール大学出版、2003
Emmanuel Cooper
Bernard Leach: Life & Work
Yale University Press
2003

言葉の技術を見いだすことは珍しくない。例えば音楽は才能ある評論家で一杯だ。工芸 the crafts の中でも陶芸 pottery はその騒音が目立つ。陶器を作ることと陶器について書くことは、戦後イギリスのスタジオ・ポタリー studio pottery の歴史に、深く絡み合ってきた活動である。ただ一人ルーシー・リー〔訳註12〕だけが、沈黙を守ってきたようだ。他の者は皆、陶器について書いてきたように思われる。『季刊陶芸』*Pottery Quarterly*、『陶芸批評』*Ceramic Review* のような、技術習得のための新しい雑誌を満たしている、絶えず届く手紙の嵐や評論記事と同様、有り余るほどの本、記事、声明文、旅行談、批評、自伝、詩や歴史がある。書かれたものの多くは、題名は専門的だが、技術のありかはどこなのかという強力な価値操作の議論で貫かれている。マイケル・カーデュー〔訳註13〕の『初めての陶芸』*Pioneer Pottery* とマイケル・キャソン〔訳註14〕の『陶芸家の芸術』*The Art of Potter* のような書物は、陶器をどのように作るかという様子を再定義するのに役立った。アラン・ケイガー・スミス〔訳註15〕のようなほかの陶芸家は、伝統全体を――彼の場合はラスターの伝統ということになるが――勤勉な専門的研究によって、首尾よく復活させた。

スタジオ・ポタリー世代の先駆者であるバーナード・リーチとマイケル・カーデューから、トニー・バークス〔訳註16〕やマイケル・キャソンのような一九六〇年代の手に負えない若者まで、そしてアリソン・ブリトン〔訳註17〕、エマニュエル・クーパー〔訳註18〕、ジュリアン・ステア〔訳註19〕といった人々による現代の批評まで、陶芸の展望を明確に述べる試みが継続されて来た。その雰囲気は、哀調から激昂したものまで幅がある。ごく稀に、ハンス・コパー〔訳註20〕の唯一現存する一つの文章のように、美しくさえあった。以下に紹介する。

ラスキン・ポタリー
Pottery Gazette, December 1908 より

紀元前のエジプトの器potは、荒い卵形の、手のひらサイズで、何千年も前に、ことによると奴隷によって作られ、多くの意義の中で存続してきた。控えめで、受け身的で、何となく途方もなく、しかし説得力があり、神秘的で、感覚に訴えるものなのである。それはいかなるメッセージも伝えず、いかなる自己表現もしないが、作り手とそれを扱う人間世界を受け入れ、反映するようだ。そしてごく微細なエネルギーと敬意を提供するのである。(原註2)

しかし、自己定義のこの注目すべき言説をもってさえ、陶芸史は未だその未発達期にとどまっている。スタジオ・ポタリー運動の研究、クラフツ・スタディ・センターCrafts Study Centreの思想は、いまなお急進性をもっている。この試練をどのように位置づけるかということは、大いに問題をはらんでいる。それはラスキン美術工房の後々の施設――ウイリアム・ド・モーガン(訳註21)あるいはマーティン・ブラザーズ(訳註22)の継承なのか？ それは装飾芸術なのか？ それとも、「自律的な」オブジェのためにモダニストたちの情熱が弾けて産み落とされた新たな試練なのか？

もし私たちがこの時代を図解しようとするなら、私たちは想像の歴史と希望の歴史を図示しなければならない。私たちは近き東洋と遠き東洋のイメージを掌握して示す方法を見いださねばならない。というのもそこでは、陶芸が再生し得るからである。私たちは一塊の思想が生きる場、いかに器が平らに、または多様な形状になりうるものであり、いかに表面に多くの穴が空けられ、または傷つけられ得るのかという野望を示さねばならない。

オブジェが、取り扱われることなく、理解されることなく、「危険な」あるいは人を不安にさせるものであるという願望の歴史は、さらに書かれなければならない。

この歴史において、私たちは、伝えた者と場、つまり展示をし批評した者と対象との共益関係をたどることができよう。そして誰が誰に耐えられなかったのかについても。抑圧の歴史についても、尊重の歴史についても、たどることができるはずだ。

我々はスタジオ・ポタリーというこの新たな現象について、その野望がリーチの時代にあったものなのか、そして今スタジオ・ポタリーはどうなっているのかを問わねばならない。それは、産業的陶器生産 industrial ceramic manufacture（「日用陶器」）[原註3]に替わるべき本当の選択であったのか？　もしそうなら、その犠牲と技術上の不完全は明らかにすべき問題である。それは装飾芸術なのか、（家庭の暖炉や地方の家の陶壁）に採用する「室内装飾家や建築家」のための有益な資源だったのか？　それは、非常に特別の場と方法で見せられる現代絵画や彫刻と同等の一つの芸術だったのか？　とりわけ、いまなお、リーチの遺産の上になされた仕事がある。実際にリーチを分析することより、彼を健全な陶芸を圧殺する亡霊や有害な影響のように捉え続けることの方がずっとたやすい。

陶芸史の中で作り上げられてきた偉大で、安易な両極の性質は、もっと活発に扱われねばならない。「ロクロもの the wheel」対「抽象的なうつわ abstract vessel」、地中海人種対東洋人、美術学校対工房といった、意識のうえでは対置される表現は、チェックされないままの常套句である。ロクロ成形に対して手捻り成形を安易に対極と見做すような惰性が暴かれなければならない。この特別の常套句は、熟慮と英断というそれに付随する意味を伴う手捻り成形の速度の遅さに道徳的刃があるという思想に基づくものである。ロクロ成形の周辺にある常套句は、工程への没入、自己喪失の反復にある。

そして私たちは、世論に反して陶芸家の間にある一般的な感情について取り上げなければならない。世間は土を触る者なら誰に対してでも否定的であったし、陶芸は興味のある人々に説明されるよりもむしろ、陶芸に無知な者を擁護する要塞である。宣言と論争の偉大なる時代は死んだのか？　バーナード・リーチ、マイケル・カーデュー、ピーター・フュラー、〔訳註23〕デヴィッド・パイ、〔訳註24〕ピーター・ドーマーの後、〔訳註25〕誰が陶芸の場を論じていくのか？　もし私たちが『ニュー・ハンドワーカーズ』*New Handworkers* のパンフレットのようにマニフェストが届くことを期待するなら、私たちは実際に起きていることを決してみてはならないであろう。コミュニケーションは、新聞の通信欄をはじめ、インターネット、セミナーなど、どこかほかの場所にある。

幾つかの試練に関するこの流動的な時代には、自明の危険が存在する。しかしながらまた、美術批評や美術展覧会における再編成の機会もある。美術を見る人、扱う人、体験する人への要求は、芸術家たちがどこでそれを制作することを選ぼうとも、彼らの特質を見いだすことである。この要求は、ある面では、私たち自身の歴史を再編することであり、その豊かさと複雑さを暴くことでもある。

工芸と美術の論争に、もはや時間は残されていないのである。


（外舘和子訳）

原註

（1）リチャード・ディーコンと現代陶芸・作家たちについては、"'Very Like a Whale' Rechard Deacon's ceramic sculpture" by Edmund de Waal in *Richard Deacon Out of Order*, Tate Publishing, 2005, pp.6-23; "High Unseriousness: artists and clay" by Edmund de Waal in *A Secret History of Clay from Gauguinn to Gormley*, Tate Publishing, 2004, pp.37-65を参照。

（2）*Craft Classics Since the 1940s*, ed John Houston, London, 1988参照。引用は一九六九年、九九頁より。

（3）リーチ「日常の陶器」。Bernard Leach, circular letter to Japanese friends, January 1928, BL archive.

訳註

〔1〕ニコラス・ペニー Penny, Nicholas　ロンドン・ナショナル・ギャラリーのキュレーター。ルネサンス絵画部門担当。

〔2〕マーク・クイン Quinn, Marc (1964-)　彫刻家。ロンドン生まれ。肉体に対する感性によって一九九〇年代にイギリスで流行した「死」をモチーフとする作品に関係する作家の一人。

〔3〕リチャード・ディーコン Deacon, Richard (1949-)　彫刻家。ウエールズ、バンゴア生まれ。一九九八年、ロイヤルアカデミー（王立美術院）会員。二〇〇六年、著者エドモンド・ドゥ・ヴァール氏の協力によりテート・セント・アイヴスで個展開催。

〔4〕商標で熱可塑性のあるアクリル。

〔5〕グレイソン・ペリー Perry, Grayson (1960-)　衣装倒錯的陶芸家。エセックス、チェルムズフォード生まれ。幼少期から陶器作りに親しみ、社会風刺的なテーマのもとに陶器を制作。二〇〇三年ターナー賞を受賞。

〔6〕アントニー・ゴームリー Gormley, Antony (1950-)　彫刻家。ロンドン生まれ。ケンブリッジ大学で考古学、人類学、美術史を学んだ後、旅行先のインドで身体的感覚を集中させる瞑想を学び彫刻家になる。人体をモチーフに、テラコッタ造形を制作。近年各地で地域の人々との協力による人体モチーフの集合体を形成するプロジェクトなどを実施。

〔7〕伊藤公象 Ito, Kosho (1932-)　陶芸家、彫刻家、現代美術作家。石川県生まれ。第4回インド・トリエンナーレ金賞受賞、第41回ヴェネチア・ビエンナーレ出品。土の性質と人為との関係が生み

出す有機的な造形表現を探求、二〇〇二年テート・セント・アイヴスで個展開催。

〔8〕マーティン・スミス Smith, Martin (1972-) 彫刻家、陶芸家。ドイツ、ハノーヴァー生まれ。リズム、連続性、運動を意識したメカニカルな彫刻を制作、屋内外で作品を発表。

〔9〕リチャード・スリー Slee, Richard (1946-) 彫刻家、陶芸家。カンブリア、カーライル生まれ。大胆でカラフルな色彩を特徴とする彫刻的な作品を制作。「豊饒の角」などの代表作がある。

〔10〕レベッカ・ウォーレン Warren, Rebecca (1965-) 彫刻家。ロンドン生まれ。ロダン、ボッチョーニ、ドガなど古典に取材した奇っ怪な人体イメージをもつ作品などを制作。

〔11〕ジェフ・クーンズ Koons, Jeff (1955-) 現代美術作家、彫刻家。アメリカ、ペンシルヴァニア州生まれ。十代でダリに啓示を受け、シカゴ美術館付属美術学校、メリーランド美術大学大学院修了。ウォール街のブローカーを経て現代美術作家となる。そのオブジェ、立体造形はダダイストの系譜に属しつつ、ジェフ自身はポップアートの鬼才と賞される。

〔12〕ルーシー・リー 「バーナード・リーチ」訳註97参照。

〔13〕マイケル・カーデュー 「バーナード・リーチ」訳註59参照。

〔14〕マイケル・キャソン Casson, Michael (1925-2003) 陶芸家。ロンドン生まれ。クラフツマン・ポッターズ協会創立会員。伝統・素材・プロセスについてのリーチの思想にひかれ、スリップウェアや塩釉陶器を制作。二〇〇三年十二月十二日没。

〔15〕アラン・ケイガー・スミス Caiger-Smith, Alan (1930-) 陶芸家。ブエノスアイレス生まれ。ケンブリッジのキングス・カレッジやロンドンのセントラルスクール・オヴ・アーツ・アンド・クラフツで陶器に興味をもち、ラスター系の釉薬を用いた器等に取り組む。

〔16〕トニー・バークス Birks, Tony 評論家、陶芸家。ルーシー・リー研究で知られる。

〔17〕アリソン・ブリトン Britton, Alison (1948-) 陶芸家、評論家。ロンドンのロイヤル・カレッジ・オヴ・アートに学び、一九七〇年代から陶芸家として活動。やきものの性質を踏まえた陶器制作とともに、その造形思想についての言説も多い。

〔18〕エマニュエル・クーパー Cooper, Emmanuel (1938-) 陶芸家、評論家。ロイヤル・カレッジ・オヴ・アート教授、*Ceramic Review* 編集長。ルーシー・リー研究、リーチ研究などで知られる。近著に、*Bernard Leach: Life and Works*, Yale University Press, 2003 がある。

〔19〕ジュリアン・ステア Stair, Julian (1955-) 陶芸家、評論家。ブリストル生まれ。ロンドンのキャンバーウェル・カレッジ・オヴ・アートで陶芸を学び、ロイヤル・カレッジ・オヴ・アートでクリティカル・ライティングによる博士号を取得。ヨーロッパのポストモダン陶芸を担うと見なされている。

〔20〕ハンス・コパー 「バーナード・リーチ」訳註98参照。

〔21〕ウィリアム・ド・モーガン De Morgan, Willam (1839-1916) デザイナー、陶芸家、技術研究者、小説家。数学者を父にチェスターに生まれる。王立美術学校に学んだのち、ウィリアム・モリスに出会い、一八六三年からモリス社のためにタイル、ステンドグラス、家具をデザイン。アーツ・アンド・クラフツ運動において最も重要な役割を果たした一人となる。その功績は一八七二年に設立されたド・モーガン・センターに納められている。

〔22〕マーティン・ブラザーズ Martin Brothers: Robert Wallace (1843-1923), Charles Douglas (1846-1910), Walter Fraser (1857-1912), Edwin Bruce (1860-1915) 個人作家的活動ではなく工房作品としていわゆるアート・ポタリーを共同で製作した。

〔23〕ピーター・フュラー Fuller, Peter (1947-90) マルキストの批評家。一九八一年ころから *Crafts* 誌にアヴァンギャルド芸術に対する批判的な記事を書くようになり、*Art Monthly* や *The Maker's Eye* などにおける批評で論議を呼んだ。

〔24〕ディヴィッド・パイ Pye, David (1914-93) 家具デザイナー。建築協会で建築を学んだ後、戦後、折衷様式の家具のデザインや製作をするようになる。一九六四年〜七四年ロイヤル・カレッジ・オヴ・アート教授。量産や機械化に関する言説が注目される。主著に、*The Nature of Design*, 1964 がある。

〔25〕ピーター・ドーマー Domer, Peter (1949-96) 労働党議員。美術と哲学を学ぶ。一九八〇年代初期に *Art Monthly* に寄せた芸術における社会的問題に関するコラムが議論を呼んだ。

3

対談　陶芸家のリーチ研究とスタジオ・ポタリー

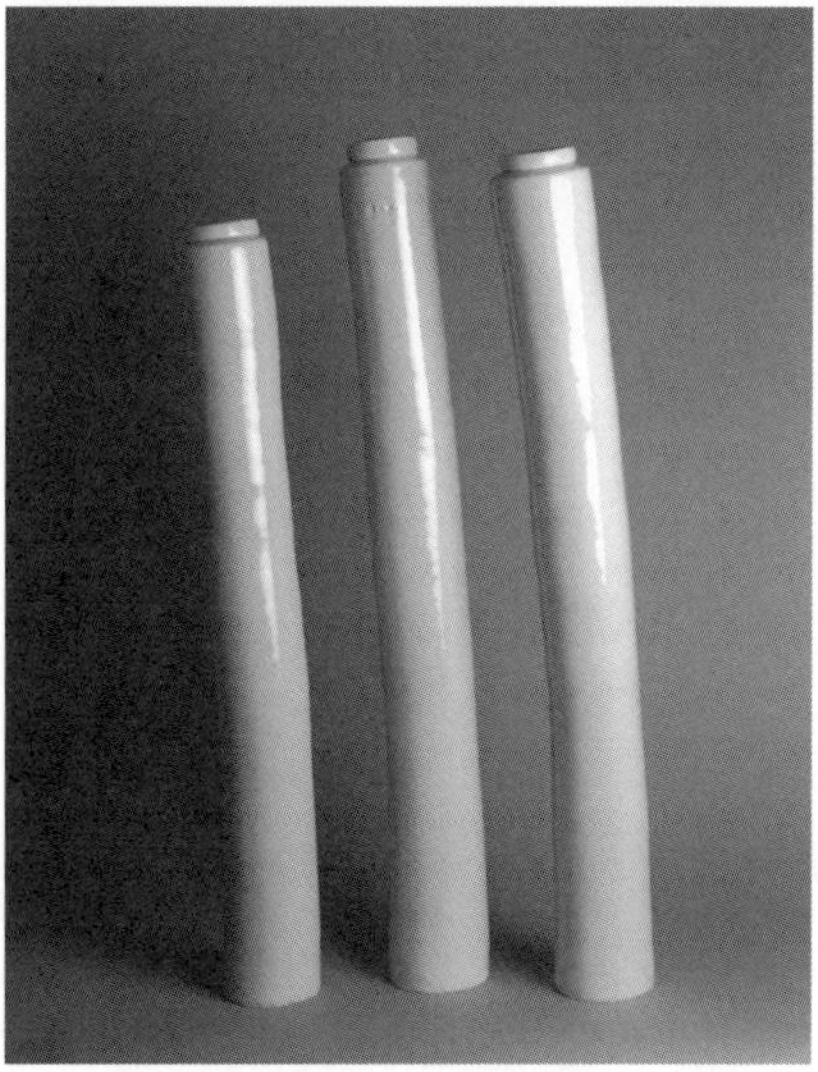

エドモンド・ドゥ・ヴァール
《瓶》2005
Edmund de Waal
Tall Jars
porcelain, celadon glaze
2005
Photo: Alan Tabor

エドモンド・ドゥ・ヴァール
金子賢治

東京国立近代美術館工芸館会議室
二〇〇五年五月三日

金子　ドゥ・ヴァールさんの御論考を読ませていただいたのですが、そこにはバーナード・リーチの評価、スタジオ・ポタリーとは何かということ、そして現代陶芸論と、この三つのテーマがあると思います。まだその三つの関連がよくつかめていないのですが。スタジオ・ポタリーの歴史がどうかということと、ドゥ・ヴァールさんが現在スタジオ・ポタリーをどう考えておられるかということ、これら二つは別の問題ですので、まず、歴史はともかくとして、今、スタジオ・ポタリーとは何なのかということに対してどうお答えになりますか。

ドゥ・ヴァール　とても興味深い質問です。それに答えるにあたって、私はまずスタジオ・ポタリーと芸術としての陶芸との違いについて話したいと思います。

金子　それはどういうお考えでしょうか。ご論文の中にある ceramic sculptor と sculptor との違いが、今の studio pottery と ceramics as art との違いですか。

ドゥ・ヴァール　そうです。それを明確にするためには歴史をみる必要があると思います。そこでは、スタジオ・ポタリーはファイン・アートに相対するものとして自らを規定しています。スタジオ・ポタリーの伝統はバーナード・リーチの書いたものから来ています。まさにファイン・アートとは異なるもう一つの道でした。交わることもなく、引き裂かれていました。スタジオ・ポタリーの伝統はファイン・アートの対極にあるもので、この対立、一種の闘争がスタジオ・ポタリーの大きな問題となっています。

金子　ファイン・アートとどこが違うというふうに定義したのでしょうか。

ドゥ・ヴァール　これは私の個人的な印象ではなくて、歴史事象であり、一九五〇年代から六〇年代にかけてバーナード・リーチが与えた影響によるものです。その対立は、ファイン・アートとは何の関係もないものとして定義した原則を社会に提示した結果生じた遺産とも言えるものです。

金子　その場合、どこがファイン・アートと違うのでしょうか。

ドゥ・ヴァール　ファイン・アートと陶芸との違いは何か。これは実に異なったものです。非常に込み入っているのですが、バーナード・リーチはそれを単純化してしまいました。彼はこう言いました、「陶芸 ceramics は歴史に根付いた伝統的な工芸 craft であり、現代美術は個性に根付いている」と。リーチはそれらを対立するものとして分離しようとしました。事実、現代美術と陶芸との違いはやっかいな問題となってしまいました。

金子　この論文の中で、リーチの制作について、個人的な作品と日用陶器とに分けて書いていらっしゃいますけれども、その両方ともファイン・アートとは違うという意味でしょうか。

ドゥ・ヴァール　私が申し上げたいのは、リーチの言葉が金子さんのおっしゃった日用陶器と個人的な作品との違いに混乱を来たしてしまったということです。彼は、全ての陶芸は伝統に基づいているものであると示唆しました。それは『陶芸家の本』*A Potter's Book* においてですが、そこでは、すべての陶芸は「個」を忘れ、捨てたところから生まれるとしています。ところが、面白いことに、概念はもっと複雑に込み入っています。私が言いたいのは、リーチがそれをあまりにも単純化してしまったということです。

金子　少しずつわかってきたような気がしますが、リーチについていろいろ語ることとドゥ・ヴァールさん自身の現代陶芸論とに関連がないように思えるのです。要するに、現代陶芸論を述べるためにリーチ論はほとんど必要がないような印象を受けたのですが。

ドゥ・ヴァール　私は彼について語りたいのです。私が陶芸について語り批評する言葉はまだ充分に洗練されていないと思います。西洋においては、それは非常に難解になってしまっています。そして、これは彼に原因があるのです。私がリーチについて語りすぎるという金子さんのご意見はその通りです。近現代の陶芸は、伝統とともに、また、建築にも、さらにインスタレーションとして、パフォーマンスとしても扱われてきたと思います。と同時に伝統的なフォルムをも扱ってきました。現代陶芸はもっと大きな領域を占めています。にもかかわらず、リーチはそれを小さな領域に押し込めてしまったのです。

リーチにとって陶芸とは生き方でした。陶芸家であることの意味です。そしてそれを芸術とは相対するものとして位置づけていました。私たちは対立を必要とはしていません。伊藤公象氏や多くの現代作家たちが示しているのは、現代美術と相対立することなく、さまざまな異なる方法において陶芸作品であり得るということです。

金子　よくわかるのですけれども、今僕たちに必要なのは、建築とかパフォーマンスとかの非常に広い分野で、その一つ一つを分析して、その違いを明確に見出して、現代陶芸論というものがあるならば、ない場合もあるのですよ、あるならばそれを論として打ち出すことではないかと思うのです。そういうふうに課題を設定すると、リーチのやったことは確かに狭いけれども、それが現代に繫がる要素というものがあって、それを歴史的に繙いて繫げていくのが僕たちの仕事なので、今から比べて狭いからと否定的に扱うと、やはり土なら何でもいいという世界にしか行き着かないと思うのです。そういう視点からはリーチは否定されるかもしれないけれども、それは少し違うように思います。

ドゥ・ヴァール　賛成ですが、これは難しい領域です。

金子　そういう視点に立つと、土とか陶を産業ではなくて造形の素材に転換するということでは、リーチだけではないですけれども、富本も含めて、あの時代の人はそのきっかけをつくったという意味で評価しうるのではないかと思います。

ドゥ・ヴァール　私は富本やリーチを大いに尊敬しています。だからこそ人生をこれほどさいています。多くの意味において私は彼の継承者です。ところが、リーチの第二世代といえる人たちがその世界を狭めてしまいました。大正時代の富本やリーチをみると、彼らは家具をデザインし、作陶し、クラフトの可能性に熱中していました。とても感動的です。たとえば、彼の考えは、人の生活全体に及んでいました。

金子　リーチの次の世代が狭い、それに対して広いというのは、焼物だけではなくていろいろやったという意味ですか。

ドゥ・ヴァール　ここで重要なことは、リーチが書いたことと作ったものとの間に違いがあるということです。彼が作ったのは、スリップウェアや磁器、楽焼、家具、絵画などで、さらに陶芸について書きました。実に多くのことをしました。富本は詩人であり、デザイナーであり、刺繍をし、家具や陶器も作りました。彼の陶器は素晴らしいです。一方、リーチが『陶芸家の本』に書いたことは単純すぎます。西洋においては、（教科書のように）人々はこの『陶芸家の本』を手に取り、リーチ風の陶器を作ります。そして世界が狭まっていくのです。私はリーチがパイオニアであると確信しています。富本やリーチのようなパイオニアの世代の人々に対し本当にそう思っています。私が心配するのは、『陶芸家の本』の出版された一九四〇年以降のリーチの言語が、本来私たちがそこに見出すべき機会を狭めてしまうのではないかということなのです。

もう一つ、たとえば日本の陶芸家に関するリーチの見解があります。リーチは、濱田庄司や河井寛次郎、そして民芸派の友人たちを唯一本当の日本の陶芸家であると述べています。一方で、彼は走泥社の八木一夫に対して「あなたは日本の現代陶芸家ではあり得ない、なぜなら日本の伝統を学んでいないから」と言っています。そして人々はそれを信じているのです。西洋の歴史家や批評家や陶芸家が戦後日本の陶芸家の革新に気付くことを難しくしているのは、『陶芸家の本』において、唯一の日本の焼物は、彼の友人たちによるものだからです。光悦、乾山、濱田などです。戦後書いた他の本においても、それ以外の陶芸家は登場しません。彼にとって唯一真実の日本の焼物は民芸運動から生まれるものだからです。

金子　今おっしゃった問題点については、僕たちも同じように思うのですけれども、日本で活動しているとそう大した問題ではないのです。イギリスではやはりそれほど大きな問題なのだということですね。

ドゥ・ヴァール　重大です。たとえば、私が日本における現代陶芸について書いたり議論したりしようとします。でも、人は、日本は陶工の国で、その伝統は七千年遡り、乾山の伝統を踏んだ茶陶の国だと言います。そして、陶芸の世界の広がりを理解しようとしないのです。ここで工芸craftとは何でしょうか。彼らはいまだ日本における工芸とは伝統に根付いたものであることを期待しています。近代的なものは期待していないのです。彼らにとって工芸とは、リーチ故に、五十年経っても単純なものなのです。工芸とは継続なのです。金子さんの書かれたものはとても興味深かったのですが、それは「工芸が継続である必要はない」と言われたからです。それ以外のあらゆるものであり得るのです。

金子　私がこれまで書いてきたのは、過去を参考にすることはかまわないけど、それはあくまで現代の表現に動員する範囲でのことです。そもそも人間が手と目と頭で物を作るという認識機能は普遍ですから、その意味では「継続」と「断絶」が連鎖していくものだと思います。

ドゥ・ヴァールさんが言われた「伝統に根付いた」というのは、要するに、古いものを復興すること、コピーすること、という意味でしょうか。

ドゥ・ヴァール　単に様式や形を真似るということではなくて、感覚、過去の感覚です。例えば、私はかつて一年東京に滞在しました。東京に住んだのです。そしてロンドンに帰ったとき、私は東京における都会の工芸について話そうとしましたが、そこにいた一人の批評家が東京に工芸なんてあるはずがない、と言ったのです。これは本当の話です。

金子　それは日本人でも同様です。例えば「オーストラリアの工芸」という展覧会をしたときに、「オーストラリアに工芸ってあるのですか」と言う人がいたのです。それも同じ感覚ですね。その根底には、イギリスにとってのリーチと日本にとっての柳とか民芸というものの影響あるいは功罪というのが確かにあるでしょうね。ただ、日本の場合は、柳の存在がイギリスにとってのリーチほど大きくはないので、一方で「オーストラリアに工芸ってあるのですか」という人がいたとしても、それほど問題にするほどではないのですが。それでも、やはり民芸という言葉がこれだけ世の中に広まっていますし、何かしようとすればいろんなところでぶつかります。だから、リーチを乗り越えるのと同じように柳を乗り越えるということは必要なことかもしれませんけれども、あまりにそれを過大視するより、焼物を用いた様々な表現が存在するのですけれども、その様々な異なる表現の同じところと違うところをもう少し分析して現代陶芸論を打ち立てるということが重要だと思うのです。

さきほど、リーチの第二世代がもっと狭めたという話がありましたが、日本でも同じことがあって、柳の理論というものを、古い民芸を真似るのが工芸だとして民芸様式作家が大量に出てくるのです。それと柳の民芸論とは区別して考えないと、柳の本質、柳の民芸論の合理的な部分が切り捨てられてしまうでしょうね。（ドゥ・ヴァールさんの）リーチ論もそういう危険がないのでしょうか。つまり、リーチの土とか陶とかを表現の素材に転換していくという合理的な部分は評価して、それが今に繋がっているというふうに考えていかないと、現代陶芸論は確立できないと思うのです。

ドゥ・ヴァール　リーチと同時代に同じく非常に興味深い作陶をした人々もいたのです。しかし、彼らは本を書かなかった。私たちが公平であるためには、リーチと並行して陶芸を発展させた人々がいることに言及する必要があると思います。誰もリーチほど影響力を持たなかったのですが、それは、彼らが次々と本を書かなかったからです。それで、忘れ去られていったのです。ちょうど走泥社の運動、四耕会の歴史のように。それは最初の明らかな興味深い運動でした。走泥社の二年前であったにもかかわらず、四耕会は知られていません。なぜでしょう。西洋においては、リーチと同時代に多くの陶芸家が存在していましたが、リーチだけが本を書いたのです。書かれた歴史は重要ですが、柳やリーチに関していまお話ししたようなことも言えると思います。

金子　確かに、美術史学は物と書いたものとを両方分析の対象にするわけですけれども、影響があったかなかったかという点に関していえば、それは必ずしも書いたもののあるなしでは計れません。四耕会が知られていないのは、造形の本質を見誤り、運動が崩壊し作家が転向したからで、逆に走泥社は新しい造形論を打ち立てたから長続きし、広く知られたのです。

　リーチの書いたもので言うと、「標準」とか中国陶器の評価とか、今の研究の水準から言うと問題点は沢山あると思うのですけれども、やはり土とか陶を産業ではない造形の素材に転換していくという端緒を開いたということは、きっちり押さえておかないと歴史は書けないと思うのです。「新たな歴史の必要性」、そのためには、バーナード・リーチの合理的な部分をピックアップしておかないと、どうもドゥ・ヴァールさんの意見を聞いていると、ほとんど全否定に聞こえるのですけれども、そういう解釈でいいのでしょうか。

ドゥ・ヴァール　私は絶対に彼を否定などしていません。

金子　リーチや富本という人たちが、成し遂げたことを正確に評価して合理的に抽出し、今に繋げるという陶芸論がないと……。ドゥ・ヴァールさんの企画でなされたこういう展覧会[1]を見ると、要するに「土」「陶」であれば何でもいいという展覧会ですよね。歴史をそういうふうにばっさり斬ってしまうと、現在の土の芸術論、土という素材に対してどういうアプローチをしているかということの違いが見えてこないように思うのです。昔のものをばっさり斬ってしまうから今が見えなくなっているように思います。この展覧会の企画の意図をもう少し聴かないといけないのですけれども。

ドゥ・ヴァール　二つ言わせて下さい。まず、新しい歴史が必要とされています。私はリーチに対してとても真剣なのです。嫌っているだけのほうが簡単でしたが、彼の陶芸と四つに組み、彼を分析した結果なのです。それだけ真剣だったということです。私はリーチの伝統のうちにある陶芸家に師事した陶芸家で、バーナード・リーチも知っていましたし、デイヴィッドも、ジョンも、ジャネットも知っていました。そして彼らに対してとても真剣だったのです。そして彼の考えを再評価したかったのです。しかし、同時にそれらをその時代の文脈の中に位置づけたのです。また、同時に、この二〇〇五年の現在の陶芸について異なった取り組み方を見出しました。これが二つ目のポイントです。この展覧会は、土の芸術家の展覧会です。これは陶芸のそれではありません。ここ（このカタログ）で書いたのは、陶の遊びについてです。それは飛んでいて真剣というものではありません。遊びなのです。そこで扱われている作家は時々陶を用いている作家たちです。八木一夫もいますが、その考えが遊びだからです。八木はそれを理解していました。私は単にこれをご紹介したかっただけです。

セラミックの意味について語るとき、疑問を提示するのは辛いことです。私は三つに注目しています。まず最初に、素材を理解すること。第二に、素材の感触あるいは身体的な理解。第三に、土の理解です。そこには理解のゆるやかな進歩があります。これは最初の遊びの展覧会です。

八木一夫やアントニー・ゴームリーは土に集中することに人生を費やしてきた人です。私たちは工芸の核心である素材の理解をみなければならないと思います。

金子　八木一夫を例にされて、ほとんど土に懸けてきたというのは事実ですけれども、そのクレイの何に懸けたかということだと思うのですよね。長い短いではなくて。結論的なことを言うと、何かの概念があってそれに土を当てはめるのではなくて、その逆で、土をいじくりながら概念を創りだしていく。つまり、リーチのやったことも富本のやったことも、器とか陶芸とかいうものの既成概念に土を当てはめて立ち上げるのではなくて、轆轤でも手捻りでも何でもいいのですが、土を立ち上げながら、その立ち上げの中に自分をこめていくその表現の道筋を土という素材に限って創りだしたんですよね。八木のやっていることもそこに意味があるので、ほとんど土を触っていたかどうかの問題ではないと思うのです。ましてや「遊び」などという捉え方では八木の本質を完全に見誤ってしまいます。そこがもっとも大事な点で、リーチや富本を考える際のポイントはそこなので、そういうものとこの展覧会はまったく違うので、さきほどお尋ねしたのですけれども。

ドゥ・ヴァール　私は素材の理解（思想）を信じています。私が思うに、いまや陶芸家やセラミシストである人々がものごとをはっきり述べるという強力な挑戦があると思います。歴史感覚に基づいた思想があると。

金子　リーチを非常に重要視しているので問題にしているのだとおっしゃっていましたけれども、しかもご自分もリーチに繋がる陶芸家であるということですよね。ということは、本当に造形論的にリーチと繋がっているという自覚なのか、それともあまりにリーチの影が大きすぎてやむを得ずそこに入れられるというような重要性なのか、そこが判断を迷うところですが。リーチに繋がっているからなのか、それともリーチを押しのけないといられないという意味なのか、どちらでしょう。

ドゥ・ヴァール　両方です。とてもよい質問です。私にとって問題は、私がリーチの伝統に繋がる陶芸家であると同時に、ケンブリッジ大学で文学を学んだ批評家であるということです。多くの本やエッセイを著わし、ほとんどの友人たちは小説家や批評家で陶芸家ではありません。私は、文学と陶芸を素性とする人間です。どういう文脈に方法を見出したのかというと、彼を歴史的文脈の中に捉えることです。この本はまさにリーチをその時代の文脈の中に位置づけた本なのです。しかし、同時に、どれほど私が日本や中国や韓国の陶芸を愛しているか。日本に来たとき、日本の陶芸を見て、リーチの声に耳を傾け、彼らを見ようとしました。リーチの声を聴こうとしましたが、私が見たものは、日本の陶芸に関してリーチから聞いたものとは全く異なっていました。彼の書いたものの一部はいまでも新しい方法、現代的な方法を形成していますが、この展覧会は、バーナード・リーチから聴かずに陶芸を見たものです。私は加守田章二や中村錦平などを彼の考えにとらわれないで見たかったのです。

金子　それは、エドモンドさんのエッセイを読んでいるとよくわかりますし、そこでのバーナード・リーチ像というのは、ある意味でいままでの陶芸家像を解体して、その構成部分を非常に厳密に分析したという感じがしました。一番興味を持ったのは、個人的な作品 individual pottery と日用品 necessary, domestic pottery と、便宜ということばでそれを繋いで、リーチ像をつくりだしていこうとされている。そこが、日本でも今までの陶芸論で一番欠けている部分で、そういう風に表現としての作品と、絵でいうとパン絵って言うですけれども、パンを食べるための絵ですけれども、陶芸だとパン陶でしょうか。そういう風にリーチを分解していく、解体していくということ、今の視点から見た作家像を構築していくということは非常に我々日本人にとっても大事な論点なので、そういう意味では、今までのリーチ像とは確かに違うということはよくわかったんですね。問題なのは、便宜で繋がれたほうの indivisual pottery がどういうものであるのか、ということです。それをどういうふうに思うかですね。私の場合は、結論から言うと、富本、リーチ、その後の歴史の分析から「工芸的造形論」craftical formation というのを考えるようになっていったんですけど、その辺の陶芸論の持ってゆきかたをこれから論議して深めてゆきたいと思います。

『陶芸家の本』のリーチの考え方にも、恐らくわかっていらっしゃると思うのですけれども、リーチの論の中にも個性の表現 individuality というか、expression というものの要素はこの本の中にもあると思うのですよ。例えば、当時の抽象彫刻論の影響で、陶器とは彫刻と同じように創る部分があるというようなことを言っていますよね。だから、個性とか表現とかいうものを無にするのが陶芸である、工芸である、というのとは違うと思うのです。柳の晩年は確かにそういうふうになってくる部分はあるのですけれども。

ドゥ・ヴァール　実に面白いですね。この部分の翻訳を楽しみにしています。リーチは個性を認めてはいましたが、あくまで伝統に根ざしているもののみです。『陶芸家の本』の第一章「標準をもとめて」で彼は宋代の陶芸がすべての試金石になるとしています。宋代の陶芸に照らし合わせて陶芸を判断すべきだと。それが彼の陶芸への窓です。それは面白く、とても良いのですがしかしとても小さな窓です。
たとえば、リーチが一九五〇年代に魯山人に会ったとき、とにかくこの二人は性が合いませんでした。リーチが日記に書いているのですが、魯山人は彼からみるとピカソであり、彼は土で遊んでいる。ちゃんとした陶芸家ならちゃんと地に足をつけていなければならないのに、曲芸師のようで足が地についていない、と。リーチの理想とする陶芸家というのは地に足をつけていなければならなくて、まっすぐ立って動かないものなのですが、私たちは地に足がついていても動くことができるはずです。

金子　リーチの評価に関しては、魯山人は置いておいて、たしかにおっしゃっているように、文章と作ったものはちょっと違っていて、必ずしもイコールではなくて、リーチの作品の評価をそうしてしまうと間違いますが、リーチがここで言っていることの評価はいいと思うのですよ。この宋を基準にしたリーチの考え方に対する評価がありましたけれども、それはいいと思うのです。日本の陶芸に個性とか表現とかを最初に持ち込んだ人たちもやはりそうだったと思います。同じような窓を使っていた。その窓が桃山の茶陶であったり、宋であったり、一方では民芸であったり、あるいは楠部弥一などは西洋の現代美術であったり。それはその時代の限界なので、今から見れば限界ですけれども、その合理的な部分や積極性というものを両面みていかないといけないと思うのです。見ないとはおっしゃっていないし、確かに狭いのですけれども、その中にある当時の時代の意味が大事だと思うのです。

ドゥ・ヴァール　そうですね。この近代美術館では、桃山時代の再解釈を含むすばらしい展覧会がありました。非常に興味深くかつ学識豊かなものです。私の *20th century* ceramics(2)でも同時代のイギリスとドイツの陶芸に対する同様の考えについて述べています。いずれにしろ、それは歴史的なことであり、昔のことです。しかしながら、西洋において重要なことは、この狭い窓が現代においても日本や中国や韓国を見る窓であり続けていることです。

金子　わかります。

ドゥ・ヴァール　*Crafts* に金子さんの評論が出ていますが、これは実に重要なことです。イギリスでは誰も日本の批評家の書くものを読んでいません。柳以後人々は日本の批評家が日本の芸術について書くものを読んでいないのです。この金子さんの文章で、人々は柳以来、初めて新しい工芸論に触れたのです。

金子　日本でもあまり事情は変わらないと思うんですよ。ターニャ・ハロッドが言っていたと思うのですけれども、やはり中国を基準にものを考えるとか、今の日本の焼物愛好層というのはほとんどそうですからね。中国、朝鮮、桃山。それはそれとして、作家は必ずしもそれだけではなくて、むしろ作家のほうが進んでいるのですね。作家の大多数は自分の表現に進もうとしている。それとやはりこの点に関して面白かったのは、宋の陶磁器をスタンダードと言っておきながら、リーチのやっていることは、そういうものはあまりありませんよね。その辺の指摘は面白かったです。日本の窓たちは、宋の人は宋のように、桃山の人は桃山のように、民芸の人は民芸のように作っていますから。『陶芸家の本』は、現実に作っているものよりも、バーゲンの意思が強く働いているということでしょうか。

ドゥ・ヴァール　そうです。

金子　『陶芸家の本』はかなり注意して読まないといけないですね。

ドゥ・ヴァール　賛成です。この本がこれほど力強いのはそこにある考えがシンプルだったからです。私たちがよく知っているように、工芸はさまざまに異なる要素がそこで出会うもっと複雑なものです。

金子　複雑だからこそシンプルに言い切るということが必要とされますが、それが当る場合と当らない場合とがあります。

ドゥ・ヴァール　重要なポイントですが、彼の場合はこれこそ確かなものであるかのように語っていますので。それは、この本だけではなく *Pottery in Japan* のような他の本でも、たとえば、乾山に関する本でも言えることです。その論調。その明快さ、単純さ、それはすばらしいですが、同時に私たちにとっては問題となりました。単純であったために面白くなくなりました。イギリスにおいては、一九七〇年代後半から一九八〇年代前半にかけて興味深い批評や言説はなかったのです。

金子　今回のエドモンドさんの論文で、『陶芸家の本』の持っている構造みたいなものについて、バーゲンの書簡集があるのですか、そういうものも合わせて、非常に啓発されて、カチンという感じですね。なにかこう叩かれたような感じがしましたので、そういう意味では面白かったですね。

それと、イギリスに手紙が残っているのでしょう。リーチと柳の手紙とか、バーゲンの手紙とか、そういうものをもうちょっとしっかりと調べないと、この本の持っている前後関係がなかなか摑みにくいので、若い世代の人たちがもっとやるべきで、そういう意味ではたいへん興味深い問題です。

今の日本では、リーチを含めて富本や柳に関してもほとんど神格化されて、神話ばかりですよね。それを支えているのが焼物愛好層、骨董趣味の人たちですね。リーチ神話の解体、富本神話の解体をし、そして、そこから合理的な部分を引き出して今の陶芸論に結びつけるということでしょうね。

ドゥ・ヴァール　このような私の仕事の意図は、若い人たちにリーチを神ではなく歴史上の興味深い人物として伝えていくことです。誰かと本当に真剣に取り組まなければ反対するということもないです。誰かの考えに反対するということは、彼を本当に真剣に捉えているということを意味します。私はリーチの人文主義的な陶芸論を力強いものと思いますし、そこが好きでもあります。しかし、完全に同意できない部分もあります。

金子　それは、僕たちもそうで、富本という人もやはりそういう部分、両面あるし、これから日本人の僕たちがやらなければいけないことは、ドゥ・ヴァールさんにとってのリーチと同様に、僕らにとっての唐九郎とかね、岡部嶺男もそうでしょうし、違った意味で解体して神話を薄めていかないと、一歩も進めないような状況ってありますよね。

ひとつ訊きたいのは、同じようにステート＝マリーという人はそういう対象にはならないんですか。

ドゥ・ヴァール　ウィリアム・ステート＝マリーには弟子がいませんでしたし、本も書いていません。彼はとてつもなく興味深い芸術家でしたが、彼の影響力は一九四〇年代で終わります。

金子　ちょっと逸れるかもしれませんけれども、主張のラディカルさに比べて、作ったものがほとんどラディカルではないっていうのはどういうわけでしょうか。

ドゥ・ヴァール　彼の作品はちょっとクレイジーです。素晴らしいものもあれば、醜悪なものもあります。彼のもっとも面白いところは、どこに作品を展示したかということです。彼は、ベン・ニコルソンやヘンリー・ムーアやロジャー・フライなどの友人たちと一緒に展示しました。ヘンリー・ムーアの彫刻やベン・ニコルソンの絵画の隣に展示したのです。このように違うコンテキストのなかで展示していた違う世界の陶芸家でした。作品を作る姿勢が異なり、そこがラディカルでした。たとえば、彼はすべての作品に名前を付けていました。マイケル・カーデューやバーナード・リーチとは異なり、それぞれの作品を独立した芸術作品として扱っていました。

金子　僕の漠然とした考えでは、リーチとステート＝マリーとを両方並行して研究すると、スタジオ・ポタリーの源泉、焼物の表現の現代に繋がるルーツのようなところが解明されるのではないかと思っているのですが。

ドゥ・ヴァール　それはとても有効な方法だと思います。賛成です。

金子　ステート＝マリーには書いたものは残っていないのですか。『ステュディオ』とかに。

ドゥ・ヴァール　小論が二つあります。

金子　そうしたものの研究も含めて、今後共同研究を進めていって、是非とももっとスケールの大きな現代陶芸論、工芸論をお互いに持っていけたらと思っています。

註

(1)　*A Secret History of Clay from Gauguin to Gormley*, Tate Liverpool, 2004.

(2)　*20th Century Ceramics*, Thames & Hudson, 2003.

現代の工芸とcraft、そして民芸——エドモンド・ドゥ・ヴァールのリーチ論に学ぶ——

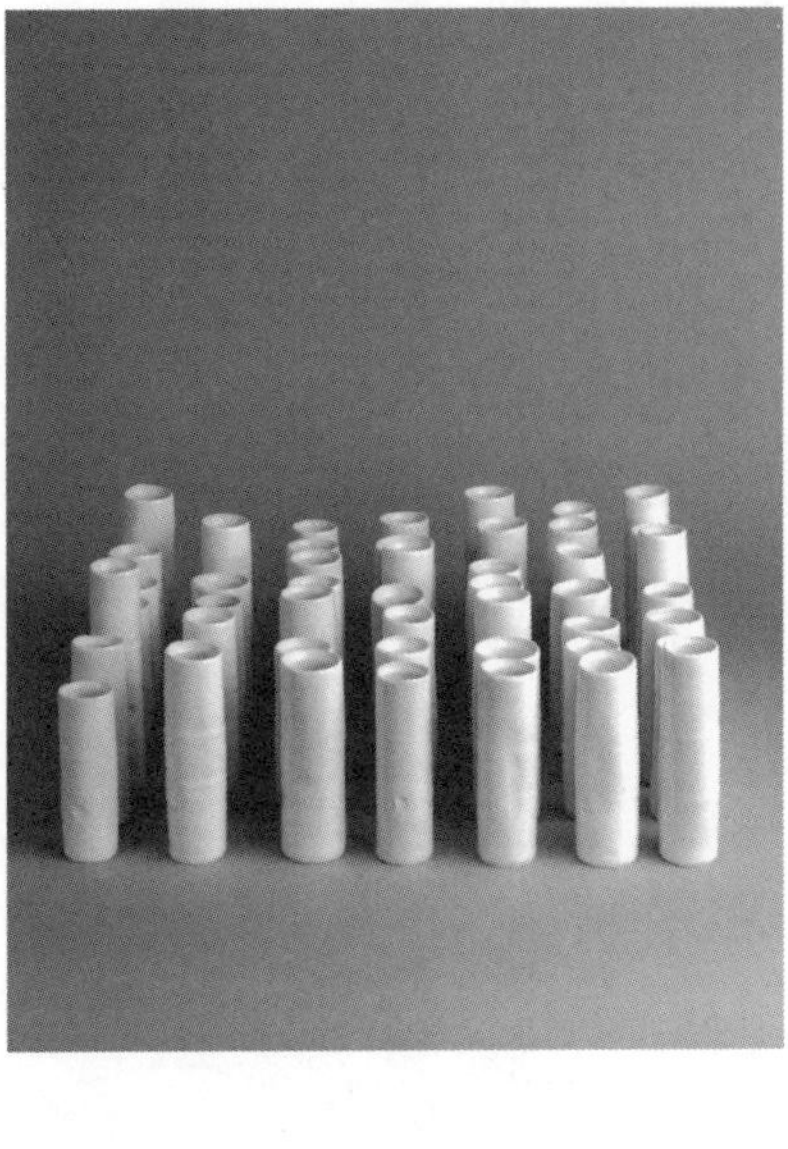

エドモンド・ドゥ・ヴァール
《無風》2005
Edmund de Waal
Breathless
porcelain, white glazes
2005
Photo: Alan Tabor

金子賢治

はじめに

私たちはバーナード・リーチの事績から何を学ぶか。それは日本の【工芸】とヨーロッパの【craft】の発生の歴史と概念の違いであり、その狭間からこぼれ出る近代美術の一部門として成立した工芸的な造形の特質である。そしてその一部を構成する「民芸」と称されるものの思想と実態の問題である。

一　ドゥ・ヴァールのリーチ論の特徴

エドモンド・ドゥ・ヴァール著『バーナード・リーチ』は、リーチの伝記と工芸思想の展開を辿りながら、こうしたリーチ論の問題意識に、数々の興味深い見識をもたらす。

それには和英の文献の精細な歩猟によるリーチの事績の批判的検討という特徴的な側面が与って余りある。リーチ・アーカイヴに所蔵される、手紙、手帳や展覧会図録の欄外の書き込みまで含まれたリーチの豊富な資料、さらに同時代のジャーナリズムや研究者のきわめて真っ当で率直な批判、評価などを駆使したもので、他のリーチ研究とは一線を画す。

しかしなによりも際立つのは、既存の概念、神話、思い込み、権威などに囚われない、現代作家＋研究者としての自由な思考、発想に基づく、極めて正当なリーチの歴史的、造形論的分析である。

このリーチ論（一九九八年）以前のリーチ研究の共通した特徴は、【工芸】と【craft】の歴史的必然から成立した産業工芸（手工業）と近代的な意味での作家による「表現としての工芸」の区別に対する全くの無視から、リーチを民芸的なものの信奉者ないし先兵と捉え、その必然的帰結として手放しの礼賛に至るという、予定調和的なんとも居心地悪いものであった。

ところがドゥ・ヴァールのリーチ論は一転してリーチの工芸ないし工芸論を歴史の中で冷静に見つめようとした。それは第一に【工芸】と【craft】が逃れようもない産業の歴史との関係であり、第二に同時代美術、当時の現代美術や現代陶芸（ないし工芸）、言い換えれば西洋近代の美術概念との関係性である、とまとめることができる。

二　ドゥ・ヴァールのリーチ論の核心

ドゥ・ヴァールは問題点を、「二つの奇妙な時代[1]」（七七・八一頁）を跡付けて論じながら、「リーチ＝新しい混成芸術の真正なる先駆者」（七九頁）と「リーチの陶器に期待される最も重要な要素としての機能＝奇妙な例外」（八五頁）の二つに典型化する。

こうしたきわめて正当な【陶芸＝近代芸術論】が、時には「柳にとってリーチは戦利品であった」（八二頁）というような、リーチ・柳間の互いに互いを権威づけるやり口を暴きつつ、時にはダーティントン国際工芸家会議関連で開かれた展覧会に対する「リーチとは別の美学、そして時代錯誤の地方の陶芸家たちと現代的な都市の様式との分裂を示唆した最初の批評」（六四頁）を紹介しつつ、少しずつ叙述されていく。

「二つの奇妙な時代」とは、

第一　一九二〇年代〜三〇年代頃（W・H・オーデン[2]の時代）

第二　一九六〇年代〜七〇年代（リーチの後半生）

ということであり、陶芸は第一の時期に新しい混成芸術として成立し、その意味で拠りどころのない芸術であった。近代美術の一分野としての工芸ないしcraftは、美術と工業の間に生まれ、それぞれの要素を兼ね備えるという宿命を負わされたものであった。混成芸術、拠りどころのなさというのは、本質的にはここに由来する。ドゥ・ヴァールによれば、この時期、スタジオ・ポタリーは「産業的陶器生産（日用陶器）の全くの代替だったのか？」「室内装飾、建築デザインに付随するものか？」「絵画や彫刻と同等な芸術か？」（以上、七九頁）と問われたという。

第二の時期に陶器制作はありふれた趣味にまでなった。作家的にも組織的にも大きな広がりを見せ、その意味で「拠りどころのある」（八一頁）芸術になった。しかし「リーチか否か」（八一頁）が問われる一方で、手製の陶器と産業陶器との違い、陶器・現代美術・建築の関係についての議論は少なく、【リーチ＋弟子集団】は次第に孤立していったと言う。

産業か、デザインか、芸術かと言う議論を経なければ、行き着くところは、洋の東西を問わず、工芸の宿命とされてきた【用＋美】ないし「機能」ということである。リーチに関してもやはり「陶器に期待される機能という考えがもっとも重要な要素とみなされ」（八五頁）てきた。

しかしこれに対してドゥ・ヴァールは鋭く次のように指摘する。

> しかしこの考えは奇妙な例外なのだ。リーチの「作家としての」陶器の様式は多種多様であり、……リーチ・ポタリー定番商品の最も標準的なものを中心に置いたリーチ陶器の一つの読み方にすぎない。彼の初期の楽焼、陶器の大皿、タイルや暖炉、色絵磁器、大きな天目壺、そして後期の鎬文の磁器鉢、これらはみな陶器の「一連の定番商品」という概念からこぼれ落ちる。（八五頁）

私はドゥ・ヴァールのこの見解に基本的に賛成である。個々の作品、つまり彼が「初期の楽焼」以下に述べているものについての評価は、必ずしも一致するわけではない。しかしこの「作家としての」と【定番商品】ということ。この視点こそ、現代陶芸ないし工芸を歴史的に位置づけ、その担い手の近代作家としての造形思考を考察するのに不可欠、必須のものである。

これまでの一般的なリーチ観というものは、ただ漠然と【用と美】、あるいは【機能】を言い立てるだけで、本当の意味での実用的機能を論議したものではない。それは実用と【用的立体】(3)をない交ぜにすることから起こるもので、根本的には鑑賞の論理に基づく幻想である。言い換えると単なる【実用】から【用的立体】が派生していくまさに近代陶芸ないし工芸の歴史的展開の視点が全く顧慮されていないものである。その根底には、【実用】時代、つまり単なる手作りの産業だった時代の工芸観である【工芸＝用＋美】という工芸観を、【用的立体】という【表現の工芸】、つまり近代的な意味での個人作家の工芸制作にそのまま持ち込んだ、その意味で幻想の工芸論、造形論が根強く居座っている。それがまさしくドゥ・ヴァールが指摘する「奇妙な例外」（八五頁）に相当するものなのである。

従ってこのドゥ・ヴァールの指摘は、工芸論史上大変意義深いものということができる。まずそれはリーチの「初期の陶器」（一六頁）についての分析から始まる。「初期の陶器」、すなわち初めての楽焼体験を経て六世乾山の下で学んだ楽焼を中心とした作陶最初期の作品について、ドゥ・ヴァールはこう指摘する

「それらは装飾的であるがゆえに一つに結びついている。つまり、機能を持たない芸術品の領域にしっかりと属しているのである……すなわち、都市の鑑賞眼のあるインテリにとってこの種の陶磁器は普段使用される品ではなく、芸術作品として鑑賞されていたのである。これが作陶人生をとおしてリーチが持ち続けた財産となった。」（一六頁）

こうした作陶が富本憲吉とともに進められたことはよく知られている。まさに時を同じくして日本にも、「機能を持たない芸術品の領域にしっかりと属」する「芸術作品として

鑑賞され」る陶芸ないし工芸の分野が誕生しつつあったのである。

三　近現代工芸史要

ここでこうした新しい芸術としての陶芸ないし工芸誕生事情を分かりやすくするため、【工芸】と【craft】という言葉ないし概念に焦点を当て、【表現の工芸】の成立と展開を歴史的に見ておこう。

1　三つの【工芸】

近代の陶芸ないし工芸は、十九世紀中頃から後半にかけて、単なる手作りの産業、すなわち手工業として出発したものだが、そこから第一に機械工業を背景としてモダン・デザインの理論と実践が、第二に近代的な意味での個人作家的工芸制作（【表現の工芸】）が分離発展し、複雑な展開を示してきた。特に日本を例にとると、①幕末、明治初期以来の系譜を引く手工業（経産省所管の【伝統的工芸品】が代表的なもの）、②モダン・デザインの系譜としての産業デザイン（現在では、インダストリアル・デザイン、グラフィック・デザインと称する）、③近代的な意味での個人作家的工芸制作（ごく普通に【工芸家】と言う場合の【工芸】）の三つが行われている。

ここでの関心はもっぱら③にあるわけだが、初めに述べたようにそれは①から派生、分離発展してきたものだ。この派生、分離発展の仕方がその後の【工芸】の性格に色濃く反映してきたと思われる。それは西洋と比較してみるといっそうはっきりとしてくる。

2 【studio】の思想

西洋では産業革命を経て、例外はいくつもあるが、原則的に手工業を根絶やしにしつつ機械工業化が行われた。その結果現れたのは、ウェッジウッド、リチャード・ジノリ、マイセンなどの大製陶組織であった。こうした製陶の場からは近代的な意味でのデザイナーは輩出されるが、ここで言う【工芸家】としての陶芸家は出てこない。ではどこから工芸家ないし陶芸家が出てくるか。それは原則的に、美術学校でファインアートを学んだ作家が、かつての手工業の素材＝工芸素材を、自らの表現のためにピックアップするという形をとって生まれてきたのである。

西洋近代の美術概念に基づく美術と工芸のヒエラルキーを前提として、質的に高いファインアートの地点から、一段も二段も低い工芸（産業）の地点に降り、その素材を様々にこねくり回す。そして習熟しそれを【表現の素材】に転換するという風に発想する。実践的には別として、論理的にはファインアートの素材にまで【高める】という思想ないし衝動を持つものなのである。

この手工業をファインアートに【高める】ために素材に習熟する場が【studio（スタジオ）】である。扱うのはかつての手作りの産業（手工業、hand-industry）の素材である。しかしそれを産業ではなく表現に用いようとする。【産業に対立する】、【アンチ産業】の立場である。それが【studio】という場で行われることである。

3 【craft】の歴史

ここで二つの歴史が交錯し、かつ融合する。それはこの【studio】と【craft（クラフト)】の歴史である。

craftはドイツ語のKraftと同語源で、もともと【強さ(strength)】、【力(power)】を意味する言葉であった。英語圏以外ではそのオリジナルな意味が残存し、例えばドイツ語では力、能力、労働力などを意味する言葉として現在でも極く一般的に用いられている。

英語圏では少しずつ変化し【知的力(intellectual power)】、【技術(skill)】などを意味する語になり、しかもそれは人智を超えた超絶的なものというニュアンスがあったようで、【オカルト】という意味にもなっていった。実際、アメリカでは【ザ・クラフト(The Craft)】(一九九六年)というオカルト・ホラー映画が製作された。

こうした特別な技術、超自然的技術ということが非常に高度な技術、その技術の生み出したものという意味をも持ち、舟が専ら人智の到達した、長い距離を短い時間で移動し、かつ大量のものを運べる最も有効な手段であった時代、クラフトは舟を意味する言葉にもなった。ホバークラフト(hovercraft)という言い方はその名残であり、また空飛ぶ舟、飛行機をaircraftというのもその流れによる。

そしてイギリスで、言い換えると英語圏で、【craft】という言葉は近代美術の概念と出会うことになった。十九世紀中頃、絵画・彫刻からなる純粋美術(fine art)という概念ができあがってきたといわれるが、それと対応して応用美術(applied art)概念も胚胎していった。この応用美術概念は、一八五一年ロンドン万博を契機に生まれたいわゆるリフォーミスト(ヘンリ・コール(4)、クリストファー・ドレッサー(5)、ウィリアム・モリスら(6))の活動を通して生み出されたもので、それはデザインの改革のため、純粋美術を構成する概念としての絵画・彫刻を表現するのと同じ美の観念を機械工業の生産過程に反映することを意図したものであった。

それらは当時アート・インダストリー（art industry）、アーツ・アンド・クラフツ（arts and crafts）などと呼ばれたが、それはいわば応用美術の初期概念であり、またいずれそれらはモダン・デザインと呼ばれることから、その初期概念でもあったのである。

しかし応用美術概念は、一九二〇年代のマシンエイジへと向かう本格的な機械化の時代の中で、専ら機械工業に対応する概念へと発展し、アーツ・アンド・クラフツという言葉にもあるような手作り産業（手工業）の残存部分を切り捨てていった。そこで手作り部分を表すのによりふさわしい言葉としてクラフトが採用されたものと考えられる。

4 【studio craft】概念の胚胎と展開

しかし前に述べたように、例外はあるが、手作りの産業は原則的には根絶やしにされていったものであった。したがってここでは専ら前に述べたかつての工芸（＝手工業）素材を表現の素材に転換しようとして手作りの産業（手工業）の世界に踏み入った近代的な意味での個人作家が問題になっているのである。ここから【studio】と【craft】が融合した【studio craft】という言葉、概念が生み出されてきたのである。かつての手作り産業の素材を用いるが、産業ではない、個人の表現を目指す場であり、作品であり、表現であるということを意味しようとしたのである。

類としてのスタジオ・クラフトは、もちろん具体的な種の形で始まった。その最も古い形がバーナード・リーチたちが始めたスタジオ・ポタリー（studio pottery）である。それがスタジオ・グラスへと拡大し、さらに他の素材へと敷衍される形でスタジオ・クラフトと総称されるようになった。

一九九三年、アメリカのトレド美術館で開かれた【Contemporary Crafts and Mr. & Mrs. Saxe Collection】展などを契機に、studio craft と modern design が、関連はあっても別々の独立した歴史を持ってきたことがはっきりと捉えられるようになってきたのである。

しかしスタジオ・メタル、スタジオ・テキスタイルとは言わない。この場合はメタル・アート、テキスタイル・アートと称する。ここで注意すべきは、メタル・アートとテキスタイル・アートはともに、素材を限定したアート、西洋近代の美術概念の内部では素材を限定した純粋美術ということになる。

言い換えると、studio craft 全体がそういう概念であるということである。もともと素材の限定など、自己の表現を縛る一切の制限のないのが純粋美術の建前であり、こうした制限を持ったアートを十全ではないものと意識する。言い換えると一人前のアートではない、それはアート、すなわち純粋美術に至る過渡的なもの、一時的な過程であると意識するのである。

かつてローザンヌ国際タピストリー・ビエンナーレの最末期やスタジオ・グラス活動が三十年を迎えた頃に起こった議論はまさにこれであった。前者は作家が織り上げた布も工業製品の既製の布も全く区別のない、現代美術（純粋美術）のフィールドにすべてを解消し、(7) 後者はグラスアートを器物、実用の世界に固定しようとした。すなわちスタジオ・グラス以前に戻れと主張したのである。(8) いずれにしても純粋美術・応用美術・クラフトからなる西洋近代の美術概念から一歩も出ることはなかった。

言い換えると、布もガラスも、一方で現代美術の一素材として相対化されるか、もう一方で【用＋美】を満たす実用器物制作素材として、ファイバー・ワーク以前、スタジオ・グラス以前に逆戻りしてしまったのである。

これがヨーロッパ、アメリカの通奏低音的な工芸論、工芸観である。それに対し、もっとダイナミックな工芸、あるいは工芸素材の用い方、生かし方を模索する動きは各所で出てきたことも事実である。例えば、織造形時代のアバカノヴィチ(9)（ポーランド）、クリスチーナ・リスカ(10)（スウェーデン）などを中心とする北欧の造形的器物形作品制作者たち、同じくスペインのエンリケ・メストレ(11)やカサノヴァス(12)らの重厚で迫力のある作品制作者たちなど。また評論界でも、ベルギーのタニア・ドゥ・ブルイケール(13)が、陶の立体造形を、セラミック・スカルプチャーと【土から作った立体】に分けて考察しているのも(14)、その顕著な例である。

そしてこのドゥ・ヴァールの見識である。これは、それまでの例がほとんど陶ないし工芸的な分野の、器物形をしていない立体造形を対象にするものであったのに比べ、ごく通常の器物形を呈したものを、全く違う文脈で読み直したものであるということに大きな意義がある。

議論を単純にするために、極端な言い方、細かいニュアンスの取り去った言い方をすると、ヨーロッパ、アメリカの基本的な立場は、自己表現なら純粋美術、実用品なら工業デザイン、なぜ未だに工芸を保持しているのか、ということである。裏返すと、工芸は器物、実用性に結びついたものであるということである。その上で作家の個性を出そうとすれば、彫刻に行かない限り、器物形を保った上で精一杯個性を表出する、ということである。ここからかつて【エキセントリック・ポット】などとも称された、例えばリチャード・ノトキン[15]の、急須形の胴体が髑髏で、取っ手が原爆のキノコ雲、というような極めて窮屈な器物形作品が生み出されてくるのである。

ノトキンの作品などはまだましなほうだが、結局こうした工芸観の行き着く先は、奇妙な歪形を伴った、日本で言うと単なるホビーの世界でしかないのである。

ごく正統な器物形を、実用品と区別して、絵画や彫刻と並ぶ一人前の芸術作品として捉え、制作しかつ鑑賞するということは、ヨーロッパ、アメリカではなかなか難しいことであった。ドゥ・ヴァールはまさにこの視点を陶芸論ないし工芸論に持ち込んだということができる。

5　日本では——工芸的造形の形成

では日本ではどうか。江戸時代に各藩で育成された手作りの産業（手工業）が、幕末から明治を経て現代まで、様々な浮沈はあったにせよ、持ち越されてきたことから、かなり事情を異にする。すなわちこうした手工業から機械工業が分離発展し、さらに近代的な意味での個人作家的工芸制作が派生してきたからである。

問題は後者である。例えば古くからの陶磁器産地で、同一の陶器制作者が、あるときは窯屋の棟梁、あるときは近代的な意味での作家であるというのは日常の風景である。その境目は極めて不分明であるが、両者は厳然として存在している。一人の作家の中に、一つの産地の中に。工芸や産地とは無縁の子弟が美術学校を経て作家になる場合でも、こうした産地の素材的・技術的・思想的蓄積との何らかの関わりの中で制作活動が行われる。

こうした系譜の中で手作りの産業の中から作家が誕生していくとき、どういうことが起こったか。それは西洋のように概念から素材にアプローチするのではなくて、すぐそばに以前から存在する素材にアプローチしつつ、その中から概念を作り出すという風に動く。つまり産業的環境の素材の内部からあたかも脱皮するように新しい概念（表現の工芸）が生まれていったのである。

だからそれは十全であるか否か、一人前であるか否か、一時的か否か、過渡的か否かなどという問いは存在しようのないものであった。素材の選択を出発点とし、それに寄り添うかそれを押さえ込むか、いずれにしても【それを通して形を作る】＝【自己を表現する】道が切り開かれた。それは従来の既成概念に解消、固定されるはずのないものであり、従来の既成概念のどこにも収まらない、新しい造形の論理の誕生であったのである。

それは、手作りの産業から近代的な意味での工芸家へという日本文化の縦の流れの中に、西洋近代の美術概念、つまり自分を表現するという近代美術の基本を取り込んでいって作り出された理論であったということができる。素材のプロセスに沿いつつ自己を表現する方法である。それを工芸的造形という。

6　歴史①——明治から昭和初期へ

それを日本の近代工芸史の中で跡付けてみよう。

明治六年、一八七三年は日本の美術、工芸にとって大きな意味を持った年であった。この年日本は政府として初めて公式にウィーンの万国博覧会に参加した。その出品規定を翻訳する際に、ドイツ語の【bildende künste】の訳語として【美術】という言葉を作り出した。【美術】は英語では【fine art】に当たるが、それに対して【applied art】ないし

【craft】にあたる言葉は当時日本に存在せず、中国の書物から【工芸】という言葉を持ってきて当てたと推測されている。

ところがこの頃は手作りの産業の域を出ない時代であり、【工芸】とはいっても現代で言う手工業と中身はほとんど変わらないものであった。ただし機械工業がない時代にはそれを単に【工業】と称していたのである。つまり「工芸＝工業」の時代だったのである。

ところが明治三十年代、一九〇〇年前後の頃から、機械工業が幾多の経験を経て実質化していく。そこで【工業】に手工業と機械工業との区別が明確に生じてきたのである。次第に【工芸】が【工業】と分離し、現代の言語感覚にほぼ沿う【美術／工芸（手作り、手工業）／工業（機械工業）】の違いがはっきりとしていくのである。

こうしてこの頃から【工芸】は【美術】に近い分、【美】を意識する、【工業】に近い分【用】を意識する、つまり【工芸＝用＋美】という考え方が生まれてくるのである。

一九二〇年代になると、【工芸】の部分から、個人作家的な工芸制作をする人たちが登場してくる。イギリスではバーナード・リーチ、日本では富本憲吉である。偶然だが、この二人は一九二〇年代に、東京で、一緒に陶芸を始めている。

富本憲吉から始まった日本の個人作家的な工芸制作は、四つのスタイルを持っていた。

第一は、西洋の様々な芸術様式や考え方を基盤にし職人から作家へと脱皮しようとした人たちである。富本憲吉、楠部彌弌[17]などの陶芸家に、高村豊周[18]、内藤春治[19]などの金工家などがいる。

第二は、日本の古典（陶芸でいうとピークの一つであった桃山時代の茶陶、漆芸でいうと奈良、平安時代）を再現することに基盤を置いた作家たちで、荒川豊蔵[20]、金重陶陽[21]などがいる。

第三は、中国・朝鮮の古典的な陶磁の再現を基盤とした作家たちで、石黒宗麿[22]がその代表である。

第四は、民芸運動に関わった作家たちで、民衆が使ってきた雑器の持っているシンプルな力強さ、その背景にある宗教的精神などを制作活動の刺激にした。河井寛次郎[23]、濱田庄司[24]、木工の黒田辰秋[25]、染色の芹沢銈介[26]などがいる。

誤解してはならないのは、彼らの制作は柳宗悦[27]の【民芸論】とは全く別物であるということである。柳の論理は古い民衆の雑器を鑑賞するためのものであり、産業デザイン論としては有効だが、それを近代的な意味での個人作家的制作の論理に転化しようとすると、結局は、その雑器を模倣するということにしか行き着かない。この第四の作家にそういう人は一人もいない。

7 歴史②——戦後

こうして第二次世界大戦の時代を迎えるが、戦後の制作活動には以上のような傾向が引き続き行われた。

戦後の活動の特徴は、大きな会派や大小様々な工芸家集団を中心に展開されたことである。伝統工芸展[28]、日展[29]、クラフトデザイン協会[30]などがそれである。そしてそれは工芸に対する相異なる考え方の純化発展をもたらした。伝統的な技術を重要視するもの、創作性を重要視するものなどだが、昭和三十年代（一九五〇年代から六〇年代にかけて）を通して、伝統工芸、日展の創作工芸、クラフト、前衛と言う、今日まで続くいわば日本の工芸地図を作り出した。中でも機能を持たない作品の出現は、工芸に対する考え方に大きな衝撃を与えた。

それを作り出したのは走泥社(31)という京都の陶芸家集団の作家である八木一夫(32)、熊倉順吉(33)たちで、一九五〇年代中頃のことであった。同じ頃、【工芸=用+美】の【用】を欠き取れば工芸は革新されると考えた作家たちがいて、陶を使った彫刻制作を盛んに行ったが、それらはほとんどが挫折し、器制作へと転向していった。宇野三吾(34)、藤本能道(35)らがその代表的な作家である。

走泥社の作家たちは全く違った筋道を通って機能を持たない作品を作り出した。それは一例として八木一夫が次のように述べていることに現れている。

僕らの仕事というのは、形からということよりも、粘土の生理だとか粘土を構築していくプロセスからの導きみたいなもので発展しているわけで、つまり純粋な美術とちょっと違うところがある……要するにやきものというプロセスと、それから自分の精神みたいなものとを、もっとストレートにピシャッと結び付けようじゃないかというふうな考え方、というより動作……(36)

それはすなわち、陶芸の伝統的なプロセス、つまり【轆轤―土の構築―乾燥―施釉―焼成―完成】という工程を通して自己を表現するという道である。

これは伝統的プロセスに沿っているという意味で従来の工芸でもあり、自己を表現するという点で純粋美術でもある。しかしそれが合わさるとそのどちらでもない、そのど真ん中の道であるということができる。つまり従来とは全く異質な造形論が誕生しているのである。これが先に「混成芸術の拠り所のなさ」の本質と述べたことの行き着いたところ、到達点であった。西洋近代の美術概念から見れば「混成」であり、しかし日本の美術・工芸の歴史から見れば「混成」ではない、新しい芸術の誕生であった。

この淵源をたどると、富本憲吉の考え方に行き着く。彼は轆轤上に作り出される円形を主とした陶器制作に関して、【線の戦い】から【空間に一つの立体を生み出す作業】を経【陶器≠抽象彫刻論】に至る造形論を展開した。【線】とは轆轤の上で立ち上がっていく作品を縦に輪切りにしたときに見える輪郭線のことである。自己の作りたい形の線、土の性質によってどうしようもなく立ち上がっていく線。作品制作とはこの二つの線のせめぎあいの果てに形が決まっていくことであるというのが富本の認識であった。

ここには、陶芸制作が、器形ということや、陶芸ないし工芸という既成の概念に土の構築のプロセスを当て嵌めるのではなく、土の構築のプロセスと自己の作り出したい形の融合として捉えられている。まさに八木とほとんど共通する造形論が述べられているのである。この富本から八木への過程で、先に述べた工芸的造形論の基本構造がほぼ出来上がってきているのである。

ここで重要なことは、この陶芸論、工芸論は、ただ単に機能を持たない作品のみに当てはまるものではなく、個人作家的工芸制作全般の本質を見極めたものだということである。つまり素材のプロセス、それを現代日本を代表する鍛金造形家・橋本真之の言葉を借りて[37]【素材の理路】と言うことができるが、その【理路】に沿って自己を表現するということでは、個人作家的工芸制作全般について当てはまることであると考えられる。

この工芸が、純粋美術つまり現代美術とお互いに境界を形成し合い、全体として造形の世界を作り出しているのが現代ではないかと考えられる。

だから私の考えるこの工芸は、英語の【studio craft】とは全く違うもので、日本語では工芸的造形、英語ではあえて造語して【craftical formation】と表記することにしている。

言い換えれば、ウィーン万博に際して、西洋近代の美術概念で日本の造形を美術と工芸に分離することによって展開してきた日本の近代工芸は、一九五〇年代に至って、全く違う文脈の造形を生み出したということであり、それは当然ながら【美術／工芸】という枠組みをも変えつつあるのである。

四　リーチ・ポタリー草創の頃

さて、ドゥ・ヴァールのリーチ論に戻ろう。このリーチ論の中には、リーチの近代作家としての成長・進展振りとともに、もうひとつ【定番商品】制作活動の経過が細かく記述されている。そうした工房形成、経営にまつわるストーリーの中に、これまで詳述してきた日欧の工芸、craft の違いが如実に現れている。

先駆者たちについて議論する際、陶芸家の技の「神秘」だとか「秘密」といった言葉が使われるが、それは単なる決まり文句なのではない。先駆者たちが直面していた体当たりの試行錯誤と書き手側の知識の欠落を反映しているのである。（三二〇頁）

これが前に述べた日欧の手作りの産業、手工業の歴史の違いの表れの一つである。日本では、焼物の比較的大きな産地に限っただけでも、瀬戸、美濃、常滑、京都、備前、萩、砥部、有田などがあり、これに中小の産地を加えたらかなりの数に登る。そこから養分を吸い取り、例えば名古屋の日本陶器、有田の深川製磁などの機械による製陶工場が作られ、一方で【表現の工芸】が各地で生み出されていった。そしてその両者と美術学校、工業学校（今の言葉でいえば、手工業学校ないしデザイン学校）が連携、協力し合い、幅広い近現代陶芸界をつくり出していくのである。

ヨーロッパの状況は、リーチ自身が「工場はフォークアート（手作り産業—引用者註）を事実上イギリスから放逐した。そしてフォークアートはただヨーロッパの片隅に生きながらえているのみとなった。(38)」と述べているように、日本とはかなり違うのである。

セント・アイヴズに窯を作ったときも、

まず近所には、陶工は見当らなかったし、粘土も、薪も、薪を集める人も何もかもないないづくしでしたので、われわれは、自分たちですべてのものを見つけ、自らの手ですべてのことをしなければなりませんでした。(39)

という状況であった。

これはたまたまセント・アイヴズの「近所」だけのことと言うのではなく、少なくともイギリスの全般的状況の反映に対する言及と見るべきであろう。築窯など様々な技術的な問題を解決する助手として、初めは濱田庄司、ついで松林鶴之助(40)が起用されたのもそのことを傍証していよう。

前掲のドゥ・ヴァールの「陶芸家の技」(三〇頁)に関する言及もその状況を反映している。手作り産業の伝統がほとんど存在しなくなってしまった環境の中で、制作技術や表現を学ぶ機会に恵まれない実情や状況を述べたものである。情緒的な鑑賞癖や骨董趣味の「神秘」だとか「秘密」と言っているのではないのである。

リーチはそういう環境の中で近代的な意味での個人作家としての制作活動を開始した。

結論として私達は芸術家の個性に立脚した制作と企画が工芸の改革にとって必要なる段階であるということを知りました。その結果私達はセントアイヴスの自分の仕事場に経済の基礎を置くことにして地方の工房や工場には関係しませんでした。濱田と私はロンドンのマレイ、パリのドウクール、日本の富本と同じ基礎にたって仕事を始めました。(41)

「結論として」とは、何も参照するものとてない所で陶芸制作を始めるにあたって、範を日本の地方工芸や個人作家の美術的な集まりに置いた。しかし一方で、日本の工芸製作者は非常に優れた技術を持ってはいたが、誰一人として国際的かつ現代的な美的感覚を持ち合わせてはいなかった。そこで様々な論議の「結論」としてと言うことである。

また別のところでもこう回想している。

仕事場はとても静かだった。食事の時、特に夕食の時、私達はリラックスしてよく語り合い、作陶のあらゆる面について、すなわちこれまでの世界各地のほとんどの画期となる時期の陶工と比較して、現代の思慮深い陶芸家となるためにはいかにあるべきかについて論議したものであった。なかには、芸術そのものについて全く考えないで、日常生活のための楽しむもの、ただのものとして考えている人達もいた。しかし私は美術の学習、訓練をし、浜田は陶芸技術を修めた。私達は最も質高いイギリス中世陶器（あるいは極東における同様なもの）を作った地方陶工でもなければ、単なる田舎の人間でもなかった。私達は陶芸家なのであった。そのようなものとして、私たちの築き上げたものは、普遍的なものになり始めたのであった。私達は際限なく作陶について議論し合い、そして民衆芸術の中にあるが、他には決してないものを尊重したのであった。(42)

五　工芸史観と訳語

ここで【陶芸家】と言うのは、原文では【artist-potter】である。近代の工芸は、歴史の項で述べてきたように、ⓐ単なる手作りの産業（手工業）から、ⓑ機械工業、ⓒ近代的な意味での個人作家的工芸（【表現の工芸】）が派生してきたものである。それぞれの担い手は、ⓐ職人、ⓑデザイナー、ⓒ工芸家と呼称され、陶芸に関して言えば、それはⓐ陶工、ⓑデザイナー、ⓒ陶芸家と言うことになる。

これまでの陶芸史ないし工芸史は、ここで述べてきたような近代工芸史観が実に曖昧で、とりわけⓐとⓒの区別がほとんどついていなかった。それは【工芸＝用＋美】と言う近代工芸史観によって、工芸と呼称される分野を押し並べて見ようとする史観から来るもので、あるいは美術の側から、【用】に関わるものに【表現】を認めないと言う、近代美術史観があるためである。その意味では西洋近代の美術概念に通有のものでもある。

そしてもう一つ、日本では、前記のようにかつて【工芸＝工業】時代の名残がいまだに根強く存在し、【手工業】を【工芸】と呼称する習慣が広く残存している。例えば、手作り看板屋を【～工芸】と称したり、中学高校のバッジや記章のような小さな七宝製品を作る工場を同じく【～工芸】と称するものなどがそれである。それらは実態からすれば、現代の言語では【手工業】と言うほうが正確だが、習慣的に工芸と称する。

また第二次大戦が終わる頃までは、グラフィックデザイン関係のことも【工芸】と称していた。例えば名取洋之助[43]が主宰した日本工房（一九三三年設立）は、一九三九年、国際報道工芸と改称している。これは版下制作が手作業による、文字通り手工業であったことの名残である。

また翻訳作業においても、【industorial art】を意味するヨーロッパ言語を【工芸】ないし【工芸美術】とするのもその一つである。例えば【ウィーン工芸美術学校】、【デンマーク工芸美術館】であるが、これも【工芸＝工業】時代の名残であり、歴史的な経過[44]を踏まえれば、現代では【ウィーン工業美術学校】、【デンマーク工業美術館】とするのが適当であり、【工業美術】は意味をとれば【デザイン】とするのがより正確であろう。しかし時代の気分を表すことも重要であり、その意味では【工業美術】が適当と思われる。いずれにしても前記のように、ヨーロッパでも日本でも、いまだ機械工業が未発達で、手作り部分が残存していた時代の制約を持った言葉なのである。

こうした点は歴史的経過と現代の言語感覚を反映して、より正確な用語、訳語を使用していかねばならないのは当然のことである。共通の言語による共通の概念の共有が研究の一層の進展を保障する。従って本書では、凡例のように用語、訳語を統一した。

【artist-potter】は、時に【芸術家陶工】と訳されることがあり、また極端な場合、【芸術家であると同時に陶芸家】などと訳にならないような訳になることもある。前者の場合、近代的な意味での芸術家であれば、【陶工】というのはそれだけで語義矛盾であり、それを合わせれば【陶芸家】でいいのである。後者も、本稿で述べてきたように、【陶芸家】であることと【芸術家】であることは同じことであるという【陶芸=近代美術の一部】という工芸史観に立てば、自ずから解決されることである。

六 「陶芸家」を目指して——制作規範の創出

現代でもなかなか陶芸ないし工芸を一人前の自立した近代美術の一つとして認めるというのには程遠い状態であるから、リーチがセント・アイヴズで作陶を始めた時代は尚更であった。

親密で大切な友情が同地の他の芸術家との間で生まれ育まれても、早々に変人扱いされてしまい、そしてこうみなされたのである。「セント・アイヴズの芸術家ぶった陶工」。この言葉は、英国における美術のヒエラルキーに陶芸の占める地位が一般に不

明瞭だったことを確かに反映している。（二一九頁）

リーチと濱田がセント・アイヴズに到着したのが一九二〇年、松林が参加したのが一九二三年だが、当地は周知のごとく、十九世紀初めからターナーなどのイギリス芸術家の注目を集めており、一八八五年からはイギリスのみならず、アメリカ、カナダ、フランス、ドイツなど、欧米各地からの芸術家が定住を始め、アーティスト・コロニーを形成していくのである。もっとも一九〇〇年には外国人芸術家が多数訪ねてくる時代は終わりを告げたが、イギリス人画家達の多くは引き続き当地に住み、一九二七年にはセント・アイヴズ美術家協会(45)を結成する。当然のことながら陶芸家、工芸家は含まれなかったが、リーチは素描を制作、展示したことにより創立会員となった。以降セント・アイヴズは、一九三九年、ベン・ニコルソン(46)、バーバラ・ヘップワース(47)、ナウム・ガボ(48)が移住するなど、国際的なコロニーとして著名な地となっていくのである。

素描で仲間に入れてはもらえたが本職の陶芸は敬して遠ざけられる。リーチの位置は微妙なものであった。まさに「芸術家ぶった陶工」であった。

ここから【思慮深い陶芸家】(49)となるための苦闘が始まるわけだが、それは作風の開発と経済的側面というふうに言うことができる。

当初彼が制作の拠り所としたのは宋代の陶磁器に加えてイギリスの伝統的なスリップウェアやガレナ釉の陶器であった。

とくに後者は当時のジャーナリズムや陶芸研究者の間のかなり普遍的な評価の基準でもあったようである。ドゥ・ヴァールは例えば「タイムズ紙の陶芸家組合展評」（三五頁品が評価され、その伝統に沿った作品の形、絵付けが賞賛されている。しかしそれにしては実用的ではなく、あまりにも高価であり、伝統と作家の作品が分離してしまうことは残念なことである、と指摘されている。

要するに近代的な意味での個人作家の個性に基づいた【表現の陶芸（ないし工芸）】のあり方に対する無理解、反対にそれを打ち破ることができない制作側の実態＝作品の至らなさ。それが手作り産業としての陶芸に作家的制作を沿わせようとする、言い換えれば手作り産業の工芸観である【工芸＝用＋美】を【陶芸家】の制作原理にしようとする、時代の芸術論的・造形論的制約を助長しているのである。それにはバーナード・ラッカムとハーバート・リード[51]の『英国陶器』と言う著作が指摘する、「イギリスの伝統」としてのスリップウェアの主張（三六頁）も大いに関係していると言う。リーチ自身もそれに、「直感的で理解しやすい伝統の魅力」（三六頁）として、惹きつけられていたのである。問題はその中でいかに「芸術家の個性に立脚した制作[52]」を遂行するかであった。

それは宋代陶磁器に関する制作に置いても同様であった。宋窯をめぐる制作において、当時の陶芸界は、「洗練された模倣品」じみた作品、東洋かぶれの美術陶器（三一頁）という低水準に喘いでいた。それに対してリーチは、化粧土の掻き落とし（磁州窯系か）、宋代陶器の写しなどを制作し、さらに無釉の高台制作を試みたりしている（三七頁）。ドゥ・ヴァールはこの無釉の試みを「西洋のスタジオ・ポタリーへリーチが貢献した最も重要なものの一つである」（三七頁）と評価している。しかし他の作品については「中国の装飾的モデルが高度に様式化され、リーチの装飾は散漫で未完成なものとなっている」（原註68）をあげているが、そこではイギリス農民陶器の伝統を基準にリーチの弟子の作ものは同じような感想をもたざるを得ない。私も写し系のものなど、確かにこの時期の（三八頁）と述べ、厳しい評価を与えている。

七 「日用陶器」概念

こうした制作はリーチ・ポタリーの技術的困難・材料的障害などによって相変わらず大変高価なものであり、特殊なコレクターにしか相手にされないものであった。最早「リーチが一人の陶芸家として望むような形では生き残れない、ということは明らかになりつつあった」（三九頁）のである。

こうした「資金面」（三二頁）の問題に直面したのは一九二〇年代もかなり早いことであった。大型遊覧バスでやってくる行楽客を頼んで、土産物を作ったり、また楽焼の壺に絵付する教室のようなことまで始めた（三二頁）。しかし作品はなかなかこうした行楽客用のようなものにはならなかった（三三頁）。そして一九二〇年代の後半から終わりの頃にはのっぴきならない状況に至っていたのである。「それゆえ陶器の領域を拡げるリーチの活動は、方便の問題として始まった」（三九頁）のである。

この「方便」以降のドゥ・ヴァールの指摘はすばらしい。すなわち、機能的な器を作るという宿命をリーチは受け入れたが、それは選んだ道ではなかった。そしてコレクターアイテムと家庭用食器・日用品を同時に制作し、別々の場所で展覧会を開催し販売するという手法も編み出した。機能的陶器はさらに暖炉用タイル制作へとレンジを広げた。

こうした過程を経て、リーチが「日用陶器」（四五頁）と呼ぶところの家庭用陶器を制作する、集団で作業する仕事場を形成する努力が始まるのである。ここでまた日欧の違いが大きな影を投げかける。

この計画は急進的で、計画の実行はさらに混乱した。手本となった日本のように熟練した働き手がいなかったため、学生あがり、労働者（その一員としてまもなく長男デイヴィッドが加わることになった）そしてリーチが「地元の若者 local lad」と呼んだ人々からなる奇妙な集団を使った。（四四頁）

しかし特別な工芸家意識のない「地元の若者」にはこの特殊な役割を理解するのは難しく、結局それは「生活費を稼ぐという現実の圧力を受けていなかった」中産階級の若者たちの方が受け入れられやすかった（四五頁）のである。作家志望の若者たちが美術学校から入れ替わり立ち代りやって来ては去って行く。つまり作家修行が十分なったと判断すると自分の工房を作るために独立していくのである。

作家志望の美術学生に単なる労働力としての地元の若者という組み合わせによる工房形成過程の解明はドゥ・ヴァールの大きな功績の一つである。

こうした制作活動の純化発展の過程、すなわち【表現の工芸】と「日用陶器」という制作の両輪の形成、そして工房組織の拡大と経営。新しく出来上がってきたダーティントンとの関係、長男デイヴィッド・リーチのリーチ・ポタリーへの関与[53]（組織化、近代化）など、さまざまな変化の要素を生み出しつつ、戦後の活動へとつながっていくのである。

八　『陶芸家の本』批判を巡って

戦後については後述するとして、こうした活動のいわば集約が『陶芸家の本』であった。ドゥ・ヴァールの論述で興味深いのは、同書に対する同時代の批判である。批評家の多くは賞賛したというが、それでも「ほとんど横柄な独断主義で自分の判断を述べている」、「著者の美的な判断のいくつかは、普遍的な賛同をほとんど得られないだろう」（五六頁）、「その本は著者が生み出すようなある種の手仕事による陶器しか認めないだろう」（五六頁）という批判があったという。またハーバート・リードは、基本的にはその本を称賛しながらも、「芸術は多様である―陶器の芸術においてさえも」（五六頁）と述べたという。このあたりが冒頭で述べたドゥ・ヴァールの同時代文献資料操作の優れたところであり、本書の功績の一つである。

さてこの批判であるが、まずハーバート・リード。「陶器は内容のない芸術である」(54)と言い切った彼の言う「多様」とは一体なんであろうか。「おいてさえも」というところに彼の立場がよく出ているが、基本的に陶芸ないし工芸を一人前と認めない典型的な西洋近代の美術概念に基づくヒエラルキーが前提にある。そこでは陶芸家ないし工芸家の個性を認めない。当然陶芸ないし工芸の【表現】を認めない。勢い一個の作家であるリーチの個性的な立場、【表現】も認めないのである。まだまだ陶芸ないし工芸が器形であった時代の制約のある論理展開だが、ただただ陶器の抽象形という、出来上がったものの外形のみを判断材料とする、根本的には【工芸＝用＋美】という前提とする応用美術論の域を出ない。

「普遍的な賛同を得られない」というものについては、マジョリカについての具体的な指摘などに対する批判だというから少し事情が違うようだが、作家とは本人が生み出す「ある種の仕事」ですべてを判断するものである。それは時に「独断」とも呼ばれる。そして作家とはあらゆる事象を作家なりに捉えて自己の制作の糧とするものである。それがたとえ歴史的知識の貧困や美術史的学説と違っていても、制作の刺激となればよいのである。

例えば田口善国[55]は、平安時代の美術の特質を浄土教の極楽浄土に【浮くこと】と捉え、またそれを学んだ琳派も同様に【浮くこと】を表現の主要な要素に入れ込んだと考えた。それは美術史的に言うと全くの独断だが、それを『蒔絵飾箱「水仙」』などの制作に生かし、名作を作り出したのも事実である。[56]

作家の判断を独断と偏見として相対化せず、「陶芸家のバイブル」（五三頁）などとしてしまったところに過大視の原因があるのだが、それが「まさにリーチの「宋代の標準」「倫理的な陶器」の絶対性こそが、戦後イギリスの陶磁器が実践すべき義務を定義していくことになる」（五六頁）という事態につながって行くのである。

「宋代の標準」も「倫理的な陶器」も、所詮出来上がったものの外形をほぼ百パーセントの判断材料とする鑑賞の論理に基づく造形論である。それを鑑賞の論理で批判するから、批判し切れず「絶対性」を持たすに至るのである。「絶対性」を持たしてしまったのはむしろ批判側の土俵の設定のおかしさにあるといっても過言ではない。創造の論理の相で見た場合、陶芸の中で創造という行為が最も息づくところはどこか。それは土の立ち上げ、構築というところである。そこには「宋代の標準」も「倫理的な陶器」も何もあったものではない。その素材のプロセスの進行過程にいかに自己を封入するかということだけが問われるのである。

それは何も難しいことではない。「自己を封入する」、言い換えると自己表現を遂行すること。自己表現とは何か。それは、自己が作家の数だけあるように、あるいは人間の数だけあるように、その数だけある。それを言い立てても意味は無い。ではその数だけある自己表現の共通範囲は何か。それは「自己の形を作る」ということである。きわめて単純なことなのである。「宋代の標準」も「倫理的な陶器」も、自己の形を作ることの参考にはなってもイコールにはならない。それは【表現の工芸】史観に立って克服さるべき対象である。

九　「定番商品《スタンダードウエア》」の思想

さて、第二次大戦中、「鑑賞陶器のコレクターはいなくなり」（五七頁）、「戦前に導入していたリーチ・ポタリー定番商品をより大量に生産し始めた」（五七頁）。そして戦後にかけて、それと連動して、「リーチ・ポタリーに新たな勢いが生まれた」（五九頁）といわれるようなリーチ・ポタリーの拡大・活性化が行われる。それには地元の若者と美術学生を働き手として起用するという、前記のように戦前と同じ手法がとられた。そして「地元の若者：自己を意識しない単なる労働」、「美術学生：中産階級出身の自意識を持った工芸家志望」という図式も同じであった（五九―六〇頁）。そうした過程が、デイヴィッドがもたらしたより工業的で科学的な新システム、新技術などによって、より大規模に、より確実に、より安定的に行われたのである。

そして『「ハイカラな」労働者たちはしりぞけられた』(六〇頁)とドゥ・ヴァールが指摘するように、指揮者としてのリーチと、その指示通りに制作プロセスを進行していく単なる職人(=単なる労働力)が求められた。一方で、美術学校で学んだ学生たちは、「彼らはできるだけ早い機会に自分自身の工房を持ちたいとしきりに考え」(五九頁)ていたのである。こうして戦前には無かった「学生を評価する基準」(五九頁)が作られ、「指導の過程が系統立てられた」(五九頁)のである。そしてそれは「リーチ・ポタリー内での社会的序列」(五九頁)を作り出すことにつながった。

こうして出来上がった工房の制作システムは、たとえデイヴィッドやマイケル(57)が独立して工房を去っても磐石であった。

彼らは確立された訓練システムと技術に関する知識を残していった。すなわち、それは効果的に利潤をあげるように機能する工房である。多くの陶器制作者たちはいまや明確に構築された訓練システムの恩恵に浴していた。そして「リーチ・ポタリー定番商品」は大量に作られた。(七三頁)

十　リーチ・ポタリーの歴史的位置と「民芸とは?」

以上ドゥ・ヴァールの叙述を追ってきたが、それがリーチ・ポタリーが作られてから戦後にかけての歴史であった。これが、

リーチ・ポッタリーは……そのまま英国における民芸運動ということができる[58]かうしたLEACH Potteryの行き方は、柳先生の民芸運動における作家の役割の解釈と期せずして共通な性格を持つものである……おそらくリーチさんの歩みは英国における民芸運動と呼ぶことのできるものである[59]

などといえるものでないのは最早明白であろう。この点で、詳細な資料の検討に基づいてリーチ・ポタリーの実態を明らかにしたドゥ・ヴァールの論述は大変興味深い。

ここでそもそも【民芸】とは何か、それをはっきりと確認することが現代工芸のこれから、近現代工芸研究にとって必要だろう。

柳宗悦はかつてこう述べたことがある。

浜田のは民芸陶器でもなんでもないのだ。個人作家のものだ。……われわれ作家の方で民芸品というのは、名もない人が実用のために作ったもの、そういうものが民芸陶器なんだ。[60]

これは一九五五年、重要無形文化財工芸技術第一次指定・保持者認定（この時、濱田庄司は「民芸陶器」保持者に認定された）の直後行われた座談会での発言である。これは二重

の意味で興味深い。というのは、柳の抗議は座談会の趣旨から言うと少々的外れの気味を免れないが、それを単なる一般的造形論ととると、民芸とは何かが実によく表明されているからである。

重要無形文化財（ここではその内の工芸技術で芸能は除く）は日本の伝統的な工芸技術から選択されるものであるが、それは主に、工芸の歴史の項で述べたとおり、江戸時代以来各地で育まれた手作り産業の技術であった。例えば志野、友禅、蒔絵などがそれである。

重要無形文化財と保持者の関係は、主としてそうした各地で育まれた手作り産業の技術と、それを用いて制作活動を展開する作家との関係である。この意味で柳の発言は少し的外れなのである。

ただ「少し」と言うのは、【民芸陶器】という名称が、他の指定名称と違い、一技法を取り上げたものではないということである。民衆の雑器を鑑賞の対象とするという近代人（柳）の美学を媒介とした超産地・超技法的な異例のものなのである。【民芸陶器】という名称が他と比べて異質であると言う批判ならわかるが、この点、柳の反論は少しおかしな方向に向いている。

そしてその論議の狭間にもっと大事なことが見えてくる。それは柳自身が【民芸陶器】の【民芸】と言うことの概念に個人作家の作品を含んでいないことを改めてはっきり表明しているからである。民芸論者、特に戦後の民芸的環境にいる作家、研究者、そしてより一般的な非専門家はこの点が実にあいまいである。

柳の民芸に関する主要な著作のうち、例えば『工芸の道』や『手仕事の日本』などに徴しても、そこで取り上げられているのはすべて手作りの産業である。それは、何度も指摘してきたように、主に江戸時代四百年の平和な時代に日本各地で育まれ、近代という大変動の時代を経て、現在まで生き残ってきたものである。その主なものの一つが経産省の所管する伝統的工芸品（指定、未指定を含む）であることもすでに指摘した。柳の取り上げたものと伝統的工芸品がかなりの割合で重なるのもそれ故である。

もちろん何でもかんでも民芸だと言うわけではなく、その中から柳好みのものを抽出したものが【民芸（民衆的工芸）】品であり、その抽出の基準が、素直・簡素・丈夫・安全・健康などと言われるものである。

だから【民芸】とは近現代工芸の歴史の中では手作り産業品のことであり、それは柳の目、言い換えると徹底的に鑑賞の論理によって抽出されたものである。柳流民芸論とは、泥にまみれた民衆が古くから使ってきた雑器を洗って磨き、床の間に飾るまでの間に介在する論理である。近代人がいかに古い民衆の雑器を鑑賞するかという論理である。

それはここで述べてきたような近代的な意味での個人作家、【陶芸家】ないし【工芸家】の創造の論理には転化していかない。せいぜい古い雑器の模倣にしか行き着かない。

しかし産業デザインの範囲なら極めて有効な造形論になりうる。選ばれた民芸品がいいものである限りのことだが、それを参考に職人たちが繰り返し作り続けて行けばよいのである。その指導者として具眼の個人作家が起用されるのもよいだろう。

しかしそれはここで述べてきた【表現の工芸】とは全く異質なものである。あくまでも主要な担い手は、これまで素直・簡素・丈夫・安全・健康などと評される良品を作り続けてきた、いわゆる無名の陶工ないし職人であり、極端な場合、今日的な権利関係は別にして、その選ばれた民芸品のコピーも辞さない、産業デザインの領域の話である。

2 民芸論的【模倣】論と板谷波山

それは小鹿田で起こったリーチ作品の「剽窃」問題（七〇―七一頁）に端を発した、民芸運動における【模倣】についての柳の見解によく表れている。

リーチが小鹿田で制作した水注は、その間の制作の中で最上のものだったらしく、それは日本では売らずにイギリスに持ち帰った。しかしリーチが帰英した後まもなく【たくみ】に模倣品が現れた。しかもリーチのものより出来がいいので、購入して民芸館の所蔵品としたというのである。「模倣なのですが、実によくこなしてありました[61]」と結んでいる。

この「模倣」観は板谷波山[62]のそれによく通ずる。

古い時代の作品（あるいは他の作家の作品）の模倣を自分の作品につけた場合は、その形、模様―すべてを写した場合でなければ、参考として模様を応用したもので、これは模造とはいえない。これも程度問題で、それをそのまま写したというならば、これまた問題で、別問題である[63]。

まさに【程度問題】である。面目躍如の産業工芸家である。それは産業デザインの世界だからこそ許される。権利関係は別にして、造形論上は何の問題もない。

しかしそれは【表現の工芸】を担う個人作家の造形論には転化し得ない。そこが特に戦後の民芸論者の造形論において曖昧にされていることである。

3 リーチ・ポタリーの構造と民芸運動

それが「英国における民芸運動」などというリーチ・ポタリー論にも如実に現れる。しかしドゥ・ヴァールが明らかにしたリーチ・ポタリーの実態はどういうものであったか。それは【工房主宰者―美術学生―地元の労働力】という「社会的序列」（五九頁）を伴うものであった。主宰者は言うまでもなくリーチやその息子たちなど。美術学生たちは基本的にはいずれ独立していく個人作家予備軍。「私たちはもはや地方の伝統に宿る生産的無意識に戻ることはできない」（五九頁）西洋近代の美術概念の基本である【自己表現】を覚え、その洗練を受けた近代的な意味での作家ないし作家志望者なのである。

そしてそれに起用された「地元の労働者」は、戦前は「真に工芸家の生活を送ることができなくなる傾向にある」「労働の喜びを期待する」「まともに教育を受けていない地元の若者」（四五頁）であり、戦後は「工房内の活動」が「職業」ではなく、「労働にすぎない」「自己を意識しない地元の人々」（五九―六〇頁）であった。日本の民芸のように、受け継がれてきた手作り産業の担い手ではなかった。ここにも日欧の手作りの産業、手工業の歴史の違いが反映しているのである。

リーチ自身も「手工業に魅力を感じている人々はもはや純真な農民ではなく、主として自覚のある美術学生たち」（五九頁）と述べているように、日本の民芸の背景とは全く違う状況が存在しているのである。

そこから前記のようなリーチ・ポタリーの構造が出来上がってくるのであるが、それはとても日本の民芸運動と言えるようなものではなく、近代的な個人作家が集団で作家としての作品と、職人を使って現代生活のための実用品を制作する、より工業的・科学的なシステムを持ったワークショップなのである。

それは日本で言えば、民芸ではなく、その「定番商品」制作部分は、前記の戦後日本で成立した【クラフト】の分野に相当する。

4 逆転：手作りの産業と個人作家

そしてもう一つ重要なことは、日本の工芸史で見てきたように、日本では単なる手作りの産業から近代的な個人作家による【表現の工芸】が派生してきた。しかしヨーロッパでは、全く逆に、いわば近代的な工芸家が、後から産業工芸をつくり出してきたのである。もちろんそれは、これまで見てきたように、日本のような単なる手作りの産業ではなく、あくまで近代的な意味での作家がつくり出す、近代的な実用品、日本で言うところの【クラフト】的なものであった。しかしいずれにしても、日本とは全く逆のコースを辿ったということは大変興味深いことである。

十一 「リーチスタイル」と終局

さて、ドゥ・ヴァールが紹介する戦後、そして晩年に至るリーチについて興味深い点を見ておこう。

それは「英国祭」（六二頁）、「ダーティントン国際工芸家会議」（六三頁）などを経て、ますます陶芸界の権威となったリーチの影響力が増すにつれて出てきた「リーチ様式」（六四頁）に関することである。それは「静寂主義者」的色彩・装飾、「英国と東洋が混成された陶器」(六四頁)などと語られる。

しかし一方で、「リーチの美学とはほとんど結びつきを持たない別種の陶器」、「リーチが接触を取っていない世界と結びついて」いた「新しい美術学校系の陶磁器」(六五頁)など、リーチの規範には何も負うところのない作品が現れ始めていた。

それらは「驚くべき独創性」(六五頁)を持ったもので、明らかに「大都市」(六六頁)に見合ったスタイルを持ったものであった。

そのもっともわかりやすい影響はピカソで、リーチはそれを嘲るように「ピカセッテス」(六六頁)というふうに名付けたという。

このピカソ論は、後に訪れたアメリカの現代陶芸評につながる。


「ピカソなくして、アメリカの陶芸家たちは静かな根源のなかに自らを発見し得ただろうか?ここに、近代の問題の要点がある―自分の静寂なる根源を見つけることである」(六六頁)

前記(「静寂主義者」)のも含めてこの「静寂」についてはもう少し解説してほしいところだが、「主根」論によるアメリカ現代陶芸批判に対して、ウィルデンハインの反論が大変意義深い。

「アメリカの陶芸家たちが宋代の陶器を模倣したり、日本の地方の人々の生活方法を真似たりしては、とても根を育てることはできないということを明らかにするべきです。私たちの世代の精神や魂に関係のない文化の作品を意識的に模倣することは、あやふやで一時的なものを生み出すだけであり、苦闘する陶芸家をディレッタントにするか全くの贋物に変えてしまうでしょう」(六七頁)

おそらく歴史的に初めての【創造の論理】の立場からのリーチ批判である。リーチ作品を、とりわけ「定番」と作家としての作品の区別なく「民芸スタイル」と捉える【鑑賞の論理】一辺倒のリーチ観が支配する日本の研究界には実に参考となる。

おわりに

以上検討してきたように、ドゥ・ヴァールのリーチ論は、細かい一つ一つの事実の再検討から、リーチの実相を描き出そうとしたものであった。そこから見出されるリーチの作家像は、「民芸」を軸に据えたこれまでの「ディレッタントにするか全くの贋物」(六七頁)と言っても過言ではない虚像を書き換えるに有効な材料を大量に提供するものである。

これから、なお一層の歴史的、系統的研究によってリーチの全体像研究から、近代の陶芸ないし工芸の実相がさらに明らかにされていくことを期待したい。

註

(1) 以下、特に註記のない「 」はエドモンド・ドゥ・ヴァール『バーナード・リーチ』からの引用で

（数字は本書のページ数）、そうでない場合は註記した。【　】は筆者による。

（2）W・H・オーデン　「バーナード・リーチ」訳註108参照。

（3）金子「器の認識論：近代—その歴史と幻想」（『現代陶芸の造形思考』、二〇〇一年、阿部出版、所収）

（4）ヘンリー・コール Cole, Henry（1808-82）　十九世紀中頃におけるイギリスのデザイン活動の中心の一人。近代万博の典型と謳われる一八五一年のロンドン万博を推進し、それを契機として起こったデザイン改革活動を指導した。デザイン学校を設立し、それが後に科学・美術省になり、その傘下にサウスケンジントン美術館（現、ヴィクトリア・アンド・アルバート美術館）が設立された。後に館長となる。その改革活動の中からクリストファー・ドレッサー、ウィリアム・モリスらの活動が生み出され、やがてそれはモダン・デザインの基礎を作り出すのである。

（5）クリストファー・ドレッサー Dresser, Christpher（1834-1903）　グラスゴー生まれ。デザイナー、植物学者。日本の美術工芸の影響を受けたガラス製品、陶磁器、金属器などのデザインを手掛けた。イギリスの商工会議所の依頼により、一八七六-七七年、サウスケンジントン美術館から派遣され、日本の製造業界の調査のため来日、多くの工房や窯元などを訪れ、また、ティファニー商会のために多くの日本製品を購入している。帰国後、その調査を基に、『日本　その建築、美術、美術工芸』（一八八二年）を出版した。

（6）ウィリアム・モリス　「バーナード・リーチ」訳註29参照。

（7）金子「国際ローザンヌ・タピストリー・ビエンナーレの基礎概念と工芸的造形」（『民族藝術』一四、一九九八年）

（8）金子「スタジオ・クラフトを介してアバカノヴィチから橋本真之へ—素材相対主義の系譜と克服」（金子前掲書所収—註3）

（9）マグダレーナ・アバカノヴィチ Abakanowicz（1930-）　ポーランドの美術家。ワルシャワ芸術大学で絵画を学ぶが、後に織物をはじめる。そして一九六〇年代中頃から後半にかけて糸と織りの技法を用いた立体作品を制作した。それが起爆剤となって織りの芸術、ファイバー・ワークが世界的に広がった。一九七〇年代以降は、木、金属、石を用いたいわゆる彫刻家としての仕事に移行した。

（10）クリスチーナ・リスカ Liska, kristina（1960-）　フィンランドの陶芸家。一九八四年、ヘルシンキ美術・デザイン学校卒業。一九八〇年代中頃より制作を始めた新しい世代に属する作家で、特に一九九七年より作り始めた『北方地帯』シリーズは、氷と雪に閉ざされた静寂そのものと化した自然の有様を示すもので、土の構築のリズムと力強さがそのテーマをよく表わして余りある、現代陶芸を代表する作品群である。

(11) エンリケ・メストレ Mestre, Enrique (1936-) スペインの陶芸家。スペインにおける近代的な意味での個人作家的工芸制作は、一九二〇年代のリョレンス・アルティガスの制作活動に始まるが、メストレはアルティガスの弟子として陶芸を修め、それに次ぐ世代の代表的作家である。タタラによる建築的な造形空間を作り出す、寡黙で厳粛な造形性に特徴がある。

(12) クラウディ・カサノヴァス Casanovas (1956-) スペインの陶芸家。マッサーナ美術・デザイン学校で学んだ後、一九七〇年代中頃から作家活動を始め、異なる種類の陶土を積み重ね、その焼成時の収縮率や耐火度の違いによって生ずる亀裂あるいは土の溶解を作品の表情として大胆に取り上げ、ダイナミックなフォルムをつくり出した。当初はあくまでそれを器物形に展開していたが、最近では全く抽象彫刻形につくり出している。

(13) タニア・ドゥ・ブルイケール De Bruycker, Tania ベルギーのゲントにあるギャラリー・セントラム・フッド・ウエルクのオーナー。二〇〇二年、オランダ、アムステルダムのヨーロピアン・セラミック・ワーク・センター (EKWC) に陶芸家・中島晴美を招聘するのに尽力し、その際の議論の中で話された陶芸論が本論で紹介するものである。

(14) 外舘和子「中島晴美作品に見る現代陶芸の構造と国際性」(「開館一〇周年記念 中島晴美展」パンフレット、目黒陶芸館、二〇〇二年九月)。タニア・ドゥ・ブルイケールは個人作家による陶芸を、「①器、②オブジェ風の器、③セラミック・スカルプチャー、④スカルプチャー・メイド・オブ・クレイ」の四つに分けて考えていると言う。③が日本でのいわゆるオブジェ、④は土ないし陶を現代美術の一造形素材として用いる立場であろうと想像される。

(15) リチャード・ノトキン Notkin, Richard (1948-) アメリカの陶芸家。ロサンゼルスのカリフォルニア美術大学を卒業し、カリフォルニア州立大学、カリフォルニア大学ロサンゼルス校陶芸家で教鞭をとる。はじめ彫刻的な形態を目指したが、やがて器物形態に根ざしながら工芸と彫刻、あるいは工芸と社会批判などのテーマの融合、反発などを問題にした作品に傾倒した。

(16) 富本謙吉　「バーナード・リーチ」訳註28参照。

(17) 楠部弥一 Kusube, Yaichi (1897-1984)　陶芸家。京都生まれ。一九一四年、京都市陶磁器試験場付属伝習所卒業。一九一九年、八木一夫らとともに新しい陶芸制作を目指した作家集団「赤土」を結成した。一九二七年、帝展に美術工芸部が創設された際、『葡萄文花瓶』が入選し、後、定点、新文展、戦後は日展を主な活動の場として制作活動を行った。一九六二年、芸術院会員となり、一九七八年、文化勲章を受章した。

(18) 高村豊周 Takamura, Toyochika (1890-1972)　金工家。光雲の息子、光太郎の弟。一九一五年、東京美術学校鋳造科卒業。新しい工芸制作を目指した无型を結成し、同時代の西洋芸術の様式、考え方を導入した新鮮なスタイルの工芸を制作した。戦後は日展で活動し、芸術院会員となる。一九六四年、重要無形文化財『鋳金』保持者、いわゆる人間国宝に認定される。

(19) 内藤春治 Naito, Haruji (1895-1979)　金工家。盛岡生まれ。一九二五年、東京美術学校鋳金科卒業。一九二六年、新しい工芸制作を目指した工芸家集団、无型に参加し、アール・デコや未来派の絵画様式を導入した作品を制作した。戦後は日展を主な活動の場とし、一九五五年、芸術院賞受賞。一方母校で教鞭をとり、多くの後進を育てた。

(20) 荒川豊蔵 Arakawa, Toyozo (1894-1985)　陶芸家。岐阜県生まれ。陶磁器賞などを経た後、京都の宮永東山、さらに北大路魯山人の窯で働く。一九三〇年、大萱の窯跡で桃山時代の志野の陶片を発見し、その復元を志し、一九三〇年代後半には作家としての個性的なスタイルを持った志野、さらには瀬戸黒などをつくり出した。戦後は日本伝統工芸展を主な活動の場として作家活動を展開し、一九五五年、重要無形文化財『志野、瀬戸黒』保持者、いわゆる人間国宝に認定される。

(21) 金重陶陽 Kanashige, Toyo (1896-1967)　陶芸家。備前生まれ。父・楳陽のもとで鳥・動物などの細工物製作を学び、後、桃山備前に注目し、その再現を志した。そして一九三〇年代には、作家としての個性的な備前制作を行うようになっている。備前復興の祖といわれる。戦後は日本伝統工芸展を主な活動の場とし、一九五六年には重要無形文化財『備前焼』保持者、いわゆる人間国宝に認定されている。

(22) 石黒宗麿 Ishiguro, Munemaro (1893-1968)　陶芸家。富山県生まれ。宋代の中国陶磁に感動し、陶磁器制作を始め、宋代の様々な技法の復元を志す。その中から作家の個性に根ざした芸術としての陶芸制作を目指した。戦後、日本伝統工芸展の創設に尽力し、自らも鉄釉を基本に置いた詩情豊かな作品をつくり出した。一九五五年、重要無形文化財『鉄釉』補助者、いわゆる人間国宝に認定される。

(23) 河井寛次郎 「バーナード・リーチ」訳註83参照。

(24) 濱田庄司 「バーナード・リーチ」訳註49参照。

(25) 黒田辰秋 Kuroda, Tatsuaki (1904-82) 木工家、漆芸家。京都生まれ。幼少より漆芸の技法を習得し、河井寛次郎、柳宗悦らと親交を結び、一九二七年、上賀茂民芸協団創立に参加。戦後は日本伝統工芸展に参加し、一九七〇年、重要無形文化財「木工芸」保持者、いわゆる人間国宝に認定される。堂々たる構えの形態を持ち、渦巻状の強烈なイメージを伴った彫り模様が表された、見るものの心を揺さぶる作品を作り続けた。

(26) 芹沢銈介 Serizawa, Keisuke (1895-1984) 染色家。静岡生まれ。東京高等工業学校図案科卒業。沖縄の紅型に傾倒し、それを基盤にした独自のスタイルの型染を作り出した。柳宗悦の民芸論に共感し、民芸運動に参画した。一九五六年、重要無形文化財「型絵染」保持者、いわゆる人間国宝に認定された。

(27) 柳宗悦 「バーナード・リーチ」訳註11参照。

(28) 日本伝統工芸展 社団法人日本工芸会が文化庁などと共催して開催している全国規模の公募展。二〇〇四(平成十六)年で第五十一回を数える。素材分野には陶芸・染織・漆芸・金工・木竹工・人形・諸工芸の七つがあり、優れた伝統工芸のわざの保護と伝承・普及、現代に即した工芸の創作を目的とする。

(29) 日展 一九〇七(明治四十)年に開催された文部省美術展覧会を端緒とし、一九四九(昭和二十四)年からは日本芸術院と日展運営会の共催で運営され、一九五八(昭和三十三)年からは、民間団体の社団法人日展が組織されて運営が行われている。日本画・洋画・彫塑・工芸・書の五科からなる総合展覧会で毎年秋季に展覧会が開催されている。

(30) クラフトデザイン協会 一九五六(昭和三十一)年デザイナークラフトマン協会として、クラフトデザインの普及、産業の発展と人々の生活文化的向上への寄与を目的に発足した。一九七六(昭和五十一)年には社団法人となり、日本クラフトデザイン協会と改称。一九六〇(昭和三十五)年以来展覧会を開催。

(31) 走泥社（1948-98） 京都の前衛的な陶芸家集団。八木一夫主宰、山田光、鈴木治らが結成。後に熊倉順吉、藤本能道、さらに若手の宮永理吉、三輪龍作、藤野昭らが参加。新しい陶芸制作の先頭に立った。

(32) 八木一夫 Yagi, Kazuo（1918-79） 陶芸家。京都生まれ。陶芸家・八木一艸の長男。京都市立美術学校彫刻科卒業。一九四八年、走泥社結成、主宰となる。従来の工芸とも違う、純粋美術としての彫刻とも違う、陶芸的プロセスに沿って自己を表現する道を切り開き、新しい陶芸制作の理論的基礎をつくり出した。

(33) 熊倉順吉 Kumakura, Junkichi（1920-85） 陶芸家。京都生まれ。京都高等工芸学校卒業。松斎陶苑などで陶技を覚え、戦後本格的に作家活動を始め、モダンアート協会、走泥社に参加して、新しい造形的な陶芸制作を目指す。土の量塊性を効果的に用いた重厚なオブジェを制作し、いわゆる前衛陶芸の新生面を開いた。また人体の一部を切り取った強烈な作風、フリージャズをテーマにした独特な作風を展開した。

(34) 宇野三吾 Uno, Sango（1902-88） 陶芸家。京都生まれ。父は宇野仁松、兄は宇野宗甕。一九二〇年、京都陶磁器伝習所修了。一九四七年、前衛的な陶芸家集団、四耕会を結成し、主宰となる。西洋の現代美術を吸収して陶芸を革新しようとしたが、一九五五年、日本工芸会正会員になるとともに作風を一変し、器物制作に転向した。

(35) 藤本能道 Fujimoto, Takamichi（1919-1992） 陶芸家。東京生まれ。一九四一年、東京美術学校卒業。加藤土師萌、富本憲吉に師事する。一九五六年、富本のもとで京都市立美術大学専任講師となり、翌年、モダンアート協会、走泥社に参画。造形的な陶芸制作に邁進し、一時、熊倉順吉とともに「前衛陶芸の旗手」とまで称された。しかし一九六二年、東京芸術大学に陶芸科が開設され助教授に就任すると作風を転換し、一転して器物制作に一本化した。日本伝統工芸展に参加し、色絵磁器の技法を深めていく。一九八五年、東京芸術大学学長、一九八五年、重要無形文化財「色絵磁器」保持者、いわゆる人間国宝に認定される。

(36) 座談会「草創期の前衛陶芸」（『現代の陶芸』十二月報、講談社、一九七三年）

(37) 橋本真之 Hashimoto, Masayuki（1948- ） 埼玉県生まれ。造形作家。東京芸術大学で鍛金を学ぶ。当初は、鉄、現在はおもに銅を用いて制作を続けている。銅板の裏表の反転や、溶接によって従来の鍛金作品にはない大きさと空間性をもった独自の作風を確立した。その言説が現代の工芸家の制作を端的に表しているとして注目される。

(38) Bernard Leach, *A Potter's Outlook*, 1928. 邦訳「陶工一家言」橋詰光春訳（『工芸』二九、一九三三年収録）ではfolk-artを「民藝」と訳しているが、folk-artは「民衆芸術」であり「民藝」すなわち「民衆的工芸」ではない。ヨーロッパに独自に存在するfolk-artを柳による特殊な概念を持った「民藝」などと訳すべきではない。現代の言語感覚によって意味をとれば「手作りの産業」ないし「手工業」と訳すべきものである。

(39) リーチ「思うこと、思い出すこと」（『学鐙』一九六一年十一月）

(40) 松林靏之助 Matsubayashi, Tsurunosuke (1894-1932) 遠州七窯の一つ、宇治の朝日窯の第十二代昇斎の四男。長兄は第十三代光斎。京都陶磁器試験場では濱田庄司の後輩にあたる。オックスフォード大学留学をめざし、一九二二年に渡英、一九二三-四年、リーチ・ポタリーに滞在し、登り窯の改築や、マイケル・カーデューやキャサリン・プレイデル＝ブーヴェリーをはじめとする工房のスタッフに科学の講義などを行っている。関東大震災を期に帰国した濱田庄司の去った後のリーチ・ポタリーの技術を支える貴重な存在となった。

(41) リーチ「リーチ工房　一九二〇年より一九四六年まで」（『工芸』一一九号、一九四八年七月）

(42) Bernard Leach, *HAMADA, Potter*, Kodansya International, 1975

(43) 名取洋之助 Natori, Yonosuke (1910-62) 写真家。東京生まれ。一九二八年、慶応義塾普通部を卒業して渡独し、一九三〇年にミュンヘン美術工業（デザイン）学校に学ぶ。一九三三年、ナチスの弾圧が始まったため帰国し、木村伊兵衛、野島康三らと共に対外宣伝組織、日本工房を結成。図案家として原弘らも参加している。一九三四年結成の第二次日本工房では、亀倉雄策、土門拳らを従え、対外宣伝雑誌『NIPPON』を発行した。日本の報道写真のパイオニアである。

(44) 金子「現代陶芸論叙説―近代工芸の歴史の中で―(2) 近代工芸の始まり―明治」（『陶説』五六八号、二〇〇〇年七月）参照

(45) セント・アイヴズ美術家協会 St. Ives Society of Artists 一九二七年セント・アイヴズに活動の拠点を置くイギリス人画家たちを中心に結成された展覧会団体。会員作品の宣伝とそのレベル向上を目的とした。バーナード・リーチは、素描作品を展示し創立会員に名を連ねた。

(46) ベン・ニコルソン「バーナード・リーチ」訳註73参照。
(47) バーバラ・ヘップワース Hepworth, Barbara (1903-75) イギリスの彫刻家。一九二〇年、リーズ美術学校に学ぶ。同級生にヘンリー・ムーアがいる。日本で空間造形と称される貫通した穴や凹みを積極的に用いた彫刻作品を制作した。とりわけ丸い穴に紐を張った幾何学的な作品が特徴的である。ベン・ニコルソンと結婚、セント・アイヴズに住した。一九五九年、サンパウロ・ビエンナーレで受賞し、第二位大英帝国勲章を受ける。一九六八年、セント・アイヴズ自由市名誉市民。一九七六年、セント・アイブズにバーバラ・ヘップワース美術館が開館している。
(48) ナウム・ガボ Gabo, Naum (1890-1977) ロシア生まれの彫刻家。本名、ナウム・ペブスナー。一九一〇年、ミュンヘン大学入学。医学、自然科学、美術史を学ぶ。一九一五年、ナウム・ガボの名で立体構成作品を作り始め、一九一七年帰国、モスクワでカンディンスキー、マレーヴィチなどと交流を深め構成主義に参加する。一九三〇年代、一時イギリスに住し、ベン・ニコルソンらと交流する。一九四六年、アメリカに移住し、コネチカット州で没する。
(49) 註(42)
(50) バーナード・ラッカム「バーナード・リーチ」訳註65参照。
(51) ハーバート・リード「バーナード・リーチ」訳註64参照。
(52) 註(41)
(53) デイヴィッド・リーチ「バーナード・リーチ」訳註77参照。
(54) ハーバート・リード、滝口修造訳『芸術の意味』、みすず書房、一九六六年。
(55) 田口善国 Taguchi, Yoshikuni (1923-1998) 漆芸家。東京生まれ。医者で絵画好きの父の影響で、幼少より美術に親しみ、高輪中学校卒業後、日本画の奥村土牛、大和絵の前田氏実、古美術の吉野富雄に師事、本格的な研究を始めるとともに、漆芸は松田権六の教えを受けた。日展、日本伝統工芸展などで入選、受賞を繰り返し、作家としての評価を高めるとともに、日光東照宮、中尊寺などの国宝級の漆芸品の修理を担当し、様々な表現、技法に深い見識を有するようになる。一九八九年、重要無形文化財「蒔絵」保持者、いわゆる人間国宝に認定される。
(56) 金子「工芸家との対話21、22 古典と「流行」 田口善国(一)、(二)」(『なごみ』一九九一年九、十月)

(57) マイケル・リーチ「バーナード・リーチ」訳註105参照。
(58) 水尾比呂志「リーチ・河井・濱田の陶業」(『現代の陶芸3　河井寛次郎・濱田庄司・バーナード・リーチ』、一九七五年、講談社)
(59) 水尾比呂志「リーチさんのこと」(『現代の陶匠』、一九七九年、芸艸堂)
(60) 「座談会　重要無形文化財(工芸)をめぐって」(『芸術新潮』一九五五年八月)
(61) 柳宗悦「再度民芸と作家について」(『柳宗悦全集』一四、一九八二年)
(62) 板谷波山 Itaya, Hazan (1872-1963) 茨城県生まれ。東京美術学校彫刻家に学んだのち、石川県工業学校彫刻家の教師として金沢に赴任。同科廃止にともない、陶磁器科担当となり窯業技術研究にたずさわるようになる。その後、東京・田端に窯を築き、作家活動に入った。彫刻の技術を生かした格調高い作品を制作、彩磁や葆光彩磁など新しい釉薬も生み出した。
(63) 板谷波山「第四部における自作と他作の問題(3)」(『アトリエ』7-7、一九三〇年七月)、このことに関しては、金子「板谷波山と富本憲吉―個人作家的工芸制作における近代性」(金子前掲書所収―註3)

あとがき

オリヴァー・ワトソンの *British Studio Pottery*, 1990, V&A Publication、ガース・クラークの *The Potter's Art: A Complete History of Pottery in Britain*, 1995, Phidon などの近年刊行された主要なイギリス現代陶芸史に登場するバーナード・リーチの姿は何の違和感もなくその歴史の中に収まったイギリス紳士のそれである。それが日本ではまるで柳宗悦率いる民芸運動の使徒のように扱われる。確かに日本で柳と行動を共にし、民芸運動にかかわったことは事実である。しかしそのこととリーチの工芸観、造形思考が民芸と言いうるかどうかということとは全く別問題である。それは濱田庄司、河井寛次郎が運動とは関わったものの、作家としての思考、仕事が民芸などと言えるものではないことと同じである。

しかし日本ではリーチ、濱田、河井、時には富本までが民芸の巨匠などと称される。極端な場合は、リーチは日本の民芸を学んだからこそ現代陶芸の大家になれた、などという大いなる虚妄が語られる。

試しに『陶芸家の本』*A Potter's Book* を精読してみるがいい。そこには造形思想、工芸思想的にウィリアム・モリスを受け継いだ、ということは西洋近代の美術概念で頭のてっぺんから足の先まで武装した、一西洋作家の姿が浮かび上がってくる。

その点で、エドモンド・ドゥ・ヴァール氏のリーチ研究は全く画期的で新鮮であった。私の勤める東京国立近代美術館工芸館では、最近、機会あるごとに現代西洋工芸、特にイギリスの現代陶芸の研究、あるいはヨーロッパの現代工芸ないし陶芸研究者との研究交流を進めている。その過程で出会ったのがドゥ・ヴァール氏の研究であった。それは単にリーチやイギリスにとどまらず、二十世紀陶芸史、さらには土や陶を用いた現代美術へという広がりをもったもので、私たちの研究方向、内容と実によく重なり、共通した問題意識を持ったものであった。

そうしたところへ、思文閣出版の後藤美香子氏からドゥ・ヴァール氏のリーチ論の翻訳の話がもたらされたのである。しかもそれは単に翻訳本を作るだけのものではなく、本書を見ていただければ一目瞭然のように、日本側からのコメント、彼との対談など、現代工芸ないし陶芸の研究を志す者にとって大変魅力のある企画であった。一も二もなく承諾したというわけである。

翻訳には工芸館で共同研究に携わっている北村仁美氏に加えて、外舘和子氏に加わってもらった。彼女はもともと近代美術史、特に近現代彫刻史を専攻されていたが、近年近現代陶芸史を主に専門とされるようになり、テート・セントアイヴズでも現代陶芸に関する英語ギャラリー・トークをされる実力の持ち主である。また日本側のコメントには、現在、日本のリーチ研究では第一人者と思われる鈴木禎宏氏に加わっていただいた。氏の『バーナード・リーチの生涯と芸術』（ミネルヴァ書房、二〇〇六年）はサントリー学芸賞を受賞している。

また、編集の後藤さんを悩ませ、困らせたことに対するお詫びを述べなければならない。

しかしそれはひとえに私の原稿の遅れであることを告白しなければならないのである。ドゥ・ヴァール氏のリーチ論の解読に意外と時間がかかってしまったのである。彼のリーチ論は解かねばならないいくつかの主要な問題が設定されていて、それが時間軸に沿って並行して述べられるのである。そうするといったいどういうことになるか。それは例えばセサミストリートのエピソードのように同じ話がブツ切りになりちりばめられ、まるで話のモザイクを作り出す。リーチ・アラベスクである。

その主要な問題の中で私が特に注目したのが、表現と産業（＝定番商品）であり、リーチ・ポタリーの構成と本質であった。その部分を時間軸に沿ってちりばめられたモザイクから抽出してつなげ、評価したのである。しかし、かといって、ドゥ・ヴァール氏がつなげて描いたのでは彼独特の文章の迫力は出てこない。あくまで時間軸に沿って、つまりリーチの伝記の体をしていて実は本質論である、というところに彼の論文の力強さがあるのである。

結局、遅くなった言い訳をしているようで恐縮だが、いずれにしても本書が幾分かでも現代工芸ないし陶芸のこれからの研究、制作双方に役に立てば幸いである。

なお、工芸館のイギリス現代工芸研究には、大和日英基金からの援助をいただいた。ここに記して感謝の意を表したい。

二〇〇七年六月吉日

金子賢治

人名索引（日本語本文および解説を対象とした）

Modern Craft, *Kōgei,* and *Mingei*: Learning From Edmund de Waal's Study of Bernard Leach

by Kenji Kaneko

Introduction

What can we learn from the accomplishments of Bernard Leach? The answer is that we can learn about the historical and conceptual differences between the birth of *kōgei in* Japan and "craft" in the West, and the character of the craft-based formative work that was established as one category of contemporary art. We can also learn about the philosophical and practical issues of the area of craft that is called mingei.

1 Characteristics of de Waal's Study of Leach

Edmund de Waal's *Bernard Leach,* while tracing Leach's biography and the development of his craft theory, provides a number of interesting insights into issues surrounding Leach.

De Waal has meticulously sifted through documents in English and Japanese to assemble an abundance of critical evaluation of Leach's accomplishments. In its effective use of the vast amount of material in the Leach archives, including letters, notebooks, and even notations in the margins of exhibition catalogues, in addition to the honest and accurate assessments and criticisms of journalists and scholars who were contemporaries of Leach, this book stands out among studies of Leach.

What is most remarkable about this volume, however, is its refusal to be restricted by established concepts, myths, preconceived ideas, or authorities; it is an extremely coherent historical and formal analysis of Leach based on the open-minded ideas and philosophy of the writer, a modern artist and scholar.

Previous examinations of Leach have shared a common flaw: they completely ignored the distinction between industrial craft (hand industry), inevitably born from the history of *kōgei* and 〈craft〉, and 〈craft as expression〉 exemplified by contemporary artists. As a result, they identified Leach as either disciple or proselytizer of the mingei school, and unequivocally sung his praises as if he were the inevitable outcome of the mingei movement, with a tone of pre-established harmony that makes one somehow uncomfortable.

In contrast to these previous studies, however, de Waal presents a calm examination of Leach, his craft, and his craft theory within a historical context. This can be summarized in first, the inescapable historical connection between *kōgei* and 〈craft〉 and industry, and second, the relationship between modern fine art and modern ceramic art (or modern craft) of the time; in other words, contemporary Western artistic concepts.

2 The Heart of de Waal's Study of Leach

While tracing the course of "two strange epochs," (p.68)[1] de Waal concentrates on two issues: that "Leach was instrumental in defining . . . this new and hybrid art," (p.70) and that his "idea of a possible function for the pot (as) the overriding determinant (was)

a curious anomaly" (p.72).

The completely legitimate argument that "ceramic art=contemporary art" at times exposes Leach's and Yanagi's habit of investing each other with authority: as de Waal states, "Leach was a trophy for Yanagi" (p.71). Elsewhere, in discussing an exhibition held in conjunction with the 1952 World Craft Conference at Dartington Hall, he introduces a critical review that was "one of the first indications of an alternative aesthetic (to Leach's) and of a division between anachronistic, rural potters and contemporary urban style" (p. 57). De Waal goes on to gradually describe this argument.

Of the "two strange epochs," the first was from the 1920s through around the 1930s (the age of W. H. Auden.) The second was from the 1960s through the 1970s (the later years of Leach's life.) During the first period ceramic art was established as a new hybrid art, and in that sense it was art with no foundation. *Kōgei* and craft as one field of contemporary art were born from art and industry, and were charged with the mission of combining elements of both; here is the fundamental reason for the groundlessness of this hybrid art. According to de Waal, during this period, studio pottery was questioned: "Was it a genuine alternative to industrial ceramic manufacture ('necessary pots')? . . . Was it a decorative art, a useful resource for 'interior decorators and architects' to employ? . . . Was it an art that was the peer of contemporary painting or sculpture . . . ?" (p.70).

The second "epoch" was a time of overflowing interest in pottery production. The number of artists and organizations increased greatly, and in this sense ceramics "had become a 'rooted' art." (p.71) However, as the question "to Leach or not to Leach" (p.55, 71) began to be voiced, in contrast to the discussion over hand-made pottery versus industrial pottery, there was little debate over the relationship between pottery, modern art, and architecture, and 〈Leach and his group of disciples〉 gradually became isolated, de Waal says.

Whether in the East or in the West, if the debate over whether craft is industry, design, or art is not undertaken, the automatic result will be the fate traditionally assigned to craft: 〈function + beauty〉 or 〈utility〉. For Leach as well, "the idea of a possible function for the pot (was) seen as the overriding determinant" (p.72).

De Waal, however, responds in this penetrating way:

"This is a curious anomaly. Leach's 'individual' pots were many and various in their styles; they cannot be stylized in such obvious ways. It is only a reading of Leach's pots that centres on the most standard of his standard wares that leads to this belief. His early Raku pots, his earthenware chargers, his tiles and fireplaces, his enamel-decorated porcelain, his large tenmoku jars, and his late fluted porcelain bowls are all in flight from any idea of a 'standard range' of pots" (p.72).

I am in fundamental agreement with de Waal's opinion here, although our assessments do not necessarily completely match regarding specific works, or the list that begins with "early raku ware . . ." However, the concept of "individual" pots and "standard" pots: this is exactly the perspective that is crucially necessary to place modern ceramics and craft in a historical perspective and consider the formal philosophy of those who create them as contemporary artists.

Common views of Leach up until now have simply been vague odes to 〈function and beauty〉 or 〈utility〉, failing to squarely address the real meaning of utilitarian function. This is the result of the interweaving of utility and 〈sculptural vessel〉[2], and is fundamentally an illusion based on appreciation theory. In other words, the view of the historical

development of contemporary ceramics and craft that sees 〈sculptural vessel〉 as derived from simple 〈utility〉 has been completely disregarded. At the root of this problem is the fact that the view of craft in the 〈utilitarian〉 age - when craft was simply hand industry which said that 〈craft = function + beauty〉 was carried over intact into the craft work of contemporary individual artists who created 〈sculptural vessel〉 and 〈expressive craft〉; this kind of illusory craft theory and formative theory remains deeply rooted. This is exactly what de Waal means when he refers to a "curious anomaly" (p.72).

It is for this reason that de Waal's exposition represents a highly significant development in the history of craft theory. It begins with an analysis of Leach's "first pots" (p.13).

Leach's "first pots" were mainly raku ware pots he made under the tutelage of Kenzan VI, with whom he began to study after experiencing raku for the first time at a garden party. About these works, de Waal remarks:

"What joins them together is that they are decorative; they belong firmly within the sphere of the non-functional art object. . . In this they reflect the context of their inception and their reception: an urbane literate group of cognoscenti for whom these kind of ceramics were appreciated artforms, not objects for daily use. This was to be an inheritance that Leach carried throughout his making life." (p.15)

It is well known that Leach pursued his work in pottery together with Kenkichi Tomimoto. At just this time in Japan, a field of ceramics and craft that belonged "firmly within the sphere of the non-functional art object" that "were appreciated artforms" was being born.

3 A Brief History of Contemporary and Modern Craft

To make the circumstances of this birth of ceramics and craft as a new art form more comprehensible, let us focus on the words and concepts 〈*kōgei*〉 and 〈craft〉, and examine the establishment and development of 〈expressive crafts〉 from a historical point of view.

1. Three "crafts"

Contemporary ceramics and crafts began from the middle to the end of the 19th century as simple hand-industry products. From there, their development became more complicated, first by the implementation of modern design backed by mechanized industry, and second by the production of crafts by a separate branch of contemporary individual artists (〈expressive crafts〉). Taking Japan as a particular example, crafts have been produced by three sectors: ① the hand-industry continuing the lineage from the end of the Edo period and beginning of the Meiji period (represented by the 〈traditional handicrafts〉 under the jurisdiction of the Ministry of Economy, Trade, and Industry); ② industrial design of the modern design lineage (now including industrial design and graphic design); and ③ the work of contemporary individual craft artists.

Here we are most interested in ③; as mentioned previously, this trend was born from ① but developed as a separate movement. The way in which this separation and evolution occurred was to be deeply reflected in the character of 〈craft〉 in the years to come. This is particularly evident when compared with developments in the West.

2. The Idea of the "Studio"

In the West, after the Industrial Revolution, with some exceptions, hand-industry gave way to mechanized industrialization, and large-scale pottery manufacturing organizations such as Wedgewood, Richard Ginori, and Meissen appeared. From these pottery manufacturers emerged modern designers, but no ceramic artists as 〈craft artists〉. Then where did the craft artists and ceramic artists come from? As a rule, craft artists were artists who had studied fine art at art schools and adapted the materials of the hand-industry, or craft materials, for their individual artistic expression.

Taking the hierarchy of art and craft according to the concepts of contemporary Western art as a premise, these artists took a step or two down, from the substantially high position occupied by fine art, to the level of craft (industry). There they experimented with craft materials, eventually mastering their techniques to transform them into 〈expressive media〉. Practicality aside, theoretically they harbored the notion and inclination to 〈raise〉 the materials of craft to the level of fine art. The place to master the techniques of the material in order to 〈raise〉 hand industry to the level of fine art was the 〈studio〉. In the studio these artists dealt with the materials hitherto belonging to the handicraft industry. The materials were not to be used for industry, however, but for expression. In this sense, these artists were taking an 〈anti-industry〉 stance. This took place in the 〈studio〉.

3. The History of Craft

Here two histories reflect each other and ultimately fuse with each other. These are the history of the 〈studio〉 and the history of 〈craft〉.

The word 〈craft〉 has the same etymology as the German word 〈Kraft〉, meaning 〈strength〉 or 〈power〉. In non-English speaking countries, the word retains its original meaning, and in Germany it is still commonly used to describe strength, ability, manpower, etc.

In English-speaking countries the meaning of the word 〈craft〉 gradually came to possess such meanings as 〈intellectual power〉, 〈skill〉, and even a supernatural nuance such as 〈occult〉. For instance, a 1996 American occult horror movie was titled "The Craft."

The term also means things born from such high-level technology, extraordinary technology, or supernatural technology. In the age when the boat was the most effective way conceivable to human ingenuity to carry a large amount of things over a long distance in a short time, boats were known as 〈craft〉. 〈Hovercraft〉 is one example, as is 〈aircraft〉, a flying boat.

Then in England, or rather in English-speaking countries, the word 〈craft〉 encountered the concepts of contemporary art. It is said that the concept of fine art, meaning painting and sculpture, was established by the middle of the 19th century. In addition to fine art, the concept of applied art also germinated. Applied art was born from the activity of the Reformist movement (leaders included Henry Cole, Christopher Dresser, and William Morris), which began around the occasion of the London Exposition in 1851. The Reformists believed that in order to revolutionize design, a set of aesthetic concepts should be applied to manufacturing in mechanized industry, just as painting and sculpture are expressions of concepts making up the world of fine art.

At the time these new concepts were called 〈art industry〉 or 〈arts and crafts〉, but these are early concepts of applied art, and since they eventually came to be called modern design, they were early concepts of that field as well.

The concepts of applied art, however, in the age of full-scale mechanization in the lead-up to the machine age of the 1920s, developed into concepts devoted to mechanized industry, and remaining hand industries that could be described with the term arts and crafts were cast aside. This was when the term 〈craft〉 came to be applied to describe the hand-made sector.

4. The Germination and Development of 〈Studio Craft〉

However, as previously mentioned, with some exceptions, the hand-industry waned into extinction. Here we are concerned with the previously mentioned contemporary individual artists, who stepped into the world of hand-industry for the purpose of appropriating craft materials to use as expressive media. From that point the terms/concepts 〈studio〉 and 〈craft〉 fused to become the term/concept of 〈studio craft〉. Studio craft used the materials of the hand-industry, but it was not an industry. It represented a place for individual expression, works of art, and creativity.

Studio craft as a genre, of course, began with a specific type of arrangement. The oldest type is the studio pottery started by Bernard Leach and others. This spread to studio glass and further to include other media, resulting in the all-encompassing term 〈studio craft〉.

Thanks to events such as the exhibition Contemporary Crafts and the Saxe Collection held at the Toledo Museum of Art in 1993, it became widely recognized that although studio craft and modern design have some connection, they have separate and independent histories.

No one speaks of "studio metal" or "studio textile." These are known as "metal art" or "textile art." What is notable here is that both are art limited to certain materials; or, within the concepts of contemporary Western art, they are fine art with limited materials.

In fact, this concept applies to all studio craft.

The basis of fine art is that there are no restrictions of personal expression; obviously art with limitations on materials is imperfect when weighed against such a standard. In other words, it is not grown-up art, but is recognized to be a transitional step on the way to fine art, a temporary process.

Precisely this debate has arisen in the past, in the last years of the Lausanne International Tapestry Biennial, and around the time the studio glass movement entered its 30th year. In the former case, both textiles created by artists and ready-made, industrially manufactured textiles were completely dissolved, with no distinction between them, into the field of modern art (fine art)[(3)]. In the latter case, an attempt was made to solidify the position of glass art into the world of functional vessels. In other words, a call was made to return to the days before studio glass[(4)]. In either case, no attempt was made to step beyond the concepts of contemporary Western art, which is divided into fine art, applied art, and craft.

In other words, the debate for both textile and glass was whether they would be relativized as media for modern art, or whether they would revert to their pre-fiber work and pre-studio glass status: media for creating functional vessels to solve the equation 〈function + beauty〉.

This is the drone-like theory and view of craft in Europe and America. In reaction to this kind of thinking, there sprung up in various places movements to search for a more dynamic kind of craft, or different ways to use and exploit craft media. For example,

northern European artists who created sculptural vessels, led by Abakanowicz (Poland) in her woven sculpture period and Kristina Liska (Sweden), along with Spain's Enrique Mestre and Casanovas created profound, bold work. Among critics, Belgian Tania De Bruycker, who proposed dividing three-dimensional work into ceramic sculpture and sculpture made of clay, is another notable representative of this movement.

Here we come to de Waal's insights. In contrast to almost all prior similar critiques, which dealt with non-vessel sculptural forms, de Waal approaches ordinary vessel forms and reinterprets them in an entirely different context. This is where the great significance of his work lies.

In order to simplify the discussion, to put it bluntly and stripped of delicate nuances: in Europe and America, self-expression is fine art; functional ware is industrial design; what is the reason for holding on to craft? To put it another way, craft is linked with the vessel and function. If the artist is to express his individuality, unless he turns to sculpture, he must strive to bring out his individuality while maintaining the vessel form. From this predicament were born extremely constricted vessel forms such as those that have been called 〈eccentric pots〉; Richard Notkin's teapot, for example, which has a skull for a body and a mushroom cloud rising from the lid as a handle.

Notkin's works are less objectionable than others, but the point is that this approach to craft inevitably ends up in the world of what in Japan is simply called hobby, with strange, distorted forms.

In Europe and America, it was quite difficult to create and appreciate completely orthodox vessel forms, separate from utilitarian ware, to be viewed as legitimate works of art alongside painting and sculpture. We can say that it was de Waal who brought this perspective into ceramics and craft theory.

5. In Japan - The Establishment of 〈Craftical Formation〉

What about in Japan? Conditions were quite different from those in the West. Hand-industries cultivated by ruling clans around the country during the Edo period survived, albeit not without some ups and downs, through the bakumatsu, Meiji, and up to the present day. Mechanized industry grew out of these and developed along a separate course; on the other hand, contemporary individual craft artists also derived from them and evolved in yet another way.

Here we are concerned with the latter. For example, in a traditional pottery-producing region, it is a common occurrence for the same person to be the pillar of a local manufacturer, and at the same time a contemporary ceramic artist. There is an extremely hazy line between them, but the two roles exist solemnly side by side, within one person, in one locality. Even in cases where young people unrelated to craft or pottery towns go to art schools and become artists, they inevitably create their work in an environment with some kind of relationship to the material, technical, and philosophical mass of such producing regions.

Within this legacy, what happened when an 〈artist〉 emerged from the hand-industry? Instead of approaching the material from the concept, as in the West, in Japan the material, which had always been right there, was approached and a new concept was created from within the material. In other words, from the interior of the materials of an industrial environment, as if shedding a skin, a new concept (craft as expression) was born. Therefore, whether it was complete or not; whether it was grown up or not; whether it was

temporary or not; whether it was transitional or not; such questions are irrelevant. With the selection of material as a starting point, whatever approach was taken to the material, whether to embrace it or suppress it, either way the path was forged to create work 〈to express the self〉 . This represented the birth of an irrepressible new logic of form, one that could not be dissolved or locked into established concepts. We can say that this was a theory created by incorporating the foundation of contemporary art, the contemporary Western concept of individual expression, into the historical flow of Japanese culture from hand-industry to the contemporary craft artist. It is a style of work that adheres to the process of material while expressing the individual. I have called this 〈craftical formation〉.

6. History 1 - From Meiji to the Beginning of the Shōwa Era

Let us follow this development in the context of Japanese contemporary craft history.

The year 1873 was a significant year for Japanese art and craft. This was the first year in which the Japanese government participated officially in an international exposition, Austria's *Welt Ausstellang 1873 in Wien*. In the process of translating the regulations for the exhibition into Japanese, the word *bijutsu* (美術) was created as a translation of the German bildende *Künste*. *Bijutsu* corresponds to the English word 〈fine art〉; at the time, however, no Japanese words existed that would correspond to the English terms 〈applied art〉 and 〈craft〉. It is assumed that the word *kōgei* (工芸) was adopted from a Chinese text.

At the time, however, *kōgei* did not go beyond the boundaries of the hand-industry, and its meaning was no different from what we call hand-industry today. In an age without mechanized manufacturing, there was no reason to distinguish between hand-industry and any other kind of 〈manufacturing〉 . In other words, at the time, the term 〈craft (*kōgei*)〉 was equivalent to the term 〈manufacturing (*kōgyō,* 工業)〉.

Around 1900, however, mechanized manufacturing began to be implemented in a series of stages. Distinctions between hand manufacturing and machine manufacturing became clear, and 〈craft (*kōgei*)〉 gradually separated from 〈manufacturing (*kōgyō*)〉. From this point, delineations in terminology more in accordance with modern language became clear: 〈art (*bijutsu*) / craft (*kōgei,* hand-made, hand-industry) / industry (*kōgyō* - machine manufactured)〉.

In this way, from around this time the part of craft close to art became conscious of 〈beauty〉, and the area close to 〈industry〉 became conscious of 〈function〉. The way of thinking that said 〈craft = function + beauty〉 was born.

In the 1920s, individual craft artists appeared from the world of 〈craft〉. In England there was Bernard Leach, and in Japan Kenkichi Tomimoto. By coincidence, both of these men began creating ceramics in Tokyo in the 1920s.

Japanese individual craft artists, beginning with Tomimoto, could be divided into four styles:

First were those who followed the various styles and philosophies of Western art, and who sought to transform themselves into 〈artists〉 from 〈artisans〉: among ceramic artists, Kenkichi Tomimoto and Yaichi Kusube, and among metal artists, Hōshū Takamura and Haruji Naitō.

Second were those who were interested in the revival of classic Japanese craft (ceramics from one of the peak eras, the Momoyama era, or lacquer ware of the Nara and Heian eras): Toyozō Arakawa, Tōyō Kaneshige.

The third group focused on the revival of classic ceramic ware from China and Korea: one representative of this group is Munemaro Ishiguro.

Fourth were the artists of the *mingei* movement, who were stimulated in their work by the simple strength of everyday utilitarian ware used by common people and the spiritual background of such ware: Kanjirō Kawai, Shōji Hamada, wood artist Tatsuaki Kuroda, and textile artist Keisuke Serizawa.

It is important to understand that the work of this last group of artists was completely separate from the 〈*mingei* theory〉 of Sōetsu Yanagi. Yanagi's theory was that old daily utensils of common people could be appreciated as works of art. This is valid as industrial design theory, but when attempts are made to apply the concept to the work of contemporary artists, the inevitable result will be imitations of old utilitarian ware. None of the four artists mentioned here made such imitations.

7. History 2 - The Postwar Era

This was the state of the world of craft entering the war, and the above trends continued in the craft world into the postwar era.

The craft world was characterized by the fact that it developed around various groups of craft artists, from large groups such as the Exhibition of Traditional Crafts, *Nitten,* and the Craft Design Association to a variety of smaller groups. This variety also led to philosophical differences in artists' approach to craft. There were those who valued traditional techniques, those who valued individual creativity, and so forth.

From the 1950s to the 1960s, the map of the Japanese craft world that continues to this day was drawn: the different sectors were traditional art craft, *Nitten*-style creative craft, *kurafuto* (modern seyle functional craft), and *avant-garde* work.

Among these differing philosophies, the appearance of non-functional work was a particular shock to prevailing ideas about craft.

The non-functional approach was promoted by Kazuo Yagi and Junkichi Kumakura of *Sōdeisha,* the group of Kyoto ceramic artists founded in the mid-1950s. Around the same time, there was another group of artists who believed that by removing the 〈function〉 from the equation 〈craft = function + beauty〉, innovations in the craft world could be achieved. For a time they energetically created ceramic sculpture, but most of them became discouraged and reverted to making vessels. Sango Uno and Yoshimichi Fujimoto were among the members of this group. The members of *Sōdeisha* took a completely different approach when they began to create work with no utilitarian function. One example of this is evident in the following quote from Kazuo Yagi.

"Our work, rather than developing from the form, develops from the physiology of clay, or something like guidance from the process of constructing clay. In that sense it's a little different from fine art. . . Our thinking, or rather our actions, aim to see if we can connect the process of ceramics with our own emotions, directly and immediately. . ."[6]

In other words, these artists chose the road of individual expression through the traditional process of ceramics:〈wheel throwing constructing clay drying glazing firing〉. Since they adhered to traditional processes, their work was craft, and since they were creating individual expressions, their work was also fine art. When the two approaches are combined, however, a completely different kind of formative logic is born, one that belongs neither to craft not art. We can say that this is the path that runs exactly between craft and art. Here we arrive at the final destination of the previously mentioned essence of this

"hybrid art with no foundation." From the perspective of contemporary Western art concepts, this was "hybrid art"; in terms of Japanese art and craft history, however, it was not "hybrid art," but the birth of a new kind of art.

When we search for the origin of this theory, we arrive at Kenkichi Tomimoto. Regarding his creation of mainly round forms thrown on the potter's wheel, Tomimoto developed a formative theory that moved from a 〈battle of lines〉 through 〈the task of creating a three-dimensional object to occupy a space〉, arriving at the idea that 〈pottery = abstract sculpture〉. 〈Lines〉 refer to the vertical outline of a pot as it rises from the potter's wheel. The lines of the form the potter wants to create, the lines that rise up as inevitable consequences of the character of the clay: in creating a work of ceramic art, the form of a thrown pot is determined in the struggle between these two sets of lines.

This is not a matter of adjusting the process of clay construction to fit preconceived concepts of craft, ceramics, or vessel form; rather, it is an approach that fuses the process of clay construction with the form the artist wants to create. Tomimoto's formative theory is almost identical to Yagi's. In the process of transmission from Tomimoto to Yagi, the basic structure of this formative logic was completed.

The significant point here is that this theory of ceramics and craft did not simply apply to non-functional work; it was a comprehensive overview of all craft work created by individual artists. The process of material, to borrow the words of the leading modern Japanese metal sculptor Hashimoto Masayuki, can be called 〈material logic〉. Since they express the individual while adhering to this material logic, this theory can be applied to all individual artists working in craft. In the modern age, craft and fine art, or modern art, even while erecting boundaries vis-à vis each other, taken together constitute the world of formative work. This type of craft as I think of it is completely different from the English word 〈studio craft〉. In Japanese I call it *kōgei-teki zōkei* (工芸的造形), for which I have coined an English word, 〈craftical formation〉.

To put it another way, at the time of the Vienna International Exposition, Japanese formative work was divided according to contemporary Western art concepts of art and craft. Contemporary Japanese craft developed in this way until the 1950s, when ceramic forms were created from a completely different context. Of course these new forms began to alter the framework of 〈art/craft〉.

4 The Beginning of the Leach Pottery

Let us return to de Waal's examination of Leach. In his treatise on Leach, along with the details of Leach's development and progress as a contemporary artist, there is also a detailed discussion of the production of Leach's 〈standard wares〉. Within the story of the establishment and operation of Leach's pottery studio, we can clearly see the differences between Japan and the West in the world of craft.

"That the language used to discuss (the few pioneers of independent art pottery) was of the 'mysteries' and 'secrets' of the potters art was not mere clich; it reflected the practical challenges they faced and the lack of knowledge on the part of writers" (p.26).

This is one manifestation of the aforementioned historical difference between hand industry in the West and Japan. In Japan, just counting the relatively large pottery producing regions, there are Seto, Mino, Tokoname, Kyoto, Bizen, Hagi, Tobe, and Arita; adding smaller pottery towns around the country will result in quite a large number. Absorbing

nourishment from these regions, mechanized pottery factories such as Nippon Tōki in Nagoya and Fukagawa Seiji in Arita were established, while at the same time 〈expressive crafts〉 were also created in these regions. Both industry and artists established connections with art schools and industrial schools (what would today be called handicraft schools or design schools) and through their cooperation, the broad world of contemporary ceramic art was created.

The situation in Europe was quite different from Japan, as Leach himself noted: "Factories have practically driven folk-art out of England; it survives only in out of the way corners even in Europe . . ."[7]

Of the situation at the time he built a kiln in St. Ives, he says, "First of all, there were no potters in the vicinity. There was no clay, no wood, no one to gather wood, no anything. Therefore, we were forced to find everything for ourselves, and do everything by ourselves."[8]

In this passage we must assume that he was not just referring to the situation in the "vicinity" of St. Ives, but the entire situation in at least the whole of England. Illustrating the difficulty of his situation is the fact that to help him solve the technical problems of building a kiln and establishing a pottery studio, he brought first Shōji Hamada and then Tsurunosuke Matsubayashi to St. Ives.

This situation is reflected in de Waal's previously cited discussion of "the 'mysteries' and 'secrets' of the potter's art" (p.26). This passage refers to the state of having no opportunities to learn about techniques or expression in an environment where the tradition of hand industry had virtually ceased to exist. He is not talking about "mysteries" and "secrets" as the sentimental appreciative mannerisms of an antique art aficionado.

It was within this environment that Leach began his work as a contemporary individual artist.

"The conclusion we reached was that production and planning from the standpoint of the individuality of the artist was a necessary step for the reform of craft. As a result, we founded our economic base at our studio in St. Ives, and had no relationship with local workshops and factories. Hamada and I started working from the same foundation as Mairlet in London, Ducoeur in Paris, and Tomimoto in Japan."[9]

By "conclusion" Leach means that in starting a pottery studio in a locality with nothing to use as a point of reference, he used as his model the local artistic groupings of individual artists or craftsmen in Japan. In Japan, however, although makers of craft ware could boast of outstanding technique, none of them had a modern international aesthetic outlook. After debating these issues, the above passage is the "conclusion" that Leach arrived at.

Elsewhere Leach reflects:

"In the workshop it was very quiet; over meals, especially supper, we would talk and relax and discuss all aspects of potting what it means to be a thinking artist-potter today, in contrast to the potters of most epochs of the past all over the world; part of a group that produced things scarcely thought about as art for its own sake but considered as enjoyable, right things for normal daily use. I was trained in art; Hamada in pottery technology. We were not folk potters, nor were we simple country folk, like those who made the best English medieval pots (or their counterparts in the Far East) we were artist-potters and, as such, our horizons had begun to be all horizons. We endlessly discussed all aspects of potting, and we admired what is in folk art and nothing else."[10]

5 A Historical View of Craft and Translated Words

The original text uses the term "artist-potter" for what is called in Japan *tōgei-ka*. As discussed in the section on history, in contemporary craft, from (a) simple hand industry evolved (b) mechanized industry as well as (c) contemporary individual craft artists (expressive craft). Those who work in each respective field are called (a) artisans, (b) designers, and (c) craft artists. Those who work with ceramics are known as (a) artisan potters, (b) designers, and (c) ceramic artists.

In the history of ceramics and craft, the kind of historical view of contemporary craft discussed here has been truly ambiguous, and so the divisions between (a) and (c) were seldom recognized. This was due to the attempt to take a general look at the fields known as craft according to the historical view of contemporary craft that says ⟨craft = function + beauty⟩; or from the side of fine art, the historical view of contemporary fine art that refuses to recognize ⟨expression⟩ in something with ⟨function⟩. This is something that Japan shares with Western concepts of contemporary fine art.

Another point is that in Japan, remnants from the previously mentioned era of ⟨craft (*kōgei*) = industry⟩ are still deeply rooted, and the custom of calling ⟨hand industry⟩ ⟨craft (*kōgei*)⟩ is still widely prevalent. Firms manufacturing hand-made signs are often named ⟨~*kōgei*⟩, as are firms that make enameled badges and medals. To be more accurate, such industries should be called ⟨hand industry⟩ in modern language, but they are still customarily referred to as craft (*kōgei*).

Furthermore, until around the end of the Second World War, graphic design was also called ⟨craft (*kōgei*)⟩. Nippon *Kōbō* (Japan Workshop), founded in 1933 by Yōnosuke Natori, for example, changed its name in 1939 to Kokusai *Hōdō Kōgei* (International Information Craft). A perfect example of a hand industry, this firm made block copy by hand.

Another example is the tendency to translate the word ⟨industrial art⟩ as either *kōgei* or *kōgei bijutsu* (craft art). For example ⟨*Uiin Kōgei Bijutsu Gakkō* (Vienna Craft Art School)⟩ and ⟨*Denmaaku Kōgei Bijutsu-kan* (Denmark Craft Art Museum)⟩ are remnants of the ⟨*kōgei* (craft) = *kōgyō* (industry)⟩ era; however, if we consider the progress of history, in the present day it would be more appropriate to call these institutions ⟨*Uiin Kōgyō Bijutsu Gakkō* (Vienna Industrial Art School)⟩ and ⟨*Denmaaku Kōgyō Bijutsu-kan* (Denmark Industrial Art Museum)⟩. If we take the meaning of ⟨*kōgyō bijutsu* (industrial art)⟩, it would be even more accurate to say ⟨dezain (*design*)⟩. However, it is important to express the mood of the times; with this in mind, ⟨*kōgyō bijutsu* (industrial art)⟩ is probably appropriate. In any case, as discussed before, in both Japan and Europe, these are terms that reflect the limitations of an age when mechanized industry was still undeveloped, and hand industry still remained.

It is of course necessary to use more accurate terminology and translations to reflect the flow of history and the modern sense of language. The use of common terminology to describe common concepts will ensure the progress of better quality research. To this end, for the purposes of this text we have standardized terms and translations as the legend (see after the table of contents, p.0).

The term ⟨artist-potter⟩ is sometimes translated as ⟨*geijutsu-ka tōkō* (artist potter)⟩, and in some extreme cases it is clumsily translated as ⟨*geijutsu-ka de aru to dōji ni tōgei-ka* (an artist at the same time as a ceramic artist)⟩. In the case of the former, if the

subject is an artist in the contemporary sense, the term 〈potter〉 carries a contradictory meaning; the term 〈tōgei-ka (ceramic artist)〉 is better. In the case of the latter as well, as this essay has discussed, if we approach the issue from the historical view of craft that 〈ceramic art (*tōgei*) = one part of contemporary art〉, then being a 〈*tōgei-ka* (ceramic artist)〉 is the same as being a 〈*geijutsu-ka* (artist)〉, and the problem solves itself.

6 Aspiring to Become a "Ceramic Artist" Creating a Standard of Production

Even today, ceramic and craft art are a far cry from being recognized as legitimate branches of contemporary fine art. We can imagine how much worse the situation must have been when Leach established his pottery studio at St. Ives.

"Though close and important personal friendships would develop with other local artists, in the early days he was regarded as a curiosity: 'The Art Potter of St. Ives.' This was a pertinent reflection of a general uncertainty in Britain as to the place of pottery within the hierarchy of the arts" (p.26).

Leach and Hamada arrived in St. Ives in 1920, and Matsubayashi came to participate in 1923. As is well known, from the beginning of the 19th century the area had attracted the attention of English artists such as J.M.A. Turner, and from around 1885 St. Ives became an artists' colony, with artists not only from Britain but America, Canada, France, Germany, and other countries making their homes there. By 1900, the era of large numbers of visiting foreign artists was beginning to come to an end, but many English painters continued to live there, and in 1927 the St. Ives Society of Artists was founded. Of course ceramic artists and craft artists were not included in the society, but since Leach had also drawn and exhibited sketches, he was allowed in as a charter member. Later, in 1939, Ben Nicholson, Barbara Hepworth, and Naum Gabo came to live in St. Ives, and it gradually became a well-known international art colony.

Although Leach was admitted to the Society for his sketches, his true vocation, pottery, was kept at a respectful distance. He occupied a delicate position, truly the "Art Potter of St. Ives."

Here begins Leach's struggle to become a 〈thinking artist-potter〉[12]. This struggle encompassed both the development of his artistic style and his financial circumstances.

At the beginning, Leach based his work on Song Dynasty Chinese pottery, as well as traditional English slipware and galena-glazed ware.

The latter, especially, was apparently a quite universal yardstick for evaluation among critics and scholars of the time.

De Waal, for example, quotes "the *Times* review of 'The Guild of Potters" (p.32). In this review, the works of Leach's students are evaluated according to the standard of pottery made by English peasants. The shape and painted decoration are praised; however, due to the high prices, the reviewer points out that the pots are anything but useful, and laments the fact that artists' pottery has become separated from tradition.

The problem is the lack of understanding toward 〈expressive ceramics (or craft)〉, which is based on the personality of the contemporary individual artist who creates it; on the other hand, another part of the problem is the inability of artists to break through this lack of understanding, which begs the question of whether their work is competent. This fosters the artistic and formal restrictions of the age when attempts were made to force the work of artists to conform to the pattern of ceramics as hand industry; in other words,

attempts to make hand industry's approach to craft - ⟨craft = function + beauty⟩ - the principle of the work of the ⟨ceramic artist⟩. In their book, English Pottery, Bernard Rackham and Herbert Read point out the significance of slipware as an "English tradition" (p.35). Leach himself was attracted to "the immediate and accessible tradition" (p.35) of such ware. The problem was how, within the tradition, to accomplish creative work "while standing on the same footing as the artist"[(13)].

The same issue arose in the creation of work influenced by Chinese Song pottery. The ceramics world of the time held a low opinion of most of this work, dismissing it as "Orientalist art-pots" or "sophisticated imitation" (p.26-27). In response Leach produced imitations of Song ware, using sgraffito techniques (perhaps influenced by the Cizhou kilns), and began to leave the foots of some pots unglazed (p.36). De Waal admires Leach's unglazed foot rims as "undoubtedly one of Leach's greatest contributions to studio pottery" (p.36). Regarding some of Leach's other work, however, de Waal is more severe: "The Chinese decorative models are highly stylized, and Leach's decoration becomes diffuse and inchoate" (p.37). Regarding Leach's attempts at imitation, I cannot help but hold the same opinion of the work of this period.

7 The Concept of "Necessary Pots"

Due to technical problems and the difficulty of procuring raw materials at the Leach pottery, his work continued to be extremely high-priced, attracting the attention of only a particular and limited group of collectors. Already "it was becoming clear that he couldn't survive in the manner to which he aspired as an art potter" (p.39).

Leach's problems with "financial prospects" (p.37) were apparent from the early 1920s. He began to make souvenirs for the large busloads of tourists who visited the area, and even began a kind of classroom where visitors could paint their own decorations on raku pots, have them fired, and take them home (p.29). Still, by the late 1920s, Leach found himself in a dire situation. "(His) movement, therefore, towards making a more extensive range of pottery began as a matter of expediency" (p.39).

De Waal's assessment of Leach after this "matter of expediency" is outstanding. In short, although Leach accepted the task of making functional vessels out of necessity, it was not a road he chose of his own volition. His studio began to turn out both collector's items and daily household ware simultaneously, and he came up with the idea of exhibiting and selling the respective works at different venues at the same time. He expanded his range of functional work to include tiles for fireplaces.

These developments led Leach to begin to make efforts to establish a workshop staffed by a group of workers to produce household ware he called "necessary pots," (p.43). But here again, the difference between Japan and the West was to cast its shadow on these efforts.

"The plan was radical, its execution more confused. The lack of a skilled workforce on the Japanese model meant Leach was using a curious collection of ex-students, workers (to whose number his eldest son David was shortly to come) and those he referred to as 'local lads'" (p.43).

However, "local lads" who had no particular awareness of being craft artists found it difficult to understand the unique role played by such artists, and Leach found it easier to take on "middle class young men and women who . . . were under no particular pressure

to earn a living" (p.43). Young aspiring artists from art schools came and went one after another. When they decided they had had enough training, they went off to establish their own studios.

De Waal has made a great achievement in his exposition of the process of establishing Leach's studio with the combination of art students and local laborers.

Leach continues the process of refining and developing his creative activities: establishing the dual focus on 〈expressive craft〉 along with "necessary pots," and expanding the operation of his workshop organization. The Leach workshop's activities are carried on into the postwar era while undergoing a variety of changes, such as establishing a relationship with the newly-founded Dartington Hall, and bringing Leach's eldest son David in to further organize and modernize the operation of the pottery.

8 Criticism of *A Potter's Book*

While leaving Leach's postwar activities to a later discussion, we can say that the culmination of his work so far was contained in *A Potter's Book*. What is interesting in de Waal's discussion of this book is his reference to criticism of the book at the time it was published. While he says that most critics praised the book, he also notes more critical receptions: "he pronounces judgement with an almost arrogant dogmatism," "some of the author's aesthetic judgements may scarcely command universal acceptance," "(the book) will admit only hand made ware of the kind produced by the author" (p.51). De Waal says that Herbert Read, "whilst generally admiring the book, made the point that 'Art is various even the art of pottery'" (p.51). The inclusion of these comments from Leach's contemporaries are evidence of de Waal's exhaustive research, representing one of his book's remarkable achievements.

Regarding this criticism, first let us look at Herbert Read. What exactly did "variety" mean to Read, who once declared that "Art without content: pottery"(14)? The words "even the art of pottery" (emphasis added) demonstrate Read's stance of upholding the prerequisite hierarchy based on the classic concept of contemporary Western art that refused to recognize pottery and craft as legitimate forms of art. In this milieu, the individuality of ceramic artists and craft artists is not recognized. Neither, of course, is 〈expression〉 in ceramics and craft. Neither the unique position nor the 〈expression〉 of Leach, who had only his own energy to rely on, was recognized. This way of thinking shows the same limitations of the age when pottery and craft were still only vessel forms, using only the outward form of the finished work as an appreciative criterion, never venturing beyond the theory of applied art that says 〈craft = function + beauty〉.

As for the statement that Leach's "aesthetic judgements may scarcely command universal acceptance," this was apparently a reaction to a specific denigration of Italian majolica by Leach, and so the circumstances are slightly different from the previous example. Still, what is an artist but one who judges everything according to "ware of the kind produced" by himself? This at times will be called "dogmatism." An artist grasps everything around him with the comprehension of an artist, and uses it as sustenance for his creative work. Even if the artist has a weak knowledge of history or is not in step with academic theories of art history, his task is still to use what he can as stimuli for creative work.

For example, Yoshikuni Taguchi believes that the essence of the art of the Heian period

is the image of 〈floating〉 in the paradise of the Jōdo sect; the *Rimpa* school learned from this to incorporate 〈floating〉 as a major expressive element, he believes. In terms of art history, this theory is completely arbitrary; nevertheless, the fact remains that he applied this theory to his work in creating such masterpieces as his *maki-e* ornamental box with a daffodil design[15].

Rather than seeing *A Potter's Book* relatively as one artist's declaration of his own biased dogma, elevating the book to the status of "the potter's Bible" (p.50) caused it to be overestimated, and led to the situation where "it was the very absoluteness of Leach's 'Song standards,' the 'ethical pot,' that were to define the post-war agenda on ceramics" (p.51).

Both the "Song standards" and the "ethical pot" are, after all, formal theories based on appreciation of a piece using its exterior form as virtually 100% of the appreciative criteria. This approach is criticized according to the logic of appreciation theory; therefore, it cannot be completely criticized, and must be attributed with "absoluteness." It is no overstatement to say that the imbuement of Leach's arguments with "absoluteness" is simply evidence of the fallacy in the critics' framing of the argument. When examined from the perspective of creative theory, what is the place within ceramics where creativity is at its most powerful? It is the rise and construction of a form in clay. At this moment, there is no "Song standard" or "ethical pot." The only question is how much of himself the artist can invest in the process taking place between the material and himself.

This is not a difficult idea. Put another way, to "invest oneself" is to succeed in self-expression. The number of ways of expression is as great as the number of artists, nay, the number of human beings. It is meaningless to argue this point. So, what is the common boundary for self-expression? That is the act of "creating one's own form." It is an extremely simple thing to do. While the "Song standard" and "ethical pots" can be reference points, they cannot be equal to the act of creating one's own form. From the historical perspective of 〈expressive craft〉 , the idea that they can be equal needs to be abolished.

9 The Philosophy of "Standard Ware"

During the Second World War, "the demand for collector's pots disappeared," and the Leach pottery "began to make more of the standard ware which (they) introduced before the war" (p.52). This helped the pottery shift gears toward the end of the war, and "there was a new momentum to the workshop" (p.54) as it expanded and became more active.

Leach used the same organizational method as previously described, employing both local young people and art students as his workers. The meaning of their work was also diagrammed in the same way as before, "only labor for the unselfconscious locals" and "vocational activity for (the) middle-class self-conscious art students" (p.54). With the new industrial and scientific systems and technology introduced by David Leach, the workshop was able to function on a larger scale with confidence and security.

As de Waal points out, "'high-collar' workers were to be avoided" (p.54). Wanted were simple artisans (= simple labor) who would carry on the production process under Leach' s direction. On the other hand, the art students were "anxious to establish their own workshops at the earliest opportunity" (p.54). In this way, "a standard to which (students) could be measured" that had not existed before the war was created, representing "a more formulated process of teaching" (p.54). This resulted in the establishment of a "social

hierarchy of Leach's workshop" (p.54).

The production system developed in this way remained solid even when David and Michael left to establish their own studios:

"Both his sons . . . had left to start their own potteries, leaving behind a training system and established technical knowledge that meant the workshop functioned both efficiently and profitably. Many potters were now benefiting from a training system that was clearly constructed, and the 'standard ware' was being made in substantial quantities" (p.66).

10 The Leach Pottery's Place in History and "What is *Mingei?*"

1. What is *Mingei?*

I have followed until here de Waal's delineation of the history of the Leach pottery from its inception through the postwar period. Some have said of Leach's work and philosophy:

"The Leach pottery . . . can be said to be the essence of the *mingei* movement in England"[16].

"The style of the Leach pottery coincidentally shared the interpretation of the role of the artist promoted by Dr. Yanagi's *mingei* movement . . . we can probably say that the course taken by Mr. Leach was the English *mingei* movement"[17].

It is already clear that these proclamations are not true. In this sense, de Waal's examination of the true state of the Leach pottery based on an exhaustive examination of historical material is fascinating.

Here we must ask the question of what 〈*mingei*〉 really is. It is necessary to the future of modern craft and the research of contemporary craft to confirm the answer to this question.

Sōetsu Yanagi once said the following:

"Hamada's work is not *mingei* pottery, nothing of the sort. It is the work of an individual artist . . . What we artists call *mingei* are works made by unknown craftsmen for everyday use. That's what mingei pottery is"[18].

Yanagi made this statement in 1955, at a panel discussion following the first designation of Holders of Important Intangible Cultural Assets ("Living National Treasures") in the field of craft technique (at that time, Hamada had just been designated as a Living National Treasure for his work in *mingei* pottery). The statement is interesting for its double meaning. Yanagi's protest cannot avoid being called slightly off the subject of the panel discussion, but if taken as a simple statement of formal theory, it is an exceptionally clear expression of what *mingei* is.

Important Intangible Cultural Assets (here I mean in craft technique, not performing arts) are selected from among Japan's traditional crafts. As mentioned in the section on craft history, these traditional craft techniques are mainly hand industries developed around the country since the Edo period, for example *shino* pottery, *yūzen* dyeing, or *makie* lacquer ware.

The relationship between Important Intangible Cultural Assets and their Possessors (the Living National Treasures) is the relationship between the techniques of these hand industries developed around the country and the artists who use these techniques in their creative work. In this sense, Yanagi's statement is slightly off the mark.

I say "slightly" because the title 〈*mingei* pottery〉, unlike other designated titles, does

not refer to one specific technique. *Mingei* is an exceptional case, super-regional and super-technical, based on the intervention of the aesthetics of a contemporary man (Yanagi) to view common people's everyday utensils as subjects of artistic appreciation. It would be understandable for Yanagi to object to the fact that the category 〈*mingei* pottery〉 is of a different character than the other categories, but here Yanagi's argument takes a somewhat strange course.

In the cracks in this argument we can see something more important. This is that Yanagi himself clearly states that the work of individual artists is not included in the concept of 〈*mingei*〉 or 〈*mingei* pottery〉. *Mingei* theorists, especially artists, scholars, and the non-specialist public within the post-war *mingei* environment, have been extremely ambiguous regarding this point.

In Yanagi's major works on mingei, for example *Kōgei no Michi* ("The Road of Craft") or *Te-Shigoto no Nippon* ("Japan of Handicraft"), the works discussed are all hand industries. As I have repeatedly pointed out, they are mainly hand industries that evolved around Japan during the 400 years since the peaceful Edo period, undergoing the tumultuous modern age and surviving until the present day. It has already been mentioned that these hand industries are mainly traditional hand crafts (both designated and undesignated) overseen by the Ministry of Economy, Trade and Industry. This is why a large percentage of the crafts discussed by Yanagi overlap with traditional hand crafts.

Of course, not every this and that qualifies as *mingei;* Yanagi chose those crafts that appealed to him. The criteria he applied to his choices were works said to be honest, simple, sturdy, safe, and healthy.

Therefore, 〈*mingei*〉 means the products of hand industries in the history of contemporary craft that were chosen by Yanagi's eye, or in other words, chosen according to strict standards of appreciative theory. Yanagi's theory of *mingei* is theory that guides the process of picking from the mud a utensil long used by common people, polishing it, and displaying it in the tokonoma alcove. It is the theory of how modern people can appreciate the daily utensils of ancient common people.

This theory cannot be rolled into the creative philosophy of the modern artist, 〈ceramic artist〉 or 〈craft artist〉 that we have discussed here. Such a path can only end at imitations of old daily utensils.

Within the framework of industrial design, however, it can be a highly effective formative theory. As long as the selected mingei works are of good quality, they can be used as models for artisans to produce in repetition. It may be a good idea for an individual artist with a penetrating eye to supervise such artisans.

However, such an operation is of an entirely different character from the 〈expressive craft〉 that has been discussed here. The main workers would be the so-called unknown potters and artisans who until now have continued to make quality works that are rated to be honest, simple, sturdy, safe, and healthy. In extreme cases, leaving aside questions about modern copyrights, they would not rule out making copies of selected *mingei* items. This is the realm of industrial design.

2. *Mingei* Philosophy, 〈Imitation〉 and Hazan Itaya

The problem of "copying" that arose on Leach's trip to Onda (p.64) gave Yanagi a chance to make clear his opinion on 〈imitation〉 in the *mingei* movement.

Leach had made a pitcher in Onda that he felt was one of the best works he made

there. He decided to take it back to England with him rather than selling it in Japan. However, soon after Leach returned to England, an imitation of his pitcher appeared at *Takumi*, the shop of *mingei* works. Since it was better than Leach's pitcher, Nihon Mingeikan (the Japan Folk Crafts Museum) bought the newer piece for its collection. "Although an imitation, it was truly well executed"[19], Yanagi declared.

This view of 〈imitation〉 has much in common with that of Hazan Itaya:
"If an artist makes an imitation of an old work (or one of another artist) and calls it his own work, as long as the form, the design everything about the piece - is not a complete imitation, the artist has used the pattern as reference in applying it to his own work, and such work cannot be said to be a copy. This is a matter of degree; if a work is a complete and utter imitation of another, now that is a problem, a separate problem"[20].

It is truly a "matter of degree." This statement is the epitome of an industrial craftsman. These ideas are acceptable only because they belong to the world of industrial design. Copyright issues aside, there is no problem with this attitude from the perspective of formal theory.

However, this way of thinking can never fall in with the individual artists who assume the mantle of 〈expressive craft〉. This has been an ambiguous point, particularly in the case of the formal philosophy of postwar *mingei* theorists.

3. The Structure of the Leach Pottery and the *Mingei* Movement

This ambiguity is further reflected in the common description of the Leach pottery as the "English *mingei* movement." In contrast, let us look at the true state of the Leach pottery as described by de Waal.

The Leach pottery had a "social hierarchy" (p.54) of 〈studio directors art students local labor〉. It goes without saying that the directors of the studio were Leach and his sons. The art students were aspiring individual artists who were expected to eventually become independent. "We can no longer return to the productive unconsciousness of country traditions" (p.54): this was the call of contemporary artists or artists-to-be who had encountered the foundation of the concepts of contemporary Western art, 〈individual expression〉.

The "local labor" before the war were "local lads with a half-education (who) grow up with a normal expectation of pleasure after work which tends to prevent them from really entering a craftsman's life" (p.43). After the war, the activity in the workshop was not a "vocational activity" but "only labor" for them (p.54). They were not the inheritors of a hand industry passed down over time, as was the case with Japanese *mingei*. Here again we see the reflection of the historical differences between hand industry in Japan and the West.

As Leach himself stated, "Those who are attracted to hand-craft are no longer simple-minded peasants but mainly conscious art-students" (p.54). This indicates the existence of a situation that was completely different from the background of Japan's *mingei*.

This is the foundation on which the Leach pottery was constructed; in no way can it be said to be part of the *mingei* movement. Contemporary artists working in a group to create works as artists, employing artisans to make functional ware for modern life: this was the industrial/scientific system used in Leach's workshop.

To find a similar system in Japan, as far as the "standard ware" goes, we must look not

to mingei but to the previously mentioned 〈*kurafuto*〉 field established in the postwar era.

4. Reversal - Hand Industry and the Individual Artist

Another important point is that as we have seen from the history of craft in Japan, in Japan individual artists creating 〈expressive craft〉 derived from simple hand industry. In Europe, however, the exact opposite is true: contemporary craft artists created the field of industrial craft. Of course, as we have seen, this was not simple hand industry as in the case of Japan; it was modern utilitarian ware created by contemporary artists, comparable to what is called *kurafuto* in Japan. In any case, however, it is interesting that this development progressed in opposite directions in Japan and Europe.

11 "Leach Style" and the End

Let us examine some interesting points discussed by de Waal regarding Leach in the postwar era and in his last years.

De Waal writes of the "Leach style" (p.57) that began to be discussed as Leach's influence as the leader of the world of British studio pottery continued to gain strength, through such events as the "Festival of Britain" (p.55) and the "World Craft Conference" held at Dartington Hall (p.57). This "Leach style" was characterized by its "quietist" approach to color and decoration (p.57) and the "hybrid Anglo-Oriental pot" (p.58).

However, works "owing nothing to Leach's canon" began to appear; these were "other kinds of pottery . . . that had little connection with Leach's aesthetic," "new art school ceramics . . . connected with worlds with which Leach had no contact" (p.58).

This new work had "startling originality" and was made in a style to match "metropolitan" markets (p.58).

Picasso's influence on this work was easy to discern, and Leach is said to have ridiculed its creators as "the Picassettes" (p.58).

This view of Picasso was carried over into his comments on modern American ceramics:

"Would they have been any better able to find themselves in their quiet roots without him? There is the gist of the modern problem to find one's quiet root" (p.61).

I would have liked a little more in-depth discussion of this "quiet root" as well as the previously mentioned "quietism;" however, his criticism of modern American pottery having no "tap-root" was met with a very interesting rebuttal from Marguerite Wildenhain:

"It ought to be clear that American potters cannot possibly grow roots by imitating Song pottery or by copying the way of life of the rural population of Japan. Conscious copying of the works of a culture unrelated to the mind and soul of our generation would only produce dubious makeshifts and turn our struggling potters into either dilettantes or pure fakes" (p.61).

This is probably the first criticism of Leach in history from the perspective of 〈creative theory〉. It should be extremely helpful to Japanese researchers who are bound to the one-sided 〈appreciative theory〉 interpretation of Leach's works, which lumps them all together as "mingei style" without considering whether they are his "standard wares" or his artistic pots.

Conclusion

As we have seen, de Waal's discussion of Leach is an attempt to paint a true portrait of the man by carefully reexamining the details of his life one by one. The description of Leach the artist that we discover here provides us with a wealth of material that should be useful in redrawing the ghost images of Leach that we have had up until now, images of a man and his work centered around *mingei;* it is no exaggeration to characterize such images as "dilettantes or pure fakes."

It is my hope that from here on, through further historical and systematic research into the whole of Leach's life and work, the true face of contemporary ceramics and contemporary craft will be made even clearer. (Translated by Darren Damonte)

Notes:

(1) Following, passages in "quotation marks" with page numbers in the text are referenced from Edmund de Waal's *Bernard Leach* (The original English version). Other references are cited here. Words in ⟨brackets⟩ are the author's own.

(2) Kaneko, "Vessel Recognition Theory: The Contemporary Age History and Fantasy," *Formative Philosophy of Modern Ceramics,* Abe Shuppan, 1991

(3) Kaneko, "The Basic Concept of the Lausanne International Tapestry Biennial and Craftical Formation," *Folk Art* 14, 1998

(4) Kaneko, "From Abakanowicz to Masayuki Hashimoto Through Studio Crafts The Genealogy and Conquest of Material Relativism," see note (2).

(5) Kazuko Todate, "The Structure and Internationalism of Modern Ceramic Art as Seen in the Work of Harumi Nakashima," *10th Anniversary Commemorative Exhibition - Harumi Nakashima* pamphlet, Meguro Tōgeikan, September 2002. Todate notes that Tania De Bruycker divides individual artists into four categories: 1) vessels, 2) *objet*-like work, 3) ceramic sculpture, 4) sculpture made of clay. It is assumed that 3) means what we call *objet* in Japan, and 4) is work that uses clay or ceramics as one formative medium of modern art.

(6) Panel discussion, "*Avant-garde* Ceramic Art in Its Beginning Period," *Modern Ceramic Art,* Kōdansha, December 1973

(7) Leach, *A Potter's Outlook,* 1928.

(8) Leach, "Thoughts and Memories," *Gakutō,* November, 1961

(9) Leach, "The Leach pottery 1920-1946," *Kōgei* 119, July 1948.

(10) Leach, *Hamada - Potter,* Kodansya International, 1975.

(11) Kaneko, "An Explanation of Modern Ceramic Art Theory - Within the History of Contemporary Craft - (2) The Beginning of Contemporary Craft - the Meiji Era," *Tōsetsu*

(12) See (8)

(13) See (7)

(14) Herbert Read, *The Meaning of Art*

(15) Kaneko, "Conversations With Craft Artists 21, 22 - Classics and 'Fashion' - Yoshikuni Taguchi (1), (2)," *Nagomi*, September, October 1991

(16) Hiroshi Mizuo, "The Ceramics of Leach, Kawai and Hamada," *Modern Ceramic Art 3 - Kanjirō Kawai, Shōji Hamada, and Bernard Leach,* Kōdansha, 1975

(17) Hiroshi Mizuo, "About Mr. Leach," *Master of Modern Ceramic Art,* Unsōdō, 1979

(18) Panel discussion, "About Important Intangible Cultural Assets in Craft," *Geijutsu Shincho,* August 1955

(19) Sōetsu Yanagi, "*About Mingei* and Artists Again," April 1959, *Collected Works of Sōetsu Yanagi* 14, 1982.

(20) Hazan Itaya, "The Issue of My Works and Other Works in the 4th Section (3)," *Atolier* 7-7, July 1930. Regarding this issue, see Kaneko, "Hazan Itaya and Kenkichi Tomimoto - The Contemporariness of Craft Production by Individual Artists," see note (2).

Discussion: Study on Bernard Leach and Studio Pottery

by Edmund de Waal & Kenji Kaneko
May 3rd, 2005
at Crafts Gallery, The National Museum of Modern Art, Tokyo

K (Kaneko): Mr. de Waal, I read your book, and I believe it deals with three themes: an evaluation of Bernard Leach, the question of what studio pottery is, and modern ceramic art theory. I don't yet quite understand the connection between these three themes, however. The history of studio pottery and your own personal ideas about studio pottery are separate issues. So first of all, leaving historical questions aside, how would you answer the question "what is studio pottery today?"

DW (De Waal): It's a very interesting question. To answer that, I would like to talk about the division between studio pottery and ceramics as art.

K: What is your thinking on that question? Is the division you point out in your book between the "ceramic sculptor" and the "sculptor" the same division that exists between today's "studio pottery" and "ceramics as art?"

DW: I think so. To make it clear, we have to look at the history in that studio pottery defines itself, makes itself in opposition to fine art. This is the tradition of studio pottery which comes out from Bernard Leach's writing. An alternative path to fine art. They don't cross over. They are divided. The studio pottery tradition is very much seen in the opposition to fine art. And this opposition, a sense of conflict, has given studio pottery a big problem.

K: What do you feel is the difference from fine art?

DW: This is not my personal feeling, this is the history. This is the 1950s and 1960s inheritance from Bernard Leach. This opposition is an inheritance from Bernard Leach - what Bernard Leach gave to the society. It is a discipline which has no connection with fine art.

K: In that case, where is it different from fine art?

DW: What is different between fine art and ceramics as fine art? They are really different. This is very complicated, but Bernard Leach made it very simple. He said that ceramics are the traditional craft that was rooted in history and that contemporary arts were rooted in individuality. In fact, the difference between contemporary art and ceramics is much more difficult.

K: In your essay, you divide Leach's work between his individual works and his standard utilitarian pots. Do you mean that both of these are different from fine art?

DW: What I was trying to say is that Leach's language confuses the difference between everyday pots as Mr. Kaneko said and the individual. Leach suggest that all ceramics are

based on tradition. That is in *A Potter's Book*. *A Potter's Book* says that all ceramics come out of losing, forgetting the individual, yourself. But as an category suggested there, it is interesting, much more complicated. All I am trying to say is that Leach's language make things too simple.

K: I think I am beginning to understand little by little. I have begun to think that discussing Leach is unrelated to your own personal theory of modern ceramic art. In other words, I get the impression that a discussion of Leach is virtually unnecessary in articulating your theory of modern ceramic art.

DW: I think I want to mention him, because my feeling is the language of ceramics, the critical language in what I talk about ceramics and criticize ceramics is still not sophisticated, it is still not very subtle in the west. And this is because of him. I quite agree with you that I talk a great deal about Bernard Leach. I feel that contemporary ceramics or modern ceramics deal with more than tradition. They deal with architecture, they deal with installation, they deal with performance and they deal with the tradition forms. Contemporary ceramic is an expanded field. Bernard Leach made them a small field.

Leach's vision for ceramics is a way of life. It's about being a potter. And in that sense, it is in opposition to the art. We don't need the opposition. I mean Kosho Ito and any number of contemporary artists show that it can be a work of clay in many different ways, not in opposition to contemporary art.

K: I understand what you are saying very well. I think that what we need to do now is to take very broad fields such as architecture and performance, to analyze them one by one and clearly identify the differences between them. If we can find a connection there to contemporary ceramics, and sometimes there isn't one, but if there is, we need to develop it as theory. By establishing a task for ourselves in this way, we can see that what Leach did was certainly small, but he did things that are connected to the contemporary age, and it is our job to link them historically. So if we dismiss Leach's ideas as small compared with the ideas of today, the only place we can end up is the world where if something is made of clay, then anything goes. Leach is sometimes criticized from that perspective, but I don' t completely agree with such criticism.

DW: I completely agree with you. I think it is difficult territory.

K: From this perspective, I think Leach, not only Leach but others of his generation such as Tomimoto as well, can be given credit for creating the opportunity for clay and ceramics to be applied as a medium not of industry, but of formative expression.

DW: I have huge respect for Tomimoto and Leach. That's why I have spent so much of my life on them. In many ways I am his inheritor. The second generation, inheritors of Leach, made it smaller. If you look at Tomimoto or Leach in the Taisho period, they design furniture, and are making ceramics, there is huge excitement about the possibility of the crafts. It was very inspiring. Their idea is the making your whole world, yourself.

K: When you say the generation after Leach made it smaller, in comparison, would you say

that "larger" would mean that they made a variety of work, not only ceramics?

DW: The problem here is that there is difference between what Leach writes and what he makes. What he makes, as you say, slip ware, porcelain, *Raku*, furniture, he paints, and he writes poetry. He does lots of things. Tomimoto is a poet, he does design, he does embroidery, he does furniture, he does ceramics. His ceramics are amazing. What Leach writes particularly in *A Potter's Book* is too simple. Certainly in the West, people pick up *A Potter's Book* and they make the Leach pots. It becomes the smaller world. Absolutely I give him a credit as a pioneer.

To the pioneer generation like Tomimoto or Bernard Leach I really give credit. My anxiety, my worry is that the language of Bernard Leach after 1940, after publication of *A Potter's Book*, allows a closing down of opportunities. We have to find a way out of that.

One more thing, for instance, is Leach's opinion of Japanese potters. Leach says that the real Japanese potters are only Hamada Shoji, Kawai Kanjiro and his friends in the *mingei-ha*. He says to Yagi Kazuo, *Sodeisha*, "You can't be a contemporary Japanese potter. You don' t study the Japanese tradition." And people believe him! That is the reason, it has been so difficult for European art historians, critics, and potters to see the evolution of Japanese ceramics after the war because in *A Potter's Book*, the only Japanese pots are by his friends, Koetsu, Kenzan, Hamada. And other books he wrote after the war, there are no Japanese potters at all. For him, Japanese pots should come only from the *mingei* Movement.

K: Regarding the problem you just spoke of, we have the same feeling, but for those of us working in Japan, it's not such a big problem. Is it such a big problem in England?

DW: Huge. For instance, I was trying to write or discuss contemporary ceramics in Japan. People say that Japan is the potter's land, the tradition goes back to seven thousand years. And they expect Japan as tea wares of the Kenzan tradition. And they have very little understanding of the openness of the world of ceramics. What craft is here. They still expect crafts in Japan to be rooted in tradition. They don't want the more modern. Crafts for them are simple because of Leach even after fifty years. Crafts mean continuity. Your writing is very interesting because you wrote that craft does not have to be in continuity. You can mean many other things.

K: What I have written is that it is all right to use the past as a reference, but only for the purpose of creating modern expressions. Humans have a universal cognitive function to make things using our hands, eyes, and heads, so in that sense I think that there is a chain of "continuation" and "extinction."

DW: Not just copying the style or the form, but the feeling, - the feeling of the past. For example, I had a year in Tokyo, living in Tokyo, and when I went back to London, I was talking about urban crafts in Tokyo. Then one critic came and he said that there can't be crafts in Tokyo. This is true.

K: That is the same in Japan. For example, when we held the exhibition "Australian Craft," some people asked, "Are there really crafts in Australia?" The feeling is the same. At the root, undoubtedly, is the influence, both good and bad, of Leach in England and Yanagi and

mingei in Japan. In Japan's case, however, Yanagi was never as significant a presence as Leach was in England, and even if there are some who ask the question "Are there really crafts in Australia?" that never becomes a serious problem. Still, since the word *mingei* has spread so widely around the world, when we try to do something we run into it in a variety of places. Rather than assigning too much importance to that, however, there exists a variety of expressive work using ceramics; I think it is more important that we look at this variety of work, analyze a little more carefully how it is similar and how it is different, and use that to establish a theory of modern ceramic art.

You mentioned earlier that the generation after Leach made things smaller. The same thing happened in Japan. After Yanagi, a large number of *mingei*-style artists appeared who interpreted Yanagi's theories to mean that to make crafts was to make imitations of old *mingei* ware. If we don't think of these artists as separate from Yanagi's *mingei* theory, the true essence of his *mingei* theory and the rational elements of it will be abandoned. Doesn' t your theory of Leach run the same risk? In other words, Leach adapted clay and ceramics as a medium for artistic expression; if we don't recognize this achievement as a rational part of his work that is connected to the present day, I believe that it is impossible to establish a theory of modern ceramic art.

DW: There were other people, too, at the same time of Bernard Leach, who also did very interesting ceramics. But they didn't write books. So if we are to be fair we have to say there are other people parallel to Bernard Leach, who developed things about ceramics. But none of them had the influence of Bernard Leach, simply because they didn't write book after book. Many of them are forgotten. Just like the *Sōdeisha* Movement and the history of *Shikōkai*. It is the first manifesto and a fantastic movement. It is two years before *Sōdeisha*, but Shikokai is not known it - why? There were many people alongside in Europe at the same time of Bernard Leach, but Leach wrote many books. The written history is really important: I really believe what I said about Yanagi and Leach.

K: It's true that in the field of art history, we analyze both works of art and written documents. But regarding the question of whether something had influence or not, this is not necessarily measured by whether or not something was written about it. *Shikōkai* never became widely known because the true nature of formative work was misinterpreted, leading to the dissolution of the movement and the dispersion of its members. On the other hand, *Sōdeisha* became widely known and was able to continue for a long time because it developed a new formative theory.

Looking at Leach's writings, from the level of current research we can find a number of problems in his "standard" and his evaluation of Chinese pottery. But I think we will be unable to write a history of ceramic art if we don't fully recognize that Leach took the first step in taking clay and ceramics from the realm of industry and converting them into material for creative expression. We must select the rational parts of Bernard Leach's thinking if we are to accept the "need for a new history." Listening to your opinions, Mr. de Waal, you seem to be almost completely denying Leach and his ideas. Is that a correct interpretation?

DW: I absolutely don't deny Leach.

K: We must accurately evaluate what people like Leach and Tomimoto accomplished and extract the rational portions of their work in a theory of ceramic art that is connected to the present day. Looking at projects such as this exhibition organized by Mr. de Waal,* it seems as if anything is acceptable as long as it is "clay" or "ceramic." If we completely cut off history in this way, I think we lose sight of modern ceramic theory, which examines differences in approaches to clay as an expressive medium. I think that by cutting away the past, we also lose sight of the present. I would like to hear a little more about the aim of this exhibition.

DW: Two things. Firstly, there is a need for a new history. I take Leach very seriously. It' s easier to remain oppositional to him, to make him a hate figure. It's easy to have a scapegoat! -to make Leach a scapegoat rather than take his ideas seriously, actually analyze him. It is because of that I take him so seriously, so passionately. I criticize him with passion because I take him seriously. I am a potter who was apprenticed within his tradition, and I knew David Leach, John Leach, and Janet Leach. I take it incredibly seriously. What I want to do is to evaluate the value of his ideas!

But I also put them in the context of the time when they come. And also find a different way of talking about pottery for now, 2005. This is my second point. This exhibition is an exhibition of artists in clay! It is not about pottery. What I write about here is about playing with clay. It is high and serious, and yet simultaneously about play. It's mostly about artists who occasionally use clay but there is Kazuo Yagi too, because of his idea of play! Yagi has an understanding of play. But I just wanted to show you this exhibition.

When we talk about the meaning of ceramics, which is central I think to your question. I think I see three points. Firstly, it's about understanding materiality itself. Secondly, it's about tactile or bodily understanding of material. It is not just about the creation of a particular form. The third point is the understanding of clay. It can be I guess, through the slow development of understanding of works which are made every day, every week, every month. It's about concentration on clay. Or it can be a sculptor like Antony Gormley who is someone who spent his whole life of working with attention on clay. I think we have to look at the understanding of material, the absolute heart of craft, of ceramics.

K: You use Kazuo Yagi as an example. It's true that he invested all his energy into clay, but I think the important question is what was it in clay that he put his energy into? It's not a question of long or short. To draw a conclusion, clay is not applied to some concept the artist has; on the contrary, as the artist manipulates the clay, he creates a concept. What both Leach and Tomimoto did was not to build things by applying clay to established concepts of pottery or ceramic art; in the process of working on the potter's wheel or hand-building, as they raised the clay, they created a way limited to the clay medium to invest their work with creative expression. This is where the meaning of Yagi's work lies, also; the issue is not whether or not he spent most of his time with his hands in clay. Furthermore, to interpret Yagi's work as "play" is to completely misunderstand the true nature of his work. This is the most important thing; it's the most important point to consider when thinking about Leach and Tomimoto, and this way of thinking is completely different from this exhibition. That is why I asked about the aim of this exhibition.

DW: I believe completely in material thinking (thinking in material). My feeling is that very

strongly there is the challenge for people who are potters/ceramicists now to articulate, make it clear. There are ideas, the sense of history.

K: You said that you criticize Leach because you take him so seriously. You are also a ceramic artist who is connected to Leach. I can't decide if you believe you are truly connected to Leach in terms of formative theory, or if Leach's presence is just so large that you cannot help being put into that category. Do you criticize Leach because you are connected to him, or because you cannot find your own identity without pushing Leach out of the way?

DW: It's both. It's a very good question. The challenge for me is that I am a potter from the Leach tradition but also a critic who studied literature at Cambridge University. And I have written books and many essays, and most of my friends are novelists and critics, not potters. I come from a background of literature as well as pottery. How do I find a way of conceptualizing, putting him in the historical context? This is an amazing book to put Leach in the context of his time. But the second thing is - how I love some Japanese pottery and Chinese and Korean pottery, but when I came to Japan, I looked at the Japanese pottery, I heard Bernard Leach's voice here and I looked at them, and they want to say. I heard Bernard Leach's voice, but what I looked at is completely different from what I have been told about Japanese pottery from Bernard Leach. So some parts of his writing still try to form a new way, a contemporary way. This is of looking at pottery without listening to Bernard Leach. I wanted to look at Kamoda Shoji or Nakamura Kimpei or whoever! I want to see without only hearing his ideas.

K: I understand that very well from reading your essay. The image of Bernard Leach you present there is created by deconstructing the accepted image of the ceramic artist and reconstructing it with extremely meticulous analysis. Most interesting to me was how you attempt to create an image of Leach by connecting his "individual pottery" and his "necessary, domestic pottery" with the word "expediency." This is the element that has been most lacking in ceramic art theory in Japan until now. There are works for artistic expression, and there are, since in the world of painting they call them "bread paintings," or works painted to put bread on the table, perhaps we could call them "bread pots." Categorizing and deconstructing Leach in this way, and reconstructing an image of the artist from this perspective is a very important point for we Japanese. In this sense, I understand that your image of Leach is truly different from the Leach we have been presented with up until now. The problem is, what kind of work was Leach's "individual pottery," on the other side of the "expediency" connection? How should we think about this? In my case, analyzing the work of Leach, Tomimoto, and the history that followed them, I have come to think of what I call "craftical formation." I would like to deepen the debate in this area of development of ceramic art theory.

We can find the elements of "individuality" and "expression" in Leach's ideas presented in *A Potter's Book,* although I think you understand this. For example, influenced by the abstract sculpture theory of the time, Leach says that pottery shares part of the creative process of sculpture. Therefore, I don't agree with the idea that says ceramic art, or craft, must deny individuality and expression. Although Yanagi began to see things partly in this way in his later years.

DW: It is interesting, very interesting. I really look forward to seeing the translation of this part. Leach allows individuality but only based on the tradition. In the first chapter, ('search toward standard') he suggests that we have to look at the Sung dynasty because this is the place where we can test all ceramics, sculpture, decorated wares, domestic wares, bread & butter pots, every kind of ceramic work can be held up against Sung. It's his window into the world of ceramics. It's very interesting. His window is quite a small window! It's a good window, but quite small.

When Bernard Leach met Rosanjin in Japan in the early 1950s, he really disliked Rosanjin. They don't meet at all. Leach writes in his journal that Rosanjin for him is like Picasso, - he plays with clay. Rosanjin is an acrobatic potter and he hasn't got his feet on the ground as a proper potter should do. Standing still, feet on the ground is the image of the potter that Leach really like. And my feeling is, as in your writings, we allow potters to be, to move. They put feet on the ground, but they can be in many places.

K: Regarding Leach's criticism, leaving Rosanjin aside, I think what you have said is true, that there is a difference between what he wrote and what he made; the two are not necessarily equal, and it would be a mistake to assume that they are. But I think your assessment of what he is saying here is correct. I agree with your assessment of Leach's thinking that established Song pottery as a standard. I think the people who introduced individuality and expression to Japanese ceramics were the same way. They had the same kind of windows. Their windows were Momoyama tea ware, or Song pottery, or maybe *mingei,* or in the case of Yaichi Kusube, his window was modern Western art. These were the limitations of their generation. Looking back from our perspective today, we view them as limitations, but I think we also need to look at the other side, the rational parts and the positive parts of their ideas. You haven't said you won't look at both sides, but I think that while the window you mentioned is definitely small, the meaning of the generation that we find there is important.

DW: Yes. You had a brilliant exhibition of reinterpretation of ceramics from the idea of Momoyama. Absolutely it is on interesting exhibition and very good scholarly. In fact in my book *20th Century Ceramics*** I talk about the same ideas in English ceramics and German ceramics of the same period. It is, whether or not, a historical moment. But it is a long time ago, only it's idea is still powerful! It is very important but the problem is that in Europe, the window is narrow - still the window which looks at Japan and China and Korea.

K: I understand.

DW: Here is your critique in *Crafts*. It is really important, honestly true. No one has read Japanese critics in England, it sounds crazy. People haven't read the Japanese critics on Japanese art since Yanagi. It is the first time to read new philosophy of crafts since Yanagi.

K: I don't think the situation is very different in Japan. I think it was Tanya Harrod who said this, but almost all aficionados of ceramic art in Japan today think of Chinese ware as their standard. Chinese ware, Korean ware, Momoyama ware. That's all right as far as it goes, but artists are not necessarily limited to such standards, and in fact it's the artists who are more advanced now. Most artists are trying to advance to their own creative expression. Also,

what is interesting about this point is that even though Leach says his standard is Song pottery, not much of his work looks like it. It was interesting for you to point this out. Because in Japan, people who use the Song window make work like Song ware, those who use the Momoyama window make work like Momoyama ware, and those who use the mingei window make *mingei* ware. Perhaps A *Potter's Book,* rather than reflecting what Leach really made, was a stronger reflection of the philosophy of Henry Bergen.

DW: I agree.

K: We must be quite careful when we read *A Potter's Book,* then.

DW: I agree. The reason because of such a powerful book is by it's simple idea. We know that crafts are a really complex meeting of different things.

K: Because they are so complex, it is said to be necessary to describe them in simple terms. However, in some cases this is true, but in other cases it is not.

DW: OK, it's a very good point, but he (Leach) sounds as if he is certain. It is not just this book but his other books, *Pottery in Japan,* for instance, or his book on Kenzan. Its tone. Its clarity, its simplicity is fantastic, but it has also become a problem for us. Because of its simplicity, it is meant that there haven't been really interesting writings really in the 1970s in England. There is no interesting criticism or writings at all in the 1970s to early 1980s.

K: In your essay, you discuss the structure of *A Potter's Book.* Combined with passages from Bergen's letters, this discussion was very enlightening, and seemed to click into place for me. It was as if I were struck by something, and for that reason it was interesting.

Also, there must be letters remaining in England, letters between Leach and Yanagi, or Bergen's letters. Without researching such material a little more carefully, it may be difficult to grasp the relationship between the first part and the later part of this book. This is a task the younger generation should take on, and for that reason it is a very interesting issue.

In Japan today, Leach, Tomimoto, and Yanagi have been virtually sanctified, and all we hear about them are myths. These myths are supported by aficionados of ceramics and antique collectors. We need to de-mythicize Leach and Tomimoto, take the rational parts of their ideas and connect them to contemporary ceramic art theory.

DW: My intention in working like this is to give Leach to a new generation, as people who are interesting historical figures, not as gods, as someone whom we have to take really seriously enough to disagree. If you disagree with someone's idea, that means taking him seriously. For instance, Leach's idea of the humanity of ceramics is still very powerful. I like it, that feeling. It's a powerful strong feeling from Leach's writing. But for other aspects I really don't agree with that.

K: That is the same for us. Tomimoto's philosophy also has parts that we agree with and parts that we don't. What we Japanese need to do now, just as you have done with Leach, is to take artists such as Tōkurō or Mineo Okabe and deconstruct them and dilute the

myths surrounding them. If we don't, we won't be able to make any progress from this point.

I'd like to ask you a question. Could you treat William Staite-Murray in the same way you have treated Leach?

DW: William Staite-Murray had no *deshi* (apprentice) and wrote no books, even though he is an incredibly interesting artist. But his influence stops in the 1940s.

K: This may be a little off the subject, but if his ideas were so radical, why are almost none of his works radical?

DW: His works are a little bit crazy, actually. Some of them are wonderful works, and some are hideous. The most interesting things about him are where he showed, where he displayed his works. And he displayed them with his friends, Ben Nicholson, Henry Moore, Roger Fry and his pots were seen alongside Henry Moore's sculptures or Ben Nicholson' s pictures. So he is a potter who is in a very different world. His attitude in what he showed or made pots was radical. For example, he always gave a name to everything he made. That's very interesting. He treated each work as an separate art work, which is very different from Michael Cardew or Bernard Leach.

K: This is a vague idea of mine, but I wonder if by doing comparative research into both Leach and Staite-Murray, if we couldn't find the origin of studio pottery, something like the roots that we could connect to modern ceramic expression.

DW: Yes, it's a very useful direction. I agree with your idea.

K: Aren't there any remaining writings by Staite-Murray, such as in Studio or somewhere?

DW: There are two of his essays.

K: Including such research, I sincerely hope that we can continue to work together to explore ceramic art theory and craft theory on an even larger scale.

**A Secret History of clay from Gauguin to Gormley,* Tate Liverpool, 2004.
***20th Century Ceramics*, Thames & Hudson, 2003.

本書を編集するにあたり、下記の諸機関および諸氏より写真掲載に関して御高配を賜りました。ここに記して感謝申し上げます。（敬称略、本書関係者は省く）

(財)大原美術館
京都国立近代美術館
東京国立近代美術館工芸館
(財)日本民藝館
兵庫陶芸美術館

市野茂良
伊藤公象

Atmosphere Picture Library
Crafts Study Centre
National Museum of Wales
Victoria & Albert Museum
White Cube Gallery
York Museums Trust (York Arts Gallery)

Hélène Binet
Emmanuel Cooper
Antony Gormley
John Leach
Graham Murrell
Julian Stair

Curated Projects

2005 Arcanum, from Gauguin to Gormley, National Museums & Galleries of Wales, Cardiff
2004 A Secret History of Clay from Gauguin to Gormley, Tate Liverpool (Advisor)
1999 Porcelain, Southern Arts Touring Exhibitions
1999 Ceramics and the Memory of Architecture, Galerie Heller Heidelberg
1995 Redisplay of Ceramics, Tate St Ives

Public Collections

Ashmolean Museum, Oxford/ Banque Paribas, London/ Birmingham Museum and Art Gallery/ British Council, London/ Cartwright Hall, Bradford/ Contemporary Arts Society, London/ Crafts Council, London/ The Daiwa Anglo-Japanese Foundation, London/ Fitzwilliam Museum, Cambridge/ Heythrop College, London/ IBM Collection, Copenhagen/ Ismay Collection, Yorkshire Museum/ Los Angeles County Museum of Art/ Middlesbrough Institute of Modern Art/ Millgate Museum, Newark/ Mint Museum of Craft + Design, Charlotte, North Carolina/ Museum fur Angwandte Kunst, Frankfurt/ Museum of Arts and Design, New York/ Museum of Decorative Arts, Montreal/ Museum of Fine Arts, Houston/ Museum of Western Australia, Perth/ National Museum of Scotland, Edinburgh/ Schroeder's Bank, London/ Shipley Art Gallery, Gateshead/ St Georges' Hospital, London/ Stoke-on-Trent Museum/ The University Church of Christ the King, London/ Victoria & Albert Museum, London/ Walker Art Gallery, Liverpool/ World Ceramic Exposition Museum, Ichon, Korea/ York Museum and Art Gallery

Selected Publications

"No Ideas but in Things" in *Ceramic Millennium: Critical Writings on Ceramic History, Theory, and Art,* ed. by Garth Clark, Nova Scotia University Press, 2006

"Curating Ceramics: Challenging our History, Challenging our Future" in *New Horizon of Ceramic Art,* World Ceramic Biennale, 2005

"The event of a thread, the event of clay: Black Mountain College and the Crafts in Starting at Zero: Black Mountain College 1933-57," in *Arnolfini,* Kettle's Yard, 2005

"Very Like a Whale: The Sculpture of Richard Deacon" in *Richard Deacon,* Tate Publishing, 2005

"The cultures of collecting and display" in *International Arts and Crafts,* edited by Karen Livingston and Linda Parry, Victoria and Albert Museum Publishing, 2005

"The Parade of Objects: Rethinking Twentieth Century Ceramics", *The 2002 Peter Dormer Lecture,* RCA Press, 2003

20th Century Ceramics, Thames & Hudson, 2003

Design Sourcebook: Ceramics, New Holland Publishers, 1999

Bernard Leach, Tate Publishing, 1998

Numerous articles in books, journals and exhibition catalogues

Edmund de Waal (略歴・個展・グループ展・企画展・収蔵先・主要著書)

Biography
2004-present: Professor of Ceramics, University of Westminster, London
2004-present: Member of Think Tank: A European Initiative for the Applied Arts
2004-present: Chair of Trustees, Crafts Study Centre, Farnham
2005: Silver Medal, World Ceramics Biennale, Korea
2001-2004: Senior Research Fellow in Ceramics, University of Westminster, London
1999-2001: Leverhulme Special Research Fellowship
1996: Fellow of Royal Society of Arts
1991-1992: Post-graduate Diploma in Japanese Language, Sheffield University
1991-1993: Daiwa Anglo-Japanese Foundation Scholarship
1983-1986: BA Hons. English Literature (1st Class), Trinity Hall, Cambridge University
1985: Trinity Hall, Cambridge Scholarship
1981-1983: Apprenticeship with Geoffrey Whiting

Selected Solo Exhibitions
08.2007 Edmund de Waal at mima, Middlesborough
05.2007 Edmund de Waal at Kettle's Yard, Cambridge
07.2006 Vessel, perhaps, Millgate Museum, Newark
10.2005 Line Around a Shadow, Blackwell House, Cumbria
06.2005 Arcanum, National Museums & Galleries of Wales, Cardiff
10.2004 Edmund de Waal, Galerie Norby, Copenhagen Porcelain Room, Kunstindustri Museum, Copenhagen
05.2004 Edmund de Waal, New Art Centre, Roche Court
09.2003 Colourfield, Contemporary Applied Arts, London
09.2002 Porcelain Room, Geffrye Museum, London
04.2002 A Long Line West, Egg, London
10.1999 Modern Home, High Cross House, Dartington Hall

Selected Group Exhibitions
11.2006 Still Life, New Art Centre, Roche Court
11.2005 Transformations: Language of Craft, National Gallery of Australia, Canberra
05.2005 Faenza Ceramics Biennale, Italy
06.2004 A Secret History of Clay from Gauguin to Gormley, Tate Liverpool
10.2003 World Ceramic Exposition, Ichon, Korea
06.2003 White, Ingleby Gallery, Edinburgh
01.2003 Masterpieces of European Decorative Art, Fondazione per il Libro la Cultura, Turin
05.2002 Ceramic Modernism, The Gardiner Museum, Toronto
09.2001 Jerwood Prize for Ceramics, Crafts Council, London
05.2001 British Ceramics, The Clay Studio, Philadelphia
06.2000 Color and Fire, Los Angeles County Museum of Art
05.2000 British Ceramics Keramikmuseet, Grimmerhuis, Denmark
07.1999 Ceramics and the Memory of Architecture, Galerie Heller Heidelberg
04.1999 The New White, Victoria and Albert Museum, London

執筆者一覧（五十音順）

エドモンド・ドゥ・ヴァール（Edmund DE WAAL）
陶芸家・批評家。1964年、イギリス生。幼少の頃から陶芸を始め、17歳でジェフリー・ワイティングに師事。ケンブリッジ大学トリニティーホール・カレッジ卒業（英文学専攻）。当初シェフィールド、現在はロンドンのスタジオで作陶。白磁・青磁の作品が中心。近年は、歴史的な建築内におけるインスタレーションを中心に個展を展開し、その作品は全世界の美術館に収蔵され、国際的に活躍している。また、批評家として陶芸史における日欧の関係や現代的問題などに関する多くの論著を著し、展覧会のキュレイティング活動、また、工芸・陶芸関係の主要団体の理事や雑誌の編集委員なども務める。主要著書に、*Bernard Leach* (Tate Publishing, 1998)、*20th Century Ceramics* (Thames & Hudson, 2003) などがある。

金子賢治（KANEKO Kenji）
1949年生。東北大学大学院美学美術史博士課程前期修了。サントリー美術館学芸員を経て、1984年に東京国立近代美術館研究員となる。1999年文化庁文化部調査官として出向し、2000年東京国立近代美術館に戻り、工芸課長となり現在にいたる。著書に『現代陶芸の造形思考』（2001年、阿部出版）、共著に『人間国宝の技と美』全３巻（2004年、講談社）など。おもな企画に「熊倉順吉展」、「ロシア・アヴァンギャルドの陶芸展」（平成15年度、グッドデザイン賞）、「三輪壽雪展」、「岡部嶺男展」。

北村仁美（KITAMURA Hitomi）
1973年生。大阪大学大学院文学研究科博士課程中退。東京国立近代美術館工芸課研究員。論文に、「松田権六の初期制作活動について」（樋田豊次郎・横溝廣子編『明治・大正図案集の研究：近代にいかされた江戸のデザイン』国書刊行会、2004年）、翻訳に、ライオネル・ランボーン「日本美術――ヴィクトリアン・デザインの触媒」（デザイン史フォーラム編『国際デザイン史――日本の意匠と東西交流』思文閣出版、2001年）、エドワード・バーク「陶芸家のための科学」（ダーティントン・ホール・トラスト＆ピーター・コックス編／藤田治彦監訳・解説『ダーティントン国際工芸家会議報告書――陶芸と染織：1952年』思文閣出版、2003年）など。

鈴木禎宏（SUZUKI Sadahiro）
1970年生。東京大学教養学部教養学科卒業、同大学大学院博士課程総合文化研究科超域文化科学専攻（比較文学比較文化コース）単位取得退学。博士（学術、東京大学、2002）。現在、お茶の水女子大学大学院人間文化創成科学研究科准教授。主著に、『バーナード・リーチの生涯と芸術』（ミネルヴァ書房、2006年）がある。

外舘和子（TODATE Kazuko）
1964年生。筑波大学卒業。オハイオ州立大学 TA 留学。茨城県つくば美術館主任学芸員。2002年テート・セントアイヴスでレクチャーを行う。著書に、『中村勝馬と東京友禅の系譜――個人作家による実材表現としての染織の成立と展開』（染織と生活社、2007年）、論文に、“A View from Japan of Ceramic Artist Kosho Ito,” in *Kosho Ito Virus,* Tate St. Ives, 2002、「備前焼の歴史と現代性」（『備前焼の魅力』茨城県陶芸美術館、2004年）、「陶芸史におけるオブジェ導入の経緯と非実用陶芸としてのオブジェの成立――《ザムザ氏の散歩》と八木一夫の作家性をめぐって」（『東洋陶磁』35、2006年）、「近現代陶芸の一世紀――日本陶芸史における〈近代性〉の意味」（『日本陶芸100年の精華』茨城県陶芸美術館、2006年）など。2005年菊池ビエンナーレ論文奨励対象者に選定される。

バーナード・リーチ再考《さいこう》
——スタジオ・ポタリーと陶芸《とうげい》の現代《げんだい》——

2007（平成19）年9月10日発行　定価：本体4,800円（税別）

著　者　エドモンド・ドゥ・ヴァール
監訳・解説　金《かね》　子《こ》　賢《けん》　治《じ》
解　説　鈴《すず》　木《き》　禎《さだ》　宏《ひろ》
翻　訳　北村仁美《きたむらひとみ》・外舘和子《とだてかずこ》
発行者　田　中　周　二

発行所　株式会社　思文閣出版
京都市左京区田中関田町2-7
〒606-8203　TEL 075-751-1781

印刷所
製本所　株式会社図書印刷同朋舎

ISBN978-4-7842-1359-7

アーツ・アンド・クラフツと日本　デザイン史フォーラム編

イギリスで繰り広げられたアーツ・アンド・クラフツ運動は、「生活」のための工芸運動であり、また社会改革をめざすデザイン運動でもあった。この運動と日本との関わりを様々な視点から論じる23篇。

▶A5判・304頁／定価3,045円　ISBN4-7842-1207-8

ダーティントン国際工芸家会議報告書　陶芸と染織：1952年

ダーティントン・ホール・トラスト＆P.コックス編／藤田治彦監訳

柳宗悦とバーナード・リーチを中心として122名16か国の工芸家・批評家が参加した工芸会議の報告書。柳の講演2篇を収録。付：未刊原典／資料／索引

▶A5判・590頁／定価 8,925円　ISBN4-7842-1141-1

国際デザイン史　日本の意匠と東西交流　デザイン史フォーラム編

デザイン史上における「影響関係」「交流」を国別に比較通覧した国際交流史

〈執筆者〉藤田治彦／T・スクリーチ／神林恒道／L・ランボーン／多田稔／木村博昭／足立裕司／松原斎樹／谷川正己／並木誠士／山形政昭／佐野浩三／小関利紀也／梅宮弘光／堀内正昭／藪亨／森山正和／K・キルシュ／緒方康二／天貝義教／鈴木佳子／末永航／今井美樹／西村美香／川上比奈子／松政貞治／畑由起子／高木陽子／P・タイスケンス／B・カトリッセ／閔府寺司／奥佳弥／永田靖／川北健雄／井原久裕／田中充子／塚田耕一／T・ペリアイネン　国別年表・人名索引・英文要旨

▶A5判・304頁／定価 3,045円　ISBN4-7842-1079-2

柳宗悦と民藝運動　熊倉功夫・吉田憲司共編

柳の思想とその仕事は、近代日本が生んだ価値ある業績であり、形を変えながらも継承していく必要がある、という認識のもと、各世代の研究者が自由に問題意識を持ち、それぞれの視点・立場から柳宗悦像を論じる。二年間に亘る共同研究の成果。

▶A5判・350頁／定価 4,830円　ISBN4-7842-1236-1

民芸運動と地域文化　民陶産地の文化地理学　濱田琢司著

民芸運動という工芸をめぐる文化活動と三つのやきもの産地（小鹿田・小石原・益子）との影響関係を考察。外部者によって形成されたイメージや価値観を当該地域の人々が活用しつつ地域文化を形成していくそのプロセスや、近代以降の日本の工芸の持つ流動性・多様性に着目した、工芸と地域文化をめぐる文化地理学。

▶A5判・320頁／定価 5,145円　ISBN4-7842-1288-4

陶器全集〔全4巻〕　加藤唐九郎他編

昭和6年に陶器研究・鑑賞界で望み得る最高の執筆者を迎え、はじめて陶磁の世界に近代的研究の光をあてた不朽の名著である。再刊にあたっては、第一線で活躍中の研究者により一部改訂を加え、全巻に新たに索引を付した。

▶菊判・総2900頁／定価 38,850円　ISBN4-7842-0207-2

（表紙価格は税5％込）